Topos Taschenbücher
Band 245

W0040315

Christian Schütz
Philippa Rath (Hg.)

Der Benediktinerorden

Gott suchen in Gebet und Arbeit

Topos Taschenbücher

Originalausgabe

Die Deutsche Bibliothek – CIP-Einheitsaufnahme

Der Benediktinerorden: Gott suchen in Gebet und Arbeit /
Christian Schütz; Philippa Rath (Hg.). – Orig.-Ausg., 1. Aufl. –
Mainz: Matthias-Grünewald-Verl., 1994
    (Topos-Taschenbücher; Bd. 245)
    ISBN 3-7867-1796-6
NE: Schütz, Christian [Hrsg.]; GT

Reihengestaltung: Harald Schneider-Reckels und Iris Momtahen
Abbildung: Miniatur aus einer Prachthandschrift der Benedikt-Vita
Gregors des Großen, angefertigt in der Abtei Montecassino um 1070 –
Rom, Bibliotheca Apostolica Vaticana, Codex Latinus 1202.
Die Darstellung zeigt das sogenannte Tränenwunder der hl. Scholastica.
Die lateinische Beschriftung sagt es knapp und prägnant: „Ut maneat
petitur. Negare. Haec rogat. Imbre tenetur." (Die Bitte [von Scholastica]
ergeht, er [Benedict] möge bleiben. Er sagt: nein. Sie betet. Er wird vom
Gewitterregen festgehalten.)
Foto: Archiv der Abtei St. Hildegard
Gesamtherstellung: Clausen & Bosse GmbH, Leck

Imprimatur Nr. 422, Lorenz Hüttner, Generalvikar
Passau, 26. 05. 1994

Inhalt

Vorwort

Im Jahr 1980 begingen die Benediktinerinnen und Benediktiner mit großer öffentlicher Resonanz den 1500. Ge-
burtstag ihres Gründers, des hl. Benedikt von Nursia.
Seither ist es um sie und ihre Klöster wieder stiller geworden. Gleichwohl gibt es nach wie vor ein kontinuierliches
Interesse an den Benediktinern. Ihre Klöster sind Anzie-
hungspunkte für viele Besucher. Die Pflege der Liturgie
und die Feier ihrer Gottesdienste sprechen nicht wenige
an. Der Einsatz der Nonnen und Mönche in Seelsorge,
Bildung und Erziehung erfreut sich nicht geringer Wert-
schätzung. Menschen auf der Suche nach Stille, Besinnung
und Lebensorientierung wissen die Gastfreundschaft der
Klöster zunehmend zu schätzen. Und nicht zuletzt ent-
schließen sich auch heute junge Menschen, nach der Regel
des hl. Benedikt zu leben und sich einer Gemeinschaft an-
zuschließen.
Viele dieser Interessenten möchten gerne mehr erfahren
über die Benediktiner. Sie fragen, wie jene sich verstehen,
wie sie leben, was sie trägt, was sie tun und woher sie kommen. Die Autoren dieses als benediktinisches Gemeinschaftswerk entstandenen Buches haben sich die Antwort
nicht leicht gemacht. Sie laden die interessierten Leserinnen und Leser dazu ein, sich mit ihnen auf den Weg zu
machen und einen mehr als flüchtigen Blick in jene
„Werkstatt" zu tun, mit der Benedikt selber das Leben im
Kloster vergleicht.
Nach einem ersten Einblick in die Grundsehnsucht kontemplativen Lebens geht es zunächst um die lange und
wechselvolle Geschichte des Benediktinerordens. Die
Schlüsselfigur ist und bleibt dabei immer der hl. Benedikt
selbst, vor allem aber die von ihm verfaßte Lebensregel. Sie
ist nach der Hl. Schrift *die* Lehrmeisterin der Nonnen und
Mönche und prägt bis heute das tägliche Leben aller bene-

diktinischen Gemeinschaften. Daß sie in ihrer geistigen Weite, Weisheit und Menschenfreundlichkeit auch nach 1450 Jahren nichts an Bedeutung und Aktualität verloren hat, möchte das ausführliche dritte Kapitel unseres Buches anschaulich machen. Wir sind überzeugt, daß es sich lohnt, den manchmal vielleicht mühsamen Weg über die Klippen des Verstehens hinaufzusteigen, um so die Regula Benedicti und deren Lebensprogramm ernsthaft und von Grund auf kennenzulernen. Vieles von dem, was heute an Werten und Grundhaltungen in der Öffentlichkeit neu bedacht und entdeckt wird, findet sich – wie die Leser sehr bald merken werden – bereits bei den Mönchsvätern in unvergleichlich klarer und oft verblüffend einfacher Form.

Im vierten Kapitel unseres Buches möchten wir die ganze Aufmerksamkeit auf die Ordensgelübde richten, auf die sich alle Mönche und Nonnen des Benediktinerordens in ihrer Profeß verpflichten. Neben den drei bekannten klassischen „Evangelischen Räten" – Armut, Jungfräulichkeit und Gehorsam –, die auch die Lebensgrundlage aller anderen Orden und Gemeinschaften bilden, geht es dabei vor allem um die spezifisch benediktinischen Gelübde der „Stabilitas" und der „Conversatio morum". Auch dieses Kapitel rechnet mit echtem geistlichen Interesse, mit einem offenem Ohr und wachem Geist und möchte zur vertieften Auseinandersetzung mit dem Weg der radikalen Christusnachfolge anregen.

Im fünften und sechsten Kapitel schließlich begegnet dem Leser ein Kaleidoskop benediktinischen Lebens. Spiritualität, Auftrag und Sendung der vielen verschiedenen Formen benediktinischen Lebens heute bis hin zu den großen Reformbewegungen der Zisterzienser und Trappisten werden beleuchtet. Wir sind dankbar, daß die Mitschwestern und Mitbrüder so bereitwillig und engagiert aus ihrem Lebens- und Wirkungskreis berichten und so die benediktinische Einheit und Vielfalt ganz konkret unter Beweis stellen. Es kann sein, daß sich die Fragen und

Auskünfte nicht immer decken. Das mag als Einladung an die Leser verstanden werden, weiter zu suchen und zu fragen. Die beste Quelle, seine Erkenntnisse und Erfahrungen zu vertiefen, ist immer noch das Leben selber. Deshalb ist uns auch der ausführliche Anhang dieses Buches so wichtig. Die Leserinnen und Leser finden dort vor allem die Adressen aller BenediktinerInnen-Klöster im deutschsprachigen Raum, ebenso aber ein kleines „Lexikon" von Grundbegriffen aus dem Ordensleben, sowie weitere Informationen, Zahlen und Fakten. Wenn darüber hinaus Fragen und Probleme offengeblieben sind, die im notwendigerweise begrenzten Umfang eines solchen Buches nicht beantwortet wurden, so können wir uns nur der Aufforderung Jesu an seine ersten Jünger anschließen: „Kommt und seht!" (Joh 1,39).

In den Beiträgen dieses Buches ist viel von Benediktinern, Mönchen und Brüdern die Rede. Der Grund für diese „maskuline" Ausdrucksweise liegt in der Orientierung am Wortlaut der Benediktusregel selber. Daß darin immer auch die Benediktinerinnen ganz selbstverständlich genauso enthalten und angesprochen sind, bedarf angesichts der vielen Mit-Autorinnen dieses Buches sicher keiner besonderen Betonung.

Am Schluß soll der Dank nicht fehlen. Er richtet sich an alle, die dieses Buch mitgestaltet und begleitet haben, an den Grünewald-Verlag für dessen Initiative und an Sr. Christophora Janssen OSB und Sr. Ulrika Neuroth für deren engagierte Mithilfe bei der Erarbeitung des Anhangs und den notwendigen Schreibarbeiten.

Abtei Schweiklberg   *Abt Christian Schütz OSB*
Abtei St. Hildegard   *Sr. Philippa Rath OSB*
21. März 1994

Einleitung:
„Freund, wozu bist du gekommen?
Und warum bist du geblieben?"

Kurzinterviews mit alten und jungen
Benediktinerinnen und Benediktinern
Sr. Philippa Rath OSB

Der hl. Benedikt versteht das monastisch-kontemplative
Leben als Weg zu Gott, der lebenslang einen immer neuen
Aufbruch erfordert. Schon im Prolog seiner Regel schreibt
er: „Am Anfang kann der Weg nicht anders sein als eng.
Sobald man aber im klösterlichen Leben und im Glauben
Fortschritte macht, weitet sich das Herz, und man geht
den Weg der Gebote Gottes in unsagbarer Freude der
Liebe" (RB, Prol. 49). Ob diese Anfangs- und Zielerfah-
rung auch heute, nach mehr als 1400 Jahren, noch dem
entspricht, was Nonnen und Mönche erleben? Was bewegt diejenigen, die sich auf den Weg des Ordenslebens als
Benediktinerinnen und Benediktiner einlassen? Was erwarten und erhoffen sie sich? Und andererseits: Wie steht
es mit denen, die diesen Weg der Nachfolge in Gemeinschaft schon seit Jahrzehnten gegangen sind? Was hat sie
getragen in all diesen Jahren? Was ist geblieben vom Sehnen und Suchen des Anfangs? „Freund, wozu bist du gekommen – und warum bist du geblieben?" Schwestern
und Brüder aus verschiedenen Benediktinerklöstern geben Antwort.

„Ich wollte Tatsächlichkeit und Wahrheit finden –
und ich habe das Ersehnte gefunden"

Warum ich gekommen bin? Nicht zum Tun und Arbeiten, nicht um etwas zu erreichen oder zu werden. Nein, zum Sein bin ich gekommen, zur größtmöglichen Seinserfüllung.
Geblieben bin ich, weil ich liebe, und weil ich das Ersehnte und Erwartete gefunden habe. Ich spürte den Drang und den Durst nach der einen Perle in mir. Und ich wollte eilen, um Tatsächlichkeit und Wahrheit zu finden.
Ich hatte recht, und ich bin glücklich!

Sr. Julia (90 Jahre)

„Im Vertrauen, daß Gott es gut mit mir meint"

Mein Entschluß, ins Kloster zu gehen, begann schon sehr früh in mir zu reifen. Wer oder was dann den letzten Anstoß zu meiner Entscheidung gab, kann ich nicht mit Bestimmtheit sagen. Eine innere Unruhe und tiefe Sehnsucht nach Gott begleiteten mich auf diesem Weg. In meiner Profeß gab ich schließlich mein Jawort im Vertrauen darauf, daß Gott es auch weiterhin gut mit mir meint. Geblieben bin ich, weil ich glaube, im klösterlichen Leben die mir entsprechende Lebensform gefunden zu haben. Das vorläufige Ziel scheint mir die eigene Menschwerdung zu sein. In der klösterlichen Gemeinschaft finde ich Heimat und Freiheit, um für den Willen Gottes empfänglich zu werden. Dies ließe sich auch mit dem Wort des hl. Benedikt sagen: „Ich bin nicht gekommen, um meinen Willen zu tun, sondern den Willen dessen, der mich gesandt hat" (RB 5,13).

Br. Christoph (27 Jahre)

„Wir müssen zeigen, daß es Werte gibt, für die es sich zu leben lohnt – und zwar für immer"

Warum ich ins Kloster gegangen bin, kann ich eigentlich nicht so genau sagen – vieles läßt sich einfach nicht in Worte fassen. Ich bin in einer sehr gläubigen Familie aufgewachsen, hatte viele echte und ehrliche Leitbilder – zu Hause und in der Quickborn-Bewegung. Die haben mir den Weg zu Gott eröffnet und gezeigt, daß es sich lohnt zu glauben. Ich habe im Krieg Schreckliches erlebt und gesehen, was es heißt, wenn alle menschlichen Werte verkommen. Und irgendwann ist dann ganz unmerklich die Entscheidung gereift, Mönch zu werden. Jetzt bin ich seit über 40 Jahren hier im Kloster. Ich bin ganz bewußt Laie und Bruder, arbeite als Buchbinder und kümmere mich nebenbei um einige Strafgefangene. Die brauchen die Erfahrung stabiler Beziehungen, von Treue und Zuverlässigkeit. Und auch ich habe durch sie viel gelernt auf meinem Weg der Reifung. Was mich gehalten und durchgetragen hat in dieser langen Zeit? Vor allem die Überzeugung, daß allein der Glaube die Welt zusammenhalten kann. Überall, wo man hinschaut, sieht man doch heute, wie sich unsere Kultur auflöst, begegnet man gescheiterten Beziehungen, Menschen, die den einmal eingeschlagenen Weg verlassen auf der vermeintlichen Suche nach Freiheit und Selbstverwirklichung, und die hinterher auch nicht glücklicher sind. Auch hier in unserem Kloster habe ich viele Mitbrüder gehen sehen. Mich hat das eigentlich in meiner Berufung bestärkt und in meinem Glauben gefestigt, daß die wahre Freiheit nur in Gott und in der freien Antwort auf seine Liebe zu finden ist. In einer Zeit, in der alles ins Schwimmen gerät, müssen wir an unserer Substanz festhalten und zeigen, daß es Werte gibt, für die es sich zu leben lohnt – und zwar für immer. Wir dürfen die Ideale des Evangeliums nicht aufgeben. Wir müssen sie stellvertretend für die vielen leben, die nicht mehr oder noch nicht glauben können, auch wenn es schwer und manchmal unmöglich ist, sie konsequent zu verwirklichen. Aber schließlich dürfen wir ja ruhig auch einmal scheitern, nicht wahr? Wir dürfen Sünder sein. Nur müssen wir auch den Mut haben, dazu zu stehen und vor Gott auf die Knie zu fallen. Ich glaube, daß uns heute die richtig verstandene Demut fehlt, das Klein-Sein vor Gott und der echte Mut zum Dienen. Könnten wir das wieder lernen, dann brauchten wir nicht ständig alle Werte in Frage zu stellen, um nur ja persönlich nicht schuldig zu werden. Der Unschuldswahn macht uns kaputt, denke ich, und dagegen können wir Mönche und Nonnen wirklich ein lebendiges Kontrastbild setzen. Unsere Lebensform ist heute vielleicht wichtiger denn je, nur müssen wir sie auch überzeugt und mit Freude leben.

Br. Severin (71 Jahre)

„Den Weg meiner eigenen Menschwerdung gehen"

Gekommen bin ich eigentlich, weil mich ganz bestimmte Menschen im Kloster angezogen und überzeugt haben. Ihre Lebensweise war einfach stimmig für mich; sie wirkten so zufrieden, ruhig, ausgeglichen. Und da spürte ich immer eine stille und geheime Sehnsucht, auch ein solches Leben zu führen, das Freude und Hoffnung in sich trägt und auch ausstrahlt. Wir haben damals viel über meine Glaubensfragen gesprochen, und die Mitschwestern haben wirklich versucht, mir offen und ehrlich zu antworten. Das hat mich einfach überzeugt. Geblieben bin ich dann wohl aus ganz anderen Gründen. Ich habe erkannt, daß ich hier im Kloster den Weg meiner eigenen Menschwerdung gehen und hoffentlich irgendwann ganz Mensch und auch heil werden kann. Dazu gehört für mich vor allem die Bereitschaft, immer neu anzufangen und umzukehren, die eigenen Schwächen und Grenzen anzunehmen, sich zu ändern und verändern zu lassen – von der Gemeinschaft, von der Äbtissin und den einzelnen Mitschwestern, letztlich von Gott. Und da ist zunächst einmal Treue gefragt: Treue im Aushalten seiner selbst; geduldiges Mittragen der anderen; Beständigkeit, wenn einen die Langeweile überkommt oder auch das Gefühl, daß Gott nicht mehr da ist. In mein Ja am Tag meiner Profeß habe ich dies alles irgendwie mit eingeschlossen, und ich hoffe, daß ich meinen Weg zusammen mit den anderen so weitergehen kann und irgendwann vielleicht auch ans Ziel komme.

Sr. Jutta (30 Jahre)

„Leben aus dem Reichtum der monastischen Liturgie"

In der Oberstufe hatte ich einen Religionslehrer, der Priester war und mir sehr imponierte. Dadurch wurde in mir der Wunsch geweckt, Priester zu werden. Am Ende des Theologiestudiums war ich mir nicht mehr sicher, ob die Gemeindearbeit das Richtige für mich sei. Bei einem einjährigen Praktikum in einer Pfarrgemeinde zeigte sich dann, daß vieles von dem, was ein Priester in einer Gemeinde zu tun hat, mir nicht entspricht. Für mich stellte sich die Frage, wo es einen Ort gäbe, an dem ich als geistiger Typ eher in meinem Element wäre. Ich habe nach einer Lebensform gesucht, in der das im Mittelpunkt steht, was mir am meisten bedeutet, nämlich die Texte der Liturgie. So bin ich auf die Benediktiner gekommen ...
Nun bin ich seit drei Jahren Mönch. In dieser Zeit gab es manches an Frustration zu bestehen. Der Entwicklungsprozeß, der in mir ablief, hat mich durch wechselnde Phasen geführt. Vieles in mir hat sich verändert. Manchmal war ich entmutigt, aber durch gute Begleitung habe ich wieder Boden unter die Füße bekommen. Vor einem halben Jahr habe ich die erste Profeß abgelegt. Bis jetzt sieht es so aus, daß die Entscheidung gut war. Ich lebe in einer Gemeinschaft, die mir die Erfahrung schenkt dazuzugehören, in der ich beliebt bin und mich anerkannt weiß. Ich

habe für mich einen Platz im Leben gefunden, wo meine Qualitäten geschätzt und gebraucht werden. Das Leben im Kloster gibt mir die Möglichkeit, einen wertvollen Beitrag zum Ganzen zu leisten. Täglich neu kann ich aus dem Reichtum der monastischen Liturgie schöpfen, selber trinken und anderen zu trinken geben, die nach Geist und Leben dürsten.

Br. Viktor (30 Jahre)

„Aus Freude an Gott, dem ‚Ich-bin-da-für-Dich'"

Ein Stück bleibt jede Berufung ein Geheimnis. Bei mir war wohl das Ausschlaggebende die Freude an Gott, den ich in meinem Leben ganz konkret als den ‚Ich-bin-da-für-Dich' erfahren habe. Diese Erfahrung und gleichzeitig der Versuch, Nachfolge Christi wirklich konsequent zu leben, hat mich Benediktinerin werden lassen. Hinzu kam die Begeisterung für diese Form des gemeinsamen Lebens und Betens und für das gesungene Chorgebet und den Choral. Im Laufe der Zeit habe ich dann gemerkt und erlebe es immer wieder, daß hier, in meinem Kloster, mein Platz ist: Der Rhythmus von Gebet und Arbeit tut mir gut; das gemeinsame Chorgebet wird mir, je länger ich es mitsinge und mitbete, immer wichtiger, lieber und im wahrsten Sinne not-wendiger; das Leben mit Menschen, die mir wirklich Schwestern geworden sind und mit denen mich sehr viel verbindet, ist mir lieb und wertvoll geworden. Ich möchte mit meinem Leben zeigen, daß ich aus der Hoffnung lebe. Und diese Hoffnung auf den ‚Ich-bin-da-für-Dich' würde ich gern mit anderen teilen.

Sr. Ruth (30 Jahre)

I. Leidenschaft für Gott: Grundpfeiler kontemplativen Lebens

Abt Christian Schütz OSB

Theodoret von Kyros, einer der bedeutendsten Theologen der griechischen Kirche des 5. Jahrhunderts und selber Mönch, gab seiner zwischen 444 und 449 entstandenen Schilderung des Mönchtums den bezeichnenden Titel: „Geschichte der Gottesliebe". Er trifft damit genau jenen Punkt, der das Geheimnis, die Mitte und Seele des Mönchtums ausmacht. Nur eine leidenschaftliche Liebe zu Gott ist imstande, ein Phänomen wie das Mönchtum hervorzubringen, zu rechtfertigen und zu erklären. Davor verblassen alle anderen Motive, die es auch gegeben haben und geben mag. Das Mönchtum ist mehr und anderes als Protest, Weltflucht, Rückkehr zur Urkirche, Weltpessimismus oder individualistische Heilssorge; es ist in seinem Kern eine alles andere in den Schatten stellende Liebe zu Gott und Jesus Christus, Gottes- und Christusliebe im Ernstfall. Alles, was darunter liegt, reicht für ein Leben als Mönch nicht aus. Es mag sein, daß diese Liebe stimmungs- und erfahrungsmäßig bald mehr als unstillbare Sehnsucht und Unruhe des Herzens, bald mehr als unwiderstehliche Anziehung und Begeisterung erlebt wird, das ändert nichts an ihrer Einmaligkeit und Ausschließlichkeit. Die Eigenart der für das Mönchtum typischen Gottesliebe wird sofort deutlich, wenn man auf ihren Zusammenhang achtet.

1. Gottesliebe im Zusammen-hang

Gottesliebe, wie sie für das Leben der Mönche und Nonnen konstitutiv ist, wußte und weiß sich immer verbunden mit der Geschichte und den Gestalten der exemplarisch Gott-Liebenden. Sie hat die Geschichte des Alten und Neuen Bundes immer als ihre eigene gelesen. Was heißt Gott leidenschaftlich lieben? An der Erscheinung Abrahams wird uns modellhaft der unverrückbare Anfang und Ausgangspunkt aller Gottesliebe vor Augen geführt. In seinem Auszug und Aufbruch (vgl. Gen 12,1–9) spiegelt sich die Grundbewegung jener radikalen Liebe wider, die sich entscheidend auf Gott einläßt und ver-läßt. Jakob, der Ahnherr des Zwölf-Stämme-Volkes, wird des Nachts von einem Unbekannten, hinter dem sich Gott verbirgt, in ein Duell auf Leben und Tod verwickelt (vgl. Gen 32,23–33); die Verletzung, die ihm bleibt, erinnert ihn und alle seine Söhne daran, daß Gott lieben soviel wie kämpfen und verwundet werden bedeutet. Mose, einer der großen Lieblinge Gottes, erfährt im Feuer, das ihm aus dem brennenden Dornbusch entgegenlodert (vgl. Ex 3), wie sehr derjenige, der Gott liebt, einer ihn selber verzehrenden Glut ausgesetzt wird.

Gottesliebe, so sagen diese ausgewählten Zeugnisse, läßt sich nicht in ein Schema pressen; sie kennt eine reiche Palette an Reaktionen, verwandt darin mit der bunten Fülle des Lebens selber. Alle diese Äußerungen der Liebe werden vom Alten an den Neuen Bund weitergereicht. Bei Jesus selber wird der Bogen der Gottesliebe vom frohgestimmten „Ich preise dich, Vater, Herr des Himmels und der Erde" (Mt 11,25) bis zum dunklen „Mein Gott, mein Gott, warum hast du mich verlassen?" (Mt 27,46) gespannt; sie wird gerade im Leiden und Sterben Jesu ihrer härtesten Bewährungsprobe ausgesetzt. Mit und nach Ostern erweitert sich die Gottesliebe zur Christusliebe. Was Christus lieben bedeutet, hat wohl niemand so nachhaltig erlebt und bezeugt wie der Apostel Paulus. Er hat es als ein gegenseitiges Ergreifen und Ergriffen-Werden erfahren, das die Solidarität im Leiden und die Teilhabe am Ostergeschehen einschließt (vgl. Phil 3,7–14). Gottesliebe und Gotteserfahrung lassen sich nicht voneinander trennen.

Es hat in der Geschichte des Glaubens bis heute nie an Menschen gefehlt, die von einer geradezu leidenschaftlichen Liebe zu Gott und Jesus Christus erfüllt waren. Wir denken dabei vor allem an Gründergestalten und Zeugen des Glaubens wie Antonius, Benedikt, Franziskus, Klara, Dominikus, die Mystikerinnen und Mystiker, Ignatius, Teresa von Avila, Franz von Sales, Therese von Lisieux, die Blutzeugen des Dritten Reiches und repräsentative Christinnen und Christen unserer Tage. Sie alle sind auf ihre ursprüngliche und unverwechselbare Weise Gott bzw. Christus begegnet. Nicht selten waren es Situationen äußerster Erschütterungen, welche die bisherige Lebensweise total in Frage stellten und eine radikale Umkehrbewegung erforderlich machten. Die Begegnung mit dem lebendigen Gott oder dem auferstandenen Gekreuzigten überwältigt, beglückt, verwundet und vereinnahmt den Menschen in gleicher Weise. Er weiß intuitiv, daß nur eines Gott gemäß ist: leidenschaftlich liebende Hingabe. Solche ist nicht möglich, solange er sich noch hinter sich selber, seinen Absicherungen, Ansprüchen, Gedanken und Gefühlen verschanzt. Nur wer seiner Ohnmacht ins Gesicht geschaut und sie angenommen hat, vermag sich nach Gott auszustrecken. Er muß gleichsam in die Fußstapfen all jener treten, die vor ihm dem wirklichen Gott gegenübergetreten sind, aber er muß diesen ausgesetzten Weg arm und allein gehen. Er wird ihn in die Nähe des „Feuers" führen, das ihn anzieht und zugleich verbrennt.

Die Mönche wissen um diese Leidenschaft für Gott in ihrem Herzen. Gott hat sie berührt und berührt sie fortwährend. In der Regel schweigen sie davon; sprechen sie davon, so geschieht das gewöhnlich zurückhaltend und bescheiden. Der eigentliche Ort, an dem sie ihre leidenschaftliche Liebe zu Gott leben, ist die reiche Welt des Gebetes, der Meditation, der Kontemplation, des spirituellen Lebens. Solcher Liebe sieht man ihre Leidenschaftlichkeit nach außen hin vielleicht nicht so sehr an, sie zeigt sich mehr im Moment der Dauer, der Tiefe, der Treue, der Beständigkeit und des Verzichtes auf äußere Darstellung. Obwohl sie in sich und für sich steht, kreist sie nicht um sich, sie wirkt und spricht durch das, was und wie sie ist; ihre Stärke und ihr Kennzeichen ist die ihr gemäße Unauffälligkeit und Verborgenheit. Sie weiß: „Nur eines ist notwendig" (Lk 10,42), das genügt ihr, das lebt und verkündet sie.

2. Gottesliebe im Ausdruck: Wüste, Schweigen, Gebet

Gottes- und Christusliebe, wie sie für das Leben und Selbstverständnis der Mönche kennzeichnend ist, hat sich im Laufe der Geschichte ihre eigenen Ausdrucksformen geschaffen. So sehr echte Leidenschaft für Gott grundsätzlich immer und überall lebbar sein muß, so schließt das durchaus nicht bestimmte Präferenzen aus, wenn es um die Realisierung ihres Anspruchs unter konkreten Bedingungen und im Hinblick auf die davon betroffenen Menschen geht. Die Mönche haben dafür ein sehr feines Gespür entwickelt und legen Wert auf ihre respektiven Erfahrungen. Ihre leidenschaftliche Gottesliebe ist bleibend mit bestimmten unaufgebbaren „Topoi" verbunden. Mehr auswahlweise als erschöpfend seien dafür die „Wüste", das Schweigen und das Gebet genannt.

Die Wüste war schon für die ersten Mönche, die sie aufsuchten, mehr ein heilsgeschichtlicher und geistlicher als ein geographischer Ort. Sie knüpfen damit zum Teil an die biblische Glaubenstradition an, für die die Wüste die Stätte und Zeit der Genesis des Gottesvolkes, der Offenbarung Gottes, des Bundesschlusses, der Übergabe des

Gesetzes, der ersten Liebe, aber auch des Abfalls, der Umkehr, der Befreiung und Verheißung symbolisiert; sie beziehen sich auf das Beispiel Jesu selber, des Täufers oder eines Paulus. Das Wissen um die „Krankheit" des Menschen läßt die Mönchsväter sich in die Wüste zurückziehen. Sie erleben sie als einen Ort der Versuchung, der Askese und des Kampfes. Im Mittelpunkt ihres Bemühens steht einzig und allein die Liebe zu Jesus Christus, dem sie folgen und ihr Leben schenken möchten. Die Wüste verhilft zu jener Ganzheit der Freiheit, in der allein ein Leben, das Gott bzw. Christus radikal zu lieben versucht, sich vollziehen und gelingen kann.

Die Wüste heute hat viele Namen. Zu ihr gehören Stille und Alleinsein, Anonymität und Unverstandensein, Dunkelheit, innere Leere, seelenlose Arbeit, Hektik, Krankheit, seelisches Leid genauso wie das Leben in der Einsamkeit. Diese „Wüsten" haben durchaus nicht schon ein religiöses Gesicht. Wo sie im eigenen Leben aufgesucht und angenommen werden, dort wird der Mensch zu einem Suchenden. Für den Mönch besitzt die Erfahrung der Wüste eine vertikale Dimension. Der Rückzug oder die Distanz von den Menschen und Dingen ermöglicht ihm die Einkehr in die wahre Einsamkeit. Ihr ist er nur dann gewachsen, wenn er einsamkeitsfähig ist, d. h. das Alleinsein, die Einsamkeit positiv erfahren und ertragen kann. Der Weg in die Einsamkeit der Wüste führt über die Heimkehr des Menschen zu sich selber. Indem er zu sich kommt, gelangt er an die Schwelle der eigentlichen Einsamkeit. Dieser Weg hat viel mit einer Bekehrung zu tun, er gleicht einem Abschied, einem Sterben oder Auszug in die Wüste. Nach Simone Weil liegt der Wert der Einsamkeit „in der Ermöglichung einer höheren Aufmerksamkeit". So betrachtet, muß die Erfahrung der Wüste nicht isolieren oder abschließen; sie kann sehr wohl aufschließen und zu einer Offenheit befreien, die für einen vertieften Austausch mit Welt und Mensch empfänglich macht. In solch positiver Radikalität gelebt, beginnt Einsamkeit transparent zu werden: Der Mönch erfährt und weiß sich gerade in seiner extremen Einsamkeit mit allen verbunden und eins. Es ist die Sensibilität der Einsamkeit, die ihn die Liebe zu Gott und Jesus Christus auf eine neue Weise lehrt. Peter Wust hat sie „das unstillbare Heimweh nach Gott als dem summum bonum (= höchstes Gut)", den „Ewigkeitsdurst" des Menschen genannt. Es macht wohl ein, wenn nicht das entscheidende Kennzeichen des monastischen Lebens in der Gegenwart aus, daß seine Liebe zu Gott vor allem unter diesem „Heimweh" in mitmenschlicher Solidarität und Betroffenheit leidet.

Die Liebe zu Gott und die Liebe zum Schweigen hängen für die Mönche von jeher zusammen. Der vordergründige Aspekt des Schweigens ist der des Loslassens. Wer schweigt, der verzichtet darauf, zu reden oder sich zu äußern. Dieser Verzicht setzt sich fort im bewußten Abstand seinen Gedanken, Gefühlen und Stimmungen gegenüber. Solches Schweigen kommt letztlich einem Verlassen der Welt gleich. In ihm geht der Mensch den Weg von außen nach innen, er wechselt gleichsam den Standort seines Lebens. Das äußere Schweigen ist dazu da, dem inneren Schweigen Raum zu geben; es rührt gewissermaßen an jene Stelle, wo das Schweigen in unserem Innern wohnt. Hier schlägt die eher negative in eine endgültig positive Sicht des Schweigens um: „Das Schweigen besteht nicht nur darin, daß der Mensch aufhört zu reden. Das Schweigen ist mehr als bloß ein Zustand, in den der Mensch sich versetzen kann, wenn es ihm paßt. Wo das Wort aufhört, fängt zwar das Schweigen an. Aber es fängt nicht an, weil das Wort aufhört. Es wird nur dann deutlich. Das Schweigen ist ein Phänomen für sich. Es ist also nicht identisch mit der Aufhebung des Wortes, es ist nichts Reduziertes, es ist etwas Ganzes, etwas, das durch sich selbst besteht, es ist zeugend wie das Wort, und es formt den Menschen wie das Wort, nur nicht im gleichen Maße. Das Schweigen gehört zur Grundstruktur des Menschen" (M. Picard, Die Welt des Schweigens, Erlenbach [2]1950, 9).

Der Mönch geht ins Schweigen und lebt im Schweigen, weil er die Verbundenheit mit Gott und der Welt sucht. Das Schweigen, das nicht Verweigerung ist, besagt eine sehr radikale Weise von Liebe. Es ist völlig selbstlos, kennt keinen Nutzen und keinen Zweck. Das Schweigen ist für den Mönch die wahre und eigentliche Sprache der Liebe. Schweigend schaut er Gott und die Welt mit einem umfassenden Blick der Liebe an, schweigend hält er sich ihnen ganz hin, schweigend ist er ganz für sie da. In ihm gehen Liebe und Schweigen ineinander über: Liebendes Schweigen und schweigende Liebe berühren einander. Im Schweigen erfährt der Mönch die Gegenwart der Liebe Gottes. Je mehr er ein Schweigender wird, desto mehr wird er auch ein Liebender, in dem Gott die Welt liebt, und durch den die Welt Gott liebt. Von solchem Schweigen geht etwas Heilendes und Verbindendes aus; in ihm bricht ein Stück Ewigkeit in diese Zeit ein. Das Echo schweigender Liebe, die den Mönch bei allen sein läßt, läßt sich nicht messen, aber es ist da. In dem Maß, in dem er selber ein Stück echten Schweigens wird, trägt er, Schweigen lebend, dieses Echo in die Welt hinein.

Wohl nichts ist für das Mönchtum so charakteristisch wie das Charisma des Gebetes. Mönchsein heißt nicht nur neben anderem oder vor allem beten, sondern *ist* beten. Gebet und Leben sind eins. Im Herzen des Mönchs brennt das Verlangen, ohne Unterlaß zu beten, das Leben in Gebet zu verwandeln, selber mehr und mehr Gebet zu werden. „Der wahre Mönch hat unaufhörlich Gebet und Psalmengesang im Herzen" (Apophthegma 198). Das Ziel des Betens besteht darin, in der Gegenwart Gottes zu leben. In der Regel sind unsere Kontakte mit Gott sporadischer Art; sie beschränken sich auf bestimmte Zeiten und Übungen des Gebetes oder auch auf außerordentliche Situationen unseres Daseins. Die Frage, die die Mönche bewegt und ihre Existenz ausmacht, will mehr: Wie kann das Gebet in das tägliche Leben eindringen und ein Dauerzustand des Gebetes erreicht werden und erhalten bleiben?

Dieses Anliegen bedrängt nicht nur den Mönch als „berufsmäßigen" Beter, sondern jeden Christen, der sein Leben als Nachfolge des Herrn begreift.

In den Augen der Mönche hängen Leben, Loben und Lieben engstens zusammen. Der biblischen und liturgischen Tradition zufolge bedeutet Gebet für sie vor allem Lob Gottes. In die Erfahrung Gottes ist die Erkenntnis eingeschlossen, daß Gott um seiner selbst willen gelobt werden muß. Lob ist die spontane Antwort auf empfangene Güte. Es setzt die Erfahrung von Liebe voraus und stellt die Bejahung dessen als gut dar, was man erlebt und erhalten hat. In der Schöpfung wie im Heilswerk ruft Gott aus Liebe den Menschen an, teilt ihm seine Liebesherrlichkeit mit. Das Lob Gottes gründet in der geschaffenen wie erlösten Existenz des Menschen. Loben ist die Reaktion des Geschöpfes auf Gottes schöpferisches und heilendes Handeln. Solches Loben befreit den Menschen für den Wert alles Geschaffenen, einschlußweise seines eigenen Daseins, und macht ihn heil. Durch das Loben lernt man gleichzeitig Lieben, wird man mehr und mehr ein Liebender. Liebe besagt Hingabe an Gott, die sich in Dank und Lobpreis zu äußern verlangt. Den Mönch als einen leidenschaftlich Gott Liebenden drängt es danach, als ein Gott Lobender zu leben.

Das ist nur möglich, wenn sein Leben das Stadium einer gewissen Sammlung, eines tiefen inneren Friedens erreicht hat. Der Ort des Lobes Gottes liegt in seinem Inneren, in den Tiefen seiner Seele. Dort strömt gewissermaßen das Gebet ohne große Worte, Gedanken und Gefühle wie ein verborgener Quell in ihm. Bis zu dieser Mitte gilt es, in der Sammlung vorzudringen. Hier rührt der Beter gleichsam an den Ursprung des Zustandes des Gebetes. An dieser Stelle hört das Gebet auf, nur eine Tätigkeit zu sein; vielmehr ist es selber da in Gestalt des Herzens, das der Geist Gottes bewohnt. Beten heißt, aus diesem Inneren beten. Das ist ohne tiefe Sammlung nicht möglich. Bei aller unerläßlichen Anstrengung menschlicherseits bleibt dieses Innewerden des im Inneren vorhandenen Charismas des Gebetes freies Geschenk Gottes. Es ist ein wortloses oder „wortfreies" Schweigen der Liebe, in dem Gott und Mensch einander berühren. In der Folge davon wird das Leben des Mönchs von innen her durchsichtig und erleuchtet und in den Zustand des Gebetes erhoben. In diesen Vorgang sind Leib, Geist und Seele des Beters einbezogen. Selbstverständlich ist dieses stille innere Gebet nicht mit allem und jedem vereinbar. Es verlangt nach einer entsprechenden Lebensweise und Umgebung, die der inneren Sammlung und dem tiefen Frieden der Seele förderlich sind. Methoden, Techniken oder Formen der Sammlung und Meditation gewähren dabei eine wertvolle Hilfestellung.

Im Rahmen dieses Verlangens nach Vertiefung und Verwesentlichung des Gebetes gelangen die vorher erwähnten Forderungen nach der Einsamkeit der „Wüste" und der Einkehr ins Schweigen zu ihrem vollen Recht. Wer den inneren Zustand des Gebetes verkostet hat, der wird von einer unstillbaren Sehnsucht nach dem Alleinsein und Eintauchen in die Welt des Schweigens erfaßt. Er weiß aber auch, daß das Gebet in ihm nur dann lebendig und erhalten bleibt, wenn er um die Pflege der ausdrücklichen Weisen des Gebetes bemüht ist. Leben und Gebet müssen stets miteinander in Einklang gebracht werden. Dazu ist auf die Dauer nur eine leidenschaftliche Liebe zu Gott imstande, die weiß, daß darin nicht nur Gott, sondern auch eine der höchsten Sinnerfüllungen menschlich-christlichen Lebens auf dem Spiel steht.

II. Zwischen Regel und Reform:
Zur Geschichte des Benediktinerordens

P. Pius Engelbert OSB

1. Von den Anfängen bis zur karolingischen Reform

Den vielen Besuchern, die jedes Jahr als Touristen oder auf der Suche nach geistlichem Rat an die Pforten eines benediktinischen Klosters klopfen, gilt der hl. Benedikt von Nursia (etwa 480 bis etwa 547) als Gründer des Benediktinerordens. Indessen ist der hl. Benedikt so wenig Gründer der Benediktiner wie der hl. Augustinus dies für die Augustiner ist. Beide haben eine Klosterregel geschrieben. Aber weder Benedikt noch dem ein Jahrhundert älteren Augustinus kam es in den Sinn, einen Orden zu gründen, allein schon deswegen nicht, weil es Orden damals und noch lange nicht gab. Der Benediktinerorden, genauer die „Benediktinische Konföderation", ist erst durch Papst Leo XIII. im Jahre 1893 ins Dasein gerufen worden. Dennoch ist es nicht falsch, wenn man die Geschichte des Benediktinertums mit Benedikt von Nursia beginnt, ist doch seine Regel bis heute die wichtigste Grundlage des nach ihm benannten Mönchtums. Benedikt hat diese Regel wohl gegen Ende seines Lebens verfaßt, nachdem er zuerst drei Jahre als Einsiedler in Subiaco, 80 km östlich von Rom, gelebt, dann am gleichen Ort seine Vorstellungen vom Gemeinschaftsleben in kleinen Kommunitäten in die Tat umgesetzt und schließlich (nach zweifelhafter Tradition im Jahre 529) auf dem Montecassino endgültig sein monastisches Ideal verwirklichte. Benedikt wollte mit seiner Regel nichts Neues schaffen. Der kurze Text bietet vielmehr eine Synthese des Besten, was das antike Mönchtum bis dahin an geistlicher Einsicht und organisatorischer Erfahrung hervorgebracht hatte.

Benedikt hat seine Regel zwar nur für das Kloster Monte-cassino geschrieben, gleichwohl aber deren Übernahme andernorts nicht ausgeschlossen. Doch schon bald nach seinem Tode wurde Montecassino von den Langobarden zerstört (577); die Mönche flohen nach Rom und nahmen den Regelkodex mit. Für 130 Jahre war Montecassino ein Trümmerhaufen. In dieser Zeit kamen Abgesandte des gallischen Klosters Fleury dorthin in der Absicht, die Gebeine des hl. Benedikt und seiner Schwester, der hl. Scholastika, zu bergen und in ihr Kloster zu überführen. Bis heute ist der Streit nicht beigelegt, wo denn nun die wahren Reliquien der Heiligen ruhen: in Fleury (St-Benoît-sur-Loire) oder immer noch in Montecassino. Um das Andenken an den ersten Abt von Montecassino hat niemand ein höheres Verdienst als Papst Gregor der Große (†604), der dem Mönchsvater die einzige Lebensbeschreibung gewidmet hat, die man noch als zeitgenössisch bezeichnen kann. Sie erfüllt zwar nicht die Wünsche heutiger wißbegieriger Geschichtsforscher, hat aber ihren Helden schon bald weithin bekanntgemacht.

Trotz der Empfehlung Gregors ist die Regel Benedikts zunächst nicht in Italien heimisch geworden, sondern in Ländern nördlich der Alpen, im fränkischen Merowingerreich und in England. Wie und wann sie dorthin gekommen ist, läßt sich nicht mit Sicherheit sagen. In Gallien wurde sie von den irofränkischen Klöstern und deren adligen und bischöflichen Stiftern empfohlen, und zwar stets in Verbindung mit anderen Mönchsregeln, besonders jener des Iren Columban (†615). Man hat deshalb die Zeit bis zum 9. Jahrhundert auch das „Zeitalter der Mischregel" genannt, weil es damals allgemeiner Brauch in den Klöstern war, mehrere Regeln gleichzeitig als Norm zu beachten. Welche Regeln das waren und wie ihr Mischverhältnis aussah, hing von der Ortstradition und dem Willen des Oberen ab. Deshalb kann man für diese Zeit auch noch nicht von „Benediktinern" sprechen. Es gab nur „Mönche". Auch Gregor der Große war kein „Benediktiner", ebensowenig die etwa 40 Mönche des römischen Andreasklosters, die er unter der Leitung des Abtes Augustin (von Canterbury) im Jahre 596 zur Bekehrung der Angelsachsen nach England sandte. Dennoch ist gerade Gregor der Große der wichtigste Wegbereiter des Benediktinertums geworden, und zwar nicht nur durch sein Lob Benedikts und der Regel im 2. Buch der „Dialoge", sondern auch durch seine geistliche Lehre, die dem kontemplativ gestimmten Mönchtum der Regel die Möglichkeit apostolischen Wirkens öffnete. Zwar hat das spätere benediktinische Mönchtum des Mittelalters den Schwerpunkt eindeutig auf das innerklösterlich-liturgische Leben gelegt, doch zugleich stets das Recht verteidigt und auch in Anspruch genommen, in Einzelfällen außerhalb der Klausur in Seelsorge und Mission tätig zu sein.

Neben den Franken waren es vor allem die Angelsachsen, die sich in einem weit über 100 Jahre erstreckenden Prozeß dem Ideal der Regula Benedicti näherten. Einer der bedeutendsten Vertreter dieses angelsächsisch-römischen Mönchtums war der hl. Bonifatius (†754), der „Apostel Deutschlands", der 744 am Rande seines Seelsorgssprengels die Abtei Fulda gründete. Fulda war in der Karolingerzeit das wichtigste Kloster im Osten des fränkischen Reiches, doch lagen die Hochburgen des Mönchtums damals im Westen. Im Norden Frankreichs gab es wie auch in Rom bei berühmten Wallfahrtskirchen mit viel besuchten Heiligengräbern seit längerem den Typ des Basilikaklosters, das seinen Daseinszweck in der feierlichen Begehung des Gottesdienstes und in der Betreuung der Pilger sah. Das basilikale Mönchtum mit seiner Betonung der Liturgie ist eine wichtige Komponente im Entstehungsprozeß des Benediktinertums gewesen.

Während das Netz der großen und kleinen Mönchsklöster im Fränkischen Reich im 8. Jahrhundert immer dichter wurde, blieb die Zahl der Frauenklöster überraschend gering. Der Grund dafür dürfte einmal in der patriarchalischen Mentalität des frühen Mittelalters zu suchen sein, die den Frauen kaum die freie Wahl ihrer Lebensform ließ; dann in der geringeren Sicherheit eines Frauenklosters gegenüber der Willkür räuberischer Adliger in seiner Umgebung; nicht zuletzt aber in der archaischen Frömmigkeit des Frühmittelalters, wonach das Gebet von Frauen für weniger wertvoll gehalten wurde als der zeremonielle Gebetsdienst eines Mönchskonventes mit zahlreichem Klerus. Trotzdem war das Frühmittelalter auch eine Blütezeit des weiblichen Mönchtums fränkischer und angelsächsischer Herkunft. Es war jedoch ein Klosterleben, das praktisch beschränkt war auf Angehörige der adligen Führungsschicht der Gesellschaft. Die Klausur wurde in diesen Nonnenklöstern, die sich anfangs kaum von Kanonissenstiften unterschieden, bei weitem nicht so eng verstanden, wie das seit dem 13. Jahrhundert zunehmend von der kirchlichen Gesetzgebung gefordert und schließlich vom Konzil von Trient allgemein verbindlich gemacht wurde.

Die Vereinheitlichung des fränkischen Mönchtums durch die Verpflichtung auf die Regula Benedicti begann schon zur Zeit des Bonifatius und wurde von den karolingischen Herrschern in steigendem Maße gefördert. Ein im ganzen Frankenreich gleichförmiges Mönchtum war nämlich für die Zentralgewalt ein brauchbares Mittel, um die Fliehkräfte in den so unterschiedlichen Reichsteilen zu bremsen, und erleichterte den gezielten Einsatz der Güter und Einkünfte der Klöster für politische Zwecke. Ein von der ehrwürdigen Benediktregel gelenktes Mönchtum bot darüber hinaus eine höhere Garantie für einen möglichst ertragreichen Gebetsdienst zum Wohl von Herrscher und Reich. Ein solcher Dienst wurde als staatstragend und deswegen als unentbehrlich angesehen. Zum ersten Mal feststellbar in der Karolingerzeit, aber dann noch jahrhundertelang weiterwirkend, galt ebendies als eigentliche Aufgabe eines Mönchsklosters. Seelsorgstätigkeit war dagegen die Ausnahme und eher Sache von einzelnen, die, wie der hl. Ansgar (†865), aus einer besonderen aszetischen Berufung heraus zu einem einsamen Leben fern der Gemeinschaft der Brüder bereit waren. Die mittelalterlichen Klöster hatten oft seit ihrer Gründung Pfarreien – noch heute gehen viele Klosterpfarreien in Österreich auf solche Stiftungen zurück –, doch waren sie nicht als Seelsorgsbezirke dem Kloster anvertraut, sondern als Pfründen, von deren Einkünften die Abtei leben sollte. Die Seelsorge wurde dagegen von dazu angestellten Weltpriestern besorgt.

Um die Regulierung des fränkischen Mönchtums auf eine anerkannte Grundlage zu stellen, ließ Karl der Große aus Montecassino eine Abschrift des authentischen Regeltextes kommen, der in Aachen hinterlegt und spätestens seit den Reformmaßnahmen Ludwigs des Frommen, des Sohns des großen Karl, zum offiziell empfohlenen Reichstext wurde. Das, was Karl der Große für die Vereinheitlichung des fränkischen Mönchtums nicht mehr tun konnte, leistete sein Sohn und Nachfolger Ludwig der Fromme in den ersten Jahren seiner kaiserlichen Regierung. Sein Ratgeber in monastischen Angelegenheiten war der Reformabt Benedikt von Aniane (um 750–821), der sich schon seit Jahrzehnten große Verdienste um die Erneuerung der Klöster in Aquitanien, seiner Heimat, erworben hatte, wo Ludwig König war. Nach langem, tastendem Suchen und mehreren Neuansätzen war Benedikt von Aniane zur Überzeugung gelangt, daß die Regel Benedikts alles Wertvolle, was es sonst noch an monastischer Tradition gab, in sich vereinigte und darum als Klosterregel vollkommen genüge. Es war eine radikale Entscheidung gegen das Mischregelzeitalter, die erwartungsgemäß auf viel Widerstand stieß. Doch fand Benedikt in Ludwig dem Frommen einen Herrscher, der ihn vorbehaltlos in seinem Wollen unterstützte. Auf Befehl des Kaisers wurden 816, 817 und 818/19 in Aachen Versammlungen mit den wichtigsten Äbten des Reiches abgehalten, die auf Druck des Kaisers die Forderungen Benedikts von Aniane im wesentlichen als verbindlich annahmen. Ludwig verlieh diesen Entschlüssen durch ihre Veröffentlichung als

Kapitularien, d. h. als Reichsgesetze, zusätzliches Gewicht. Benedikt von Aniane wollte das fränkische Mönchtum von Wildwuchs befreien und ihm alles Unklare nehmen. Mönche sind keine Kanoniker, davon war er überzeugt. Mögen sie mit den Kanonikern auch die Sorge für den feierlichen Gottesdienst gemeinsam haben, in anderem mußten sie sich von ihnen unterscheiden. Ein Mönch darf nicht wie ein Weltpriester gekleidet sein, und dieser nicht mit einem Mönch verwechselt werden. Vor allem mußten die Mönche aber die Armutsforderung der Regula Benedicti beachten. Die gemeinsam lebenden Weltpriester, eben die Kanoniker, können dagegen Eigentum besitzen.

Das Programm Benedikts von Aniane und der Aachener Gesetzgebung war deshalb im Prinzip einfach und auf die Formel zu bringen: *Eine* Regel und *ein* Brauchtum (una regula – una consuetudo). Die eine Regel, neben der es keine andere mehr geben sollte, war natürlich die Regel Benedikts. Da sie aber auf viele Fragen des klösterlichen Alltags keine Antwort gab, zog die anianische Reform zeitgenössische Klosterbräuche zur Interpretation und Ergänzung hinzu. Wir wissen heute, daß die karolingische Klostergesetzgebung auf erheblichen Widerstand gerade der großen und alten Abteien stieß. Im bedeutendsten Kloster des Ostfrankenreiches, in Fulda, mußte der Kaiser hart durchgreifen, um der anianischen Reform Eingang zu verschaffen. In anderen Fällen zogen es berühmte Konvente vor, die monastische Lebensform aufzugeben, um Kanoniker zu werden.

Die karolingische Mönchsreform, deren Hauptträger Benedikt von Aniane war, hat eigentlich erst dem benediktinischen Mönchtum sein unverwechselbares Gepräge verliehen. Mit größerem Recht als der nursinische kann der anianische Benedikt Gründer des Benediktinertums genannt werden. Die in Aachen zu Beginn des 9. Jahrhunderts gefallenen Entscheidungen wirken im benediktinischen Mönchtum bis heute nach. Es wären viele mehr oder weniger wichtige Einzelheiten zu nennen, die damals festgelegt wurden, auch solche, die wir als Äußerlichkeiten betrachten. Damals erst übernahmen die Mönchsklöster für ihr Stundengebet die Psalmenverteilung der Regel Benedikts, während vorher viele die ausgedehntere römische Gebetsordnung bevorzugten. Damals erst ist jene Form des benediktinischen Mönchshabits verbindlich geworden, die im wesentlichen noch heute üblich ist, die sich aber von den Kleidervorschriften der Regel Benedikts deutlich unterscheidet.

Wichtiger jedoch ist etwas anderes: Das benediktinische Mönchtum hat drei Grundentscheidungen des fränkischen Mönchtums um 800 auf Dauer übernommen und bis heute bejaht, wenn auch mit oft eigenwilliger Akzentuierung, die von der Benediktregel so nicht vorgegeben waren. Die *erste* Entscheidung ist die für das Großkloster als zumindest ideale Vollform einer Benediktinerabtei. Zwar hat es damals wie später immer auch viele kleine Konvente gegeben, sie waren sogar in der Mehrzahl, aber als wünschenswert galt eine kleine Kommunität nicht. Erst ein Großkloster, in dem viele unterschiedliche Berufungen ihren Platz finden, kann nach den Vorstellungen der karolingischen Mönche jene geistliche „Stadt auf dem Berge" sein, die darzustellen die Benediktinerklöster nicht nur des Mittelalters sich vornahmen. Es wurde nicht zufällig zum Erkennungszeichen eines anderen, neuen Mönchsverständnisses, als im 11. Jahrhundert Reformer auftraten, die Großklöster ablehnten und für kleine, arme Gemeinschaften eintraten. Die *zweite* Grundentscheidung des frühmittelalterlichen Mönchtums, die bis heute nachwirkt, ist das Ja zum „Kulturkloster" (Stephan Hilpisch). Das zweite setzt das erste voraus. Nur ein materiell und personell gut ausgestatteter Konvent kann in vielfältiger Weise als Kulturträger dienen. Gewiß sind Klöster nicht dazu gegründet worden. Aber da, wo geistliches Streben geistige Tätigkeit voraussetzt und einschließt, wo der Eifer für den Gottesdienst sich ausdrückt auch in der

Liebe zum Schönen, in der bildenden Kunst, der Musik und der religiösen Literatur, wird ein Benediktinerkloster, ohne es zu beabsichtigen, zum Kulturkloster. Doch beschränkte sich das Kulturmönchtum des Frühmittelalters nicht auf die Pflege von Kunst und Wissenschaft. Seelsorge, Schule, Mission und das, was wir heute Entwicklungshilfe nennen, war ebenso Teil der Ausstrahlung der großen Abteien auf ihre Umgebung, mit der sie durch ihre Bodenständigkeit ohnedies verbunden waren. Ein *drittes* Erbe des Frühmittelalters, das die Benediktiner nie vergessen haben, ist die Liebe zur Liturgie. Zwar mahnt auch Benedikt, dem Gottesdienst nichts vorzuziehen. Doch dachte er an das Stundengebet einer kleinen Gemeinschaft, das gemeinsamer Ausdruck des individuellen Gottsuchens des einzelnen Mönches sein sollte. Seit dem Frühmittelalter jedoch war die feierliche, öffentlich begangene Liturgie der Großklöster vor allem Gebetsdienst für andere: für die Stifter, die Wohltäter, den Herrscher, das Reich, für die verbrüderten Klöster, besonders aber für die Verstorbenen, unter denen die eigenen Mönche bevorzugt bedacht wurden. Die Überzeugung, daß der Kult in Stundengebet und täglicher Konventmesse eine besondere Aufgabe einer Benediktinerabtei zum Wohl der Kirche ist und daß dieser Gottesdienst der Mönchsgemeinde den Gläubigen in der Abteikirche zugänglich sein muß, dieser Gedanke stammt nicht von Benedikt von Nursia, sondern kommt aus dem Mönchtum des Frühmittelalters.

2. Von Cluny bis zur Reformation

Der karolingischen Reform war nur eine kurze Blütezeit beschieden. Mit dem Zusammenbruch des karolingischen Einheitsstaates ging auch das Werk der monastischen Erneuerung zunächst unter. Doch zeigte es sich, als die Zeiten besser wurden, daß die Ideen Benedikts von Aniane weiterhin lebendig waren. In mehreren, voneinander unabhängigen Reformzentren griff man auf das anianische Mönchsideal zurück und entwickelte es weiter. Die bekannteste und einflußreichste Neugründung des 10. Jahrhunderts war die Abtei Cluny in Burgund. Der Stifter, Herzog Wilhelm III. von Aquitanien, sicherte in der Stiftungsurkunde freie Abtswahl zu – was damals eine Ausnahme war – und unterstellte das Kloster dem päpstlichen Schutz. Das verschaffte ihm den Freiraum, sich ungestört von Laien- und Bischofseingriffen entfalten zu können. Vom vorbildhaften Leben der Cluniazensermönche erzählte man sich im 10. und 11. Jahrundert in ganz Europa. Der Gottesdienst in der dreimal neu und immer größer und prächtiger gebauten Abteikirche wurde von dem wachsenden Konvent – unter Petrus Venerabilis waren es an die 400 Mönche – mit einer in der Geschichte des Benediktinertums nie wieder erreichten Pracht und Perfektion gefeiert, der den zahlreichen Besuchern wie ein Vorgeschmack der himmlischen Liturgie erscheinen mußte. Kein Wunder also, daß mit der Zahl der Mönche auch die Schenkungen wuchsen und die Bitten um Entsendung von Cluniazensern zur Erneuerung anderer, schon bestehender Abteien. Am Ende war die burgundische Abtei von einem weit ausgespannten Netz von abhängigen Häusern umgeben, nicht zu zählen jene Klöster, die zwar die Bräuche von Cluny übernahmen, sich der Befehlsgewalt des Abtes von Cluny aber nicht unterstellten. In einigen Fällen entstanden enger miteinander verbundene Klostergruppen, die die Ideale von Cluny eigenständig weiterführten. Solche als „Jungcluniazenser" bezeichneten Reformen waren in Deutschland die zwei auf den Bräuchen von Fruttuaria (bei Turin) fußenden Zentren von St. Blasien und Siegburg, vor allem aber Hirsau im Schwarzwald, wo Abt Wilhelm 1079 durch Vermittlung des Priors Udalrich von Cluny die Gewohnheiten des burgundischen Klosters einführte. Hirsaus Ruf verbreitete sich rasch in ganz Deutschland bis in die heutige Schweiz und nach Österreich, wo die Abtei Admont als Zentrum hirsauischen Klosterlebens die cluniazensisch-schwäbischen Bräuche weiteren Abteien vermittelte.

Neben diesem cluniazensisch geprägten Benediktinertum gab es auch noch andere Reformzentren wie die alte Königsabtei Fleury (St-Benoît-sur-Loire), Gorze im Bistum Metz und St. Maximin vor den Toren Triers. Diese Klöster hielten sich enger als Cluny an das anianische Vorbild, waren sehr auf ihre Selbständigkeit bedacht und nicht geneigt, den Übersteigerungen Clunys in ihrem Brauchtum zu folgen. Während Cluny sich vor allem im Westen Europas ausbreitete, fand das Gorzer Mönchtum (wie man es vereinfachend nennt) im Deutschland der sächsischen Kaiserzeit viel Anklang. Einzelne Abteien, die diese Gewohnheiten übernahmen, wurden ihrerseits zu weit ausstrahlenden monastischen Mittelpunkten, wie Einsiedeln, St. Emmeram (Regensburg), Fulda, Niederaltaich und viele andere. In diesem Reichsmönchtum wurde ähnlich wie in der Karolingerzeit Wert auf gute Zusammenarbeit mit dem Herrscher gelegt. In der Tat nahmen in der Zeit der ottonischen und salischen Kaiser die Benediktinerklöster und ihre Äbte eine wichtige kirchliche, politische und wirtschaftliche Rolle ein, wozu diese reich ausgestatteten Abteien allerdings durch ihre Bindung an den König auch verpflichtet waren. Wurde diese Öffentlichkeitsrolle der Klöster zunächst offensichtlich problemlos von der Kirche hingenommen, so wuchsen im Laufe des 11. Jahrhunderts die Bedenken gegen diese Inanspruchnahme durch weltliche Aufgaben.

In der Tat machten sich seit der ersten Hälfte des 11. Jahrhunderts verstärkt Bewegungen bemerkbar, die dieses enge Zusammenspiel des Mönchtums mit dem Königtum in Frage stellten. Vordergründig richtete sich der Protest zunächst gegen die Macht und den Reichtum der Großklöster. Dem vielfältig liturgisch, ökonomisch und kulturell hochentwickelten Benediktinertum des beginnenden Hochmittelalters setzten die Reformer ein radikal anderes Ideal entgegen: das Ideal der Einsamkeit, des Eremitentums und der Armut. Einer der ersten, der diese urmonastischen Werte predigte, war ein vom traditionellen Benediktinertum enttäuschter italienischer Mönch, der hl. Romuald (ca. 952–1027), aus dessen charismatisch-freiem Jüngerkreis nach seinem Tode der Kamaldulenserorden als Einsiedlerorden auf der Grundlage der Regula Benedicti hervorging. Er hat sich bis heute vor allem in Italien halten können. Die Stärke der Kritik am herkömmlichen Mönchtum nahm im Laufe des 11. Jahrhunderts derart zu, daß man von einer Krise des Mönchtums oder des Zönobitentums gesprochen hat. Nicht, daß das alte Benediktinertum erschlafft gewesen wäre, aber es entsprach nicht mehr dem Suchen vieler unruhig gewordener Menschen in den kulturell und wirtschaftlich führenden Ländern Italien und Frankreich. Die neuen monastischen Bewegungen legten alle ausnahmslos Wert auf sichtbare, fühlbare Armut, was auch ein Protest war gegen den wachsenden Konsumismus in diesen prosperierenden Wirtschaftszonen Europas. Im alten Benediktinertum – die anianische Reform hatte es erneut bekräftigt – sollte der einzelne Mönch zwar besitzlos sein, aber das Kloster konnte Güter erwerben. Die „neuen Mönche" dagegen lehnten eine solche Unterscheidung ab. Ihre Neugründungen in der Wildnis, fernab der bewohnten Zentren, waren ärmliche, kleine Konvente, die sowohl die feierliche Liturgie wie auch den Aktivismus der Großabteien verschmähten. Gleichzeitig blickte man in diesen Kreisen mit Bewunderung auf das Einsiedlerleben, selbst dann, wenn man es selbst nicht übernahm. Eremitentum und Einsamkeitsideal schlossen aber nach der Meinung dieser Kritiker die Predigttätigkeit der Mönche nicht aus.

Die gelungenste und reifste Schöpfung des „neuen Mönchtums" waren die Zisterzienser, deren erstes Kloster Cîteaux in Burgund war (gegründet 1098). Um 1300 jedoch verlor auch der strahlende Stern von Cîteaux an Glanz. Die Zeit der jungen, dynamischen Bettelorden, allen voran der Franziskaner und Dominikaner, begann, die sich mit Vorliebe in den aufstrebenden Städten niederließen und ihre besten Berufungen aus dem Universitätsmilieu bezogen. Die monastischen Orden konnten mit dieser gesellschaftlichen Entwicklung nicht Schritt halten. Sie galten als saturiert und antiquiert. Ihre Spiritualität entsprach nicht mehr dem Wollen der Zeit. Es fehlte nicht an Mönchen, die das Gefährliche dieser Entwicklung bemerkten. Um der lähmenden Vereinzelung der selbständigen Abteien entgegenzuarbeiten, hatten sich bereits im 12. Jahrhundert die Äbte der Reimser Kirchenprovinz regelmäßig getroffen. Auf Anregung von Papst Innozenz III. verordnete das IV. Laterankonzil von 1215 die Bildung von Provinzialkapiteln für Benediktineräbte nach dem Vorbild der Generalkapitel der Zisterzienser. Papst Benedikt XII., selbst Mitglied dieses Ordens, umschrieb in seiner Bulle „Summi Magistri" (1336) 36 solcher benediktinischer Provinzen, deren Grenzen im allgemeinen den Diözesangrenzen folgten. Der deutschsprachige Raum war in die vier Provinzen Mainz-Bamberg, Köln-Trier, Salzburg und Bremen-Hamburg aufgeteilt. Die an Klöstern bei weitem reichste Provinz war die von Mainz-Bamberg mit nicht weniger als 133 Benediktinerklöstern. Die theoretisch alle drei Jahre stattfindenden Äbteversammlungen hatten jedoch wenige Kompetenzen und konnten den Niedergang der Abteien höchstens verlangsamen, aber nicht aufhalten. In fast allen Ländern verkamen die Benediktinerklöster um 1400 zu Versorgungsanstalten des Adels. Persönliche Armut, der Sinn für das Gemeinschaftsleben und der Eifer für den Gottesdienst – also wesentliche Elemente des Lebens nach der Regel Benedikts – verschwanden mehr und mehr. Spirituell und kulturell war das Benediktinertum um 1400 so tief gesunken wie noch nie zuvor. Die Erneuerung, die im 15. Jahrhundert in verschiedenen Ländern einsetzte, war ungleich mühsamer als jede Reform in den Jahrhunderten vorher. Um so mehr muß man den Mut und die Selbstlosigkeit jener Mönche bewundern, die mit meist geringen personellen und materiellen Mitteln zäh ein Kloster nach dem anderen zur Beobachtung der Regel und zu einem geordneten geistlichen Leben zurückführten. Allein hätten sie das allerdings nicht fertiggebracht. Hinter ihnen standen Bischöfe, weltliche Fürsten und städtische Autoritäten, die eine Erneuerung der Benediktinerklöster begrüßten und unterstützten, nicht selten auch den Widerstand reformunwilliger Konvente brachen. Neues benediktinisches Leben machte sich zuerst in Italien bemerkbar, wo der vornehme Venezianer Ludovico Barbo 1408 Abt des heruntergekommenen Klosters Santa Giustina in Padua wurde. Die Erneuerung glückte in kurzer Zeit so gut, daß die Lebensform von Santa Giustina auch in andere alte Klöster ausstrahlen konnte. Bereits 1419 bestätigte Papst Martin V. den Zusammenschluß der reformierten Abteien. Die neue Kongregation „de Unitate" (von der Einheit), die sich später, nach dem Beitritt Montecassinos, cassinesische Kongregation nannte, war ein ausgesprochen moderner Verband. Viele Berufungen kamen aus den Universitätskreisen Paduas, ein Zeichen dafür, daß Barbo die Anliegen des Humanismus aufgriff und eine Spiritualität vertrat, die monastisches Gemeinschaftsleben und private Innerlichkeit harmonisch verband. Die Mönche von Santa Giustina liebten wie alle Humanisten das Studium, vermieden jedoch pastorale Tätigkeit. Das Chorgebet feierten sie in einer vereinfachten Form, verlangten jedoch von jedem Mönch morgens und abends eine halbe Stunde privater Betrachtung. Es war das erste Mal, daß im benediktinischen Mönchtum diese Form der Meditation einen festen Platz im Tagesablauf erhielt.

Nicht nur in Italien, auch in Deutschland waren Kräfte der Erneuerung am Werk. Das Beispiel regeltreuer italienischer Klöster hat dazu zweifellos beigetragen. Die älteste benediktinische Reform im Deutschland des Spätmittelalters geht auf Abt Otto Nortweiner von Kastl (Oberpfalz) zurück, der noch vor 1400 sein Kloster wirtschaftlich sanierte und ihm in einem eigens angelegten „Bräuchebuch"

(Caerimoniae) eine solide geistliche Grundlage gab. Anregungen dazu bekamen die Kastler durch Kloster Subiaco, wo sich an dem Ort, wo einst der hl. Benedikt gelebt hatte, durch nichtitalienische, vor allem deutsche Mönche in der zweiten Hälfte des 14. Jahrhunderts eine vorbildliche Observanz herausgebildet hatte. Von Kastl drang die Reform im Laufe des 15. Jahrhunderts in 25 andere Abteien ein, von denen die meisten in Bayern lagen. Auch die zweite große Erneuerungsbewegung in Deutschland, die Melker Reform, hatte Kontakte mit Subiaco. Der Initiator dieser Reform, Nikolaus Seyringer, war selbst Mönch von Subiaco, ehe er 1418 von Herzog Albrecht V. von Österreich als Abt von Melk eingesetzt wurde; Seyringer hat auch die Bräuche von Subiaco mit nach Melk gebracht. Erst nach und nach wurden sie dort den anderen klimatischen und gesellschaftlichen Verhältnissen angepaßt. Seyringer, der vor seinem Klostereintritt die Würde eines Rektors der Universität Wien bekleidet hatte, pflegte als Abt von Melk die Beziehungen zu dieser Universität und ermunterte die Mönche zum Studium, wovon heute noch viele Handschriften in österreichischen Stiften zeugen. Nikolaus Seyringer konnte mit Hilfe der Landesherren und unterstützt von einigen getreuen Gefährten, vor allem Petrus von Rosenheim, die erneuerte Lebensform von Melk an zahlreiche Abteien in Österreich und Bayern weitergeben. Die heutige österreichische Benediktinerkongregation betrachtet sich mit Recht als Erbe jenes geistlichen Aufbruchs nach dem Konzil von Konstanz, der für immer mit dem Namen Melk verbunden bleibt.

Beide Reformen, Kastl und Melk, vermieden die Bildung eines Rechtsverbandes. Sie begnügten sich mit der Weitergabe der neuen Bräuche und vielleicht noch mit der Entsendung eines erfahrenen Mönches als neuen Abt. Als der erste Elan nachließ, fehlten beiden Reformen darum auch die rechtlichen Strukturen, die sie hätten stützen können. Die dritte große deutsche Reform, die Bursfelder Union, beschritt dagegen von Anfang an einen anderen Weg. Johannes Dederoth, Mönch von St. Blasien in Northeim, hatte auf einer Italienreise die italienische monastische Reform kennengelernt und die Überzeugung gewonnen, daß auch im Norden Deutschlands ähnliches geschehen könne. Herzog Otto V. von Braunschweig-Göttingen sorgte dafür, daß er zum Abt des kleinen Klosters Clus bei Gandersheim gewählt wurde, das er zur Zufriedenheit des Herzogs so schnell zum Besseren veränderte, daß dieser ihn 1435 zusätzlich zum Abt der verödeten Abtei Bursfelde an der Weser machte. Dederoth sah sich nach personeller und geistiger Hilfe für seine beiden Klöster um und fand sie bei Abt Johannes Rode von St. Matthias (Trier), der bereits einige Erfahrung in der Erneuerung eines alten Klosters hatte. Dederoth starb mitten in der Aufbauarbeit 1439 an der Pest, fand aber in Johannes Hagen einen ebenbürtigen Nachfolger, der zielstrebig die Observanz stabilisierte und den Zusammenhalt der erneuerten Klöster sicherte. 1446 erteilte das Konzil von Basel eine erste Bestätigung der Bursfelder Union. Von da an ist ein unaufhaltsamer, wenn auch oft mühsamer Aufstieg der Bursfelder Reform im Norden Deutschlands zu verzeichnen. Anders als die Kastler und Melker wollten die Bursfelder eine Kongregation bilden, anders als jene von Santa Giustina sollte sie aber die Autonomie des Einzelklosters respektieren. Dennoch besaß das Generalkapitel unter dem Vorsitz des Abtes von Bursfelde eine starke Autorität. Unnachsichtig wurde auf Gehorsam gegenüber den Beschlüssen des Generalkapitels bestanden, vor allem was die Uniformität in Liturgie und Lebensweise betraf. Die entsprechenden Bücher ließ die Kongregation schon in den siebziger und achtziger Jahren des 15. Jahrhunderts drukken. Das Bursfelder Brevier war sogar das erste gedruckte Benediktinerbrevier in Deutschland. Die Lebensweise der Bursfelder Mönche war ausgesprochen klösterlich. Viel Wert wurde auf Schweigen, Betrachten, besonders aber auf den würdigen Vollzug des Gottesdienstes gelegt. Trotz dieser hohen Anforderungen nahm die Zahl der angeschlossenen Klöster immer mehr zu. Die Leitung der Kongregation hat mit der Zeit die nötigen Erfahrungen gewonnen, wie man am raschesten die Reform eines schon bestehenden Konventes betreiben konnte. Gestützt auf das Einverständnis des Ortsbischofs, des Landesherrn oder des Stadtrates übernahm eine kleine Gruppe von Reformmönchen die Leitung der zu erneuernden Abtei und stellte den meist widerstrebenden alten Konvent vor die Wahl, entweder die Reform anzunehmen oder mit einer Pension versehen das Kloster zu räumen. In vielen Fällen wählte dieser das letztere. Manchmal gestattete man dem alten Konvent auch, in einem Flügel des Klosters ohne Kapitelsrechte nach eigenem Gusto weiterzuleben und allmählich auszusterben. Als die Reformation ausbrach, war die Kongregation noch im Aufschwung begriffen, wenn sich das Tempo auch verlangsamt hatte. Damals gehörten etwa 90 Männerklöster zur Union, wozu noch einige inkorporierte Frauenklöster kamen. Der Schwerpunkt der Verbreitung lag in Norddeutschland und im Rheinland, während sich der Süden den Bursfeldern verschloß. Versuche, die Kastler, Melker und Bursfelder zu einer einzigen großen deutschen Kongregation zu vereinigen, scheiterten im 15. Jahrhundert besonders an der Unnachgiebigkeit der Bursfelder, die nichts von ihren Bräuchen preisgeben wollten. Die Bursfelder sind aus der benediktinischen Geschichte Deutschlands nicht wegzudenken. Vielerorts zeugen noch heute damals errichtete oder begonnene monumentale Klosterbauten vom ernsten monastischen Streben ihrer einstigen Bewohner. Zwei heutige deutsche Abteien führen rechtlich, päpstlich verbrieft, das Erbe der Bursfelder weiter: St. Matthias in Trier und Maria Laach, wenn sie auch heute anderen Verbänden angehören.

3. Von der Reformation bis heute

Die Reformation traf das Benediktinertum vor allem in Deutschland schwer. Die Bursfelder verloren zwei Drittel ihrer Klöster, darunter – besonders schmerzlich – das Ursprungskloster Bursfelde. Doch konnte sich die Kongregation als ganze behaupten und bestand bis 1803 als vorwiegend rheinischer Klösterverband weiter. Wie für die gesamte Kirche war auch für das Benediktinertum das Konzil von Trient die Wende zu einem neuen Selbstbewußtsein. Das Ordensdekret von 1563 gab allenthalben den Anstoß zur Bildung neuer benediktinischer Kongregationen. In Deutschland kam es aus verschiedenen Gründen, besonders wegen des Widerstandes der Ortsbischöfe, nicht zur Gründung eines nationalen Verbandes, wie dies in Portugal, Frankreich und in kleineren Ländern geschah. Statt dessen formierten sich neben der Bursfelder Kongregation mehrere regionale Zusammenschlüsse, darunter die Schweizer Kongregation mit so alten Abteien wie St. Gallen, Einsiedeln und Muri (1608) sowie die Bayerische Kongregation (1684), zu der am Ende 19 Abteien gehörten. In Süddeutschland, der Schweiz und Österreich erlebte das Benediktinertum seit dem Beginn des 17. Jahrhunderts eine Blüte wie nie seit dem Hochmittelalter. Stein gewordener Ausdruck dieses neuen Selbstbewußtseins sind noch heute die großartigen Klosterbauten von Ottobeuren, Zwiefalten, Einsiedeln, Melk, Göttweig und vieler anderer Abteien. In den weiten, festlichen Räumen der Barockklöster führten die einzelnen Mönche ein nach dem Muster jesuitisch-nachtridentinischer Frömmigkeit gestaltetes einfaches, ja aszetisches Ordensleben, das sich allerdings sehr von dem der mittelalterlichen Mönche unterschied. Bevorzugtes Arbeitsfeld der Benediktiner wurde nun der großzügig ausgebaute Schulunterricht und die pastorale Tätigkeit in den klostereigenen Pfarreien. Als gemeinsame Aufgabe der süddeutschen, schweizerischen und österreichischen Abteien bestand seit 1617 in Salzburg eine Benediktineruniversität mit vier Fakultäten (Theologie, Philosophie, Kirchenrecht, Zivilrecht), wozu später noch ein Lehrstuhl für experimentelle Physik kam. Bis zu ihrer staatlich-bayerisch erzwungenen Aufhebung 1810 hat die Salzburger Benediktineruniversität solide Arbeit geleistet und das Interesse für die Wissenschaften in den sie tragenden Abteien merklich gefördert.

Im 18. Jahrhundert verspürten die Benediktinerabteien zunehmend den rauhen Wind eines neuen Zeitalters. Die Aufklärung brachte kein Verständnis für das Klosterleben auf. Intellektuelle und Politiker verlangten von den Klöstern den Nachweis ihrer Nützlichkeit für die Gesellschaft, schränkten diese aber sofort ein auf wissenschaftlichen, pädagogischen und pastoralen Nutzen. Gleichzeitig warfen die königlichen und fürstlichen Finanzbehörden ein begehrliches Auge auf die Klostergüter. Gegen Ende des Jahrhunderts drangen Denkweisen der Aufklärung in die Klöster selber ein, führten bei den jungen Mönchen und Nonnen zu Zweifeln am Sinn des Mönchtums und untergruben in den Konventen, in denen die Zahl der unzufriedenen Ordensleute zunahm, die herkömmliche Disziplin. Das Chorgebet wurde vielen zur lästigen Pflicht, die keinen geistlichen Gewinn brachte und der man sich deshalb auch gerne entzog. Nur wenigen Benediktinern am Ende des 18. Jahrhunderts scheint es gelungen zu sein, unbeirrte Treue zu ihrem Beruf mit Offenheit für die Anliegen der Aufklärung zu verbinden.

Die Klosteraufhebungen des späten 18. und beginnenden 19. Jahrhunderts vollzogen sich in Schüben, deren Zeitpunkt und Stärke von der Politik des einzelnen Landes abhing. Schon vor der Französischen Revolution hob in Österreich Kaiser Joseph II. (Kaiser von 1780–1790) neben vielen anderen als unnütz erachteten Konventen auch mehrere Benediktinerabteien auf. Die verbliebenen bekamen zusätzliche Lasten in der Pfarrseelsorge aufgebürdet bei gleichzeitiger Beschränkung der Klostereintritte und massiver Eingriffe in das innerklösterliche Leben; so war

das Singen des Chorgebetes verboten, weil es gesundheits-
schädlich sei. Seit den Tagen des Josephinismus ist das
Hauptarbeitsfeld der österreichischen Stifte neben der
Schultätigkeit die Pfarrseelsorge, wenngleich dies in ge-
ringerem Maße schon vorher, seit der Zeit der Gegenre-
formation, der Fall war. Die Nachwehen des Josephinismus waren in den Stiften der Habsburger Erbländer bis
weit in die erste Hälfte unseres Jahrhunderts zu spüren.
Doch konnten diese alten Abteien wenigstens ihr Dasein
retten. Anderswo dagegen bedeuteten die Umwälzungen
im Gefolge der Französischen Revolution das Ende einer
manchmal tausendjährigen Tradition. In Deutschland ver-
setzte der Reichsdeputationshauptschluß der deutschen
Fürsten von 1803 allen Klöstern den Todesstoß. Die Benediktiner allein verloren dadurch 103 Abteien und 38 Priorate, dazu 38 Frauenklöster. Der spirituelle und kulturelle
Kahlschlag war enorm. Die Klostergebäude wurden be-
schlagnahmt, zweckentfremdet, verkauft, oft auch abge-
rissen. Die Bücher- und Kunstbestände verschleudert,
vernichtet, die meisten mittelalterlichen Handschriften
den königlichen und fürstlichen Bibliotheken widerrecht-
lich einverleibt. Die Mönche und Nonnen wurden mit
einer schmalen Pension aus ihrer klösterlichen Heimat
vertrieben. In der Schweiz ging 1805 die berühmte Abtei
St. Gallen unter. Vielleicht wäre sie bei weniger hochge-
spannten Forderungen des letzten Abtes Pankraz Vorster
zu retten gewesen. Doch herrschte auch sonst in der
Schweiz ein klosterfeindliches Klima, das unvermindert
jahrzehntelang anhielt und noch zu verspäteten Klosteraufhebungen führte, wie das Ende von Muri 1841 und das
von Rheinau sogar noch 1862 zeigten.
Damals hatten jedoch auch schon in verschiedenen Ländern erste Versuche einer Erneuerung eingesetzt. Den
Anfang machte Bayern. Wenn es gerade hier zu einer ersten, frühen Blüte kam, dann ist dies in erster Linie das
Verdienst des bayerischen Königs Ludwigs I. Als Schüler
Johann Michael Sailers, des nachmaligen Bischofs von Re-

gensburg, hatte Ludwig die Glaubenskälte der Aufklärung überwunden und sich die Begeisterung der jungen Romantik für das Mittelalter zu eigen gemacht. Wie im Mittelalter sollten auch wieder Benediktinerklöster erzieherisch auf das bayerische Volk einwirken. Die Widerstände, die dem Plan des Königs, Klöster zu restaurieren, entgegengesetzt wurden, waren erheblich. Der bayerische Beamtenapparat, vom Ministerium bis in die unteren Ränge, verlegte sich aufs Hinhalten. Von den 293 noch lebenden Exbenediktinern, bei denen man anfragte, erklärten sich nur 11 bereit, das Klosterleben unter Umständen wieder aufzunehmen. Als 1830 Kloster Metten wiedereröffnet wurde, waren es gerade noch zwei ehemalige Benediktiner, die den Anfang mitmachten. Aber der König ließ sich nicht entmutigen. Nicht nur ein einziges Kloster sollte wiedererstehen, nein, es sollten mehrere sein, und zwar rasch. 1834 stiftete Ludwig die Abtei St. Stephan in Augsburg, der er zugleich die Eröffnung und Leitung eines staatlichen Gymnasiums befahl. Als Zugabe erhielt St. Stephan die berühmte Barockabtei Ottobeuren, wo seit der Säkularisation ein paar Mönche zusammengeblieben waren. Der letzte von ihnen erlebte noch die Wiedereröffnung seines Klosters, wenn es auch zunächst nur ein Priorat von St. Stephan war. Ludwig wollte aber nicht nur alte Klöster restaurieren. Wie die mittelalterlichen Herrscher wollte er auch ein Hauskloster neu stiften. Aus seiner Privatschatulle kamen die Mittel zum Bau von St. Bonifaz in München (1835), dem er als wirtschaftliche Basis Kloster Andechs übergab. 1838 restaurierte Ludwig die alte Wittelsbacher Stiftung Scheyern, 1842 das idyllisch an der Donau gelegene Kloster Weltenburg, dessen Anfänge in die bayerische Frühzeit zurückreichen. Schließlich stellte er noch die Mittel zur Wiederbelebung von Schäftlarn zur Verfügung (1866), das früher einmal ein Prämonstratenserstift gewesen war. Aber auch den Benediktinerinnen widmete der König seine Aufmerksamkeit. St. Walburg in Eichstätt (1835) und Frauenchiemsee (1837) verdanken ihm ihr Wiedererstehen. Als Aufgabengebiet wies der König den Benediktinern und auch den beiden Frauenklöstern die Unterweisung der Jugend zu. Das vom König forcierte, überstürzte Wachstum schuf für die noch zahlenmäßig kleinen Konvente mehr Probleme als der König ahnte, vor allem blieb kaum Zeit zu einem Nachdenken über die Grundlagen des Mönchslebens. Aber die bayerischen Klöster, zu denen später auch noch andere hinzukamen (z. B. Ettal 1900), haben die Anfangsschwierigkeiten jedoch überraschend schnell überwunden und bilden heute einen wertvollen, unverwechselbaren Bestandteil des benediktinischen Mönchtums. Ihre Arbeitsfelder sind neben der Schule die Pfarrseelsorge und die Wissenschaft, deren Pflege seit 1921 auch die „Bayerische Benediktinerakademie" dient.

Während die Restauration in Bayern an die Zeit unmittelbar vor der großen Säkularisation anknüpfte, fühlten sich die benediktinischen Neugründungen, die anderswo entstanden, von solchen Rücksichten frei. In Frankreich ließ sich der Weltpriester Prosper Guéranger 1833 mit ein paar Gefährten im ehemaligen Maurinerpriorat Solesmes bei Caen nieder. Guéranger gab seiner Gründung eine dem Geist der Romantik und der Rombegeisterung weiter kirchlicher Kreise entsprechende Gestalt, die für das ganze Benediktinertum von unabsehbarer Bedeutung werden sollte. Guéranger sah sein monastisches Ideal im hochmittelalterlichen Mönchtum, vor allem in Cluny. Benediktinertum war für ihn wesentlich kontemplative Existenz, die in der feierlichen Liturgie mit Gregorianischem Choral – dessen Wiederbelebung er anregte – sichtbaren Ausdruck fand.

Träger der Ideen Guérangers war in Deutschland die Kongregation von Beuron. Sie ist das Werk zweier Brüder aus Bonn, Maurus und Placidus Wolter, die als Kölner Diözesanpriester in den fünfziger Jahren des Jahrhunderts in die römische Abtei St. Paul vor den Mauern eingetreten waren. 1860 kehrten sie nach Deutschland zurück, um in

Preußen das Benediktinertum wieder einzuführen. Tatkräftig unterstützt wurden sie dabei durch Fürstin Katharina von Hohenzollern, die den Brüdern 1863 ihren Erbbesitz Beuron an der Donau überließ, ein ehemaliges Augustinerchorherrenstift, das nach der Säkularisation an die Hohenzollern gefallen war. Beuron wurde Ausgangspunkt einer Kongregation, die wie keine zweite im vorigen Jahrhundert ein stürmisches Wachstum aufzuweisen hatte und es sich leisten konnte, ihre monastischen Vorstellungen ohne Kompromisse durchzusetzen. Maurus Wolter hat seine monastischen Ideen, die stark von Guéranger beeinflußt waren, in mehreren Schriften niedergelegt, vor allem in seinen programmatischen „Elementa" von 1880. Danach ist für ihn benediktinisches Leben vor allem monastisch-liturgisches Leben in der geistlichen Familie des Einzelklosters unter der Führung des Abtes. Wie Guéranger knüpfte auch Maurus Wolter an die hochmittelalterliche Überlieferung des Mönchtums an, übernahm von ihr jedoch auch die Weisungen der frühen Zisterzienser über die Zusammenarbeit und den Zusammenhalt der Klöster ein und derselben Observanz. So waren die Beuroner Abteien, egal wo sie sich befanden, in Rituale und Zeremoniale, ja bis in die Einzelheiten des Alltäglichen hinein, streng vereinheitlicht. Diese Uniformität ermöglichte es den Beuronern, in der Phase der Entwicklung der Kongregation die Mönche häufig von einem Kloster ins andere zu versetzen. Weil überall dieselben Bräuche herrschten, machte es letztlich keinen großen Unterschied, wo man lebte, ob im Deutschen Reich oder in Prag, ob in Belgien oder in England oder in Portugal.

Die Beuroner Kongregation war in ihren ersten 50 Jahren ein ausgesprochen internationaler Verband, wenn auch das deutsche Element stets das ausschlaggebende war. Der Erzabt von Beuron war Leiter der Kongregation; in Beuron traten die Generalkapitel zusammen. Doch lagen die ersten Tochterhäuser von Beuron, bedingt durch die politische Lage im Kulturkampf, außerhalb des Deutschen

Reiches: Maredsous in Belgien (1872), Emmaus in Prag (1880), Seckau in der Steiermark (1883). Erst in den neunziger Jahren und zu Beginn unseres Jahrhunderts entstanden auch in Deutschland weitere Beuroner Klöster: 1893 Maria Laach, 1899 Gerleve in Westfalen, 1904 St. Hildegard in Eibingen. Der erste Weltkrieg bedeutete gerade für die Beuroner Kongregation einen tiefen Einschnitt. Sie verlor fast alle ihre ausländischen Klöster, vor allem die belgischen, die nun eine eigene Kongregation (von der „Verkündigung des Herrn") bildeten. Dennoch waren die Zwischenkriegsjahre für die verbliebenen Beuroner Konvente eine einzigartige Blütezeit. Mehrere alte Klöster konnten wiederbesiedelt werden: Grüssau in Schlesien, St. Matthias in Trier, Neresheim und Weingarten in Süddeutschland, Neuburg bei Heidelberg. In einer schöpferischen Weiterentwicklung der Gedanken von Maurus Wolter sahen die Beuroner nun besonders in der Vermittlung einer liturgischen Spiritualität ihre Eigenart. Die unter voller Ausnutzung aller damals gegebenen liturgischen Möglichkeiten in den Beuroner Abteikirchen gefeierten Gottesdienste zogen Scharen von gebildeten Katholiken an. In diesen Jahren standen Beuroner Klöster, wie Beuron und Maria Laach, an der Spitze der liturgischen Bewegung.

Die Beuroner lehnten die Seelsorgstätigkeit der Mönche nicht ab, förderten sie aber auch nicht, weil sie vor allem in der „Abgeschlossenheit des Klosters" (claustra monasterii) wirken wollten. Daher stießen die Missionspläne, die der Beuroner P. Andreas Amrhein (1844–1927) äußerte, bei seinen Oberen auf taube Ohren. Schließlich eröffnete Amrhein selbst eine Missionsgesellschaft, deren Mittelpunkt St. Ottilien bei München wurde (1884). In jener Epoche großer Missionsbegeisterung im ganzen katholischen Europa war an Kandidaten kein Mangel. Zahlreiche, gut ausgebildete Laienbrüder standen für die praktischen Arbeiten in der Mission zur Verfügung. Eine benediktinische Schwesterngemeinschaft, die Missionsbenediktinerinnen von Tutzing, ergänzte schon bald das Wirken der Mönche in Heimat und Mission. Erstes Missionsgebiet des Verbandes von St. Ottilien war die deutsche Kolonie Ostafrika, wo die ganz deutsch geprägten Missionsabteien Ndanda und Peramiho Zentren der Glaubensverbreitung und der kulturellen Entwicklung wurden. Kennzeichnend für St. Ottilien war, daß die Übernahme von neuen, oft gewagten Missionsprojekten von Korea bis in die Mandschurei Hand in Hand ging mit der Ausbreitung in Deutschland: Schweiklberg (Niederbayern) entstand 1904, Münsterschwarzach in Franken wurde 1913 wiederbegründet. St. Ottilien und Münsterschwarzach sind heute die zahlenmäßig größten Benediktinerklöster Deutschlands. Längst ist aber aus der ursprünglich deutschen Missionsgesellschaft ein internationaler Verband von beträchtlicher Dynamik geworden, der seinen Schwerpunkt mehr und mehr ins Ausland verlagert.

Alle benediktinischen Kongregationen sind seit 1893 in der „Benediktinischen Konföderation" zusammengeschlossen, deren geistiger Mittelpunkt das Kolleg St. Anselm in Rom ist, wo der Abtprimas residiert. St. Anselm ist auch Sitz der einzigen Philosophisch-Theologischen Hochschule im Universitätsrang (Ateneo di S. Anselmo), die vom Gesamtorden getragen wird. Trotz der Union von 1893 sind die Benediktiner kein Orden im üblichen Sinn, sondern eine freie Vereinigung selbständiger Kongregationen (derzeit sind es 21, dazu einige Einzelklöster). Der Abtprimas ist kein Ordensgeneral, sondern nur „Repräsentant" der Benediktiner und Symbol ihrer Einheit. Trotz vieler Nachteile, die der extreme Föderalismus der Benediktiner für die Bewältigung gemeinschaftlicher Aufgaben mit sich bringt, hat die Union als ganze bis heute stets höchst empfindlich auf alle Versuche reagiert, die Rechte des Abtprimas zu vermehren.

Die heutige Lage der Benediktiner in den deutschsprachigen Ländern kann hier nur mit einigen Stichworten umrissen werden. Fast alle Klöster haben mit mehr oder weniger

großen Nachwuchssorgen zu kämpfen. Gerade die orts-
beständigen Abteien teilen in Freude und Leid das
Schicksal der Kirche, in deren Mitte sie leben und aus der
normalerweise ihre Novizen kommen. Wenn eine Orts-
kirche in einer Krise ist, kann man nicht erwarten, daß
ein Benediktinerkloster von den Erschütterungen unberührt bleibt. Das mag für manche, die gerade die benediktinischen Abteien als „Fels in der Brandung" sehen
möchten, enttäuschend sein, ist aber für den Historiker
nicht überraschend. Gewiß müssen sich die Klöster fragen, ob sie sich nicht zu sehr auf den Lorbeeren ihrer
glorreichen Vergangenheit ausgeruht haben und der Versuchung erlegen sind, das „Harte und Rauhe" (dura et
aspera), das wesentlich zum Mönchtum gehört, zum
Schaden des eigenen Zeugnisses abzuschwächen. Aber es
darf doch nicht übersehen werden, daß der Einbruch, der
vielerorts in den sechziger Jahren einsetzte, wesentlich
außerklösterliche Ursachen hatte, als da sind: Änderun-
gen im Gefolge des II. Vatikanischen Konzils, besonders
auf dem Gebiet der Liturgie, die man nicht nur positiv
sehen sollte; der Glaubensschwund in den Familien
und das geringe Glaubenswissen der Jugendlichen; das
Umstülpen des Schul- und Bildungswesens unter Miß-
achtung humanistischer Lehrinhalte, die für eine benediktinische Berufung immer als besonders hilfreich
empfunden wurden; schließlich der gesellschaftliche
Wertewandel mit seiner Geringschätzung von zu „Se-
kundärtugenden" heruntergestuften sozialen Verhaltensweisen wie Gehorsam, Dienstfertigkeit, Bescheidenheit, Opferbereitschaft und Selbstlosigkeit und dem
Hochhalten anderer Werte wie Kritikfähigkeit, Selbstverwirklichung, Durchsetzungsvermögen, Kreativität und
Lebensgenuß. Das alles hat die Benediktinerklöster in
deutschsprachigen Ländern in den letzten Jahrzehnten in
nicht geringe Verlegenheit versetzt. Die Krisensymptome
treten zwar nicht überall und geballt auf, aber es ist unbe-
zweifelbar, daß alle Klöster sich mit den aus der veränder-

ten gesellschaftlichen Lage ergebenden Fragen auseinandersetzen müssen, wollen sie die benediktinische Tradition, in moderner Form zwar, aber unbeschadet im Inhalt, ins dritte Jahrtausend bringen.

III. Gelebtes Evangelium:
Der heilige Benedikt und sein Lebensprogramm

Abt Christian Schütz OSB

Wer war Benedikt von Nursia? Wer ist er? Die erste Frage richtet sich an die Adresse der Geschichte. Sie gibt uns darauf eine verhältnismäßig vage und bruchstückhafte Antwort. Die zweite Frage gilt uns: Wer oder was ist Benedikt in unseren Augen? Die Kirche verehrt ihn seit mehr als 1400 Jahren als Heiligen. Heilige sind Menschen mit normativem Zuschnitt, ihnen kommt eine über alle aktuellen Anlässe und Bedingungen hinausreichende Bedeutung zu. Worin gründet dieser Anspruch? Letztlich darin, daß sie das Evangelium in lebendigen Exemplaren verkörpern. Heilige sind ganz und gar Menschen, Geschöpfe, Boten und Bilder des Evangeliums. Im Evangelium haben sie ihren Ursprung, Inhalt und Programm ihres Lebens. Sie kennen und wollen nichts anderes als das Evangelium. Trifft das auch auf Benedikt zu? Im Prolog seiner Regel begegnet uns eine programmatische Formulierung, die mit gutem Recht das Leitmotiv nicht nur der Regel selber und des zönobitischen Mönchtums, sondern auch seines eigenen Lebensweges abgeben könnte: Wir gehen „unter der Führung des Evangeliums" die Wege des Herrn (vgl. RB, Prol. 21). Benedikt wollte ein Mann des Evangeliums sein. Wie er dieses Vorhaben in die Tat umzusetzen versuchte, wollen die folgenden Überlegungen zeigen.

1. Gottsucher und Menschenfreund:
Benedikt von Nursia und seine Regel

Benedikt gehört zu jenen Menschen, deren Wirkung ihre geschichtliche Erscheinung weit übertrifft. Das Interesse der Geschichte für ihn setzt erst sehr spät ein. Die Spuren, die er in seiner Zeit hinterlassen hat, sind äußerst gering. Seine Gestalt und sein Leben verschwinden nahezu hinter seinem Werk. Die Hauptquelle für unser biographisches Wissen über Benedikt stellt das um 593/94 in Rom entstandene zweite Buch der Dialoge aus der Feder von Papst Gregor dem Großen (†604) dar. Dabei handelt es sich nicht um eine Lebensbeschreibung in unserem Sinn, sondern eher um ein erbauliches Werk, das in Anlehnung an ähnliche Vorlagen die Wunder und die Sehergabe des Gottesmannes Benedikt schildern wollte. Versucht man daraus einige zuverlässige historische Daten zu filtern, dann ergibt sich folgendes Bild:

Benedikt lebte in einer ähnlich bewegten und verworrenen Zeit wie wir. Das Römische Reich war am Zusammenbrechen, die innerkirchliche Situation war durch lehrhafte Auseinandersetzungen und kirchenpolitische Spannungen gekennzeichnet. Benedikt ist um das Jahr 480 im umbrischen Nursia geboren. Das Studium der freien Künste in Rom bricht er ab, um sich über Affile in die wilde Schönheit der Einsamkeit von Subiaco zurückzuziehen, um Mönch zu werden. Um 528/29 zieht er weiter nach Montecassino, wo er der Überlieferung nach am 21. März 547 gestorben sein soll. Etwa 40 Jahre später wurde das Kloster von den Langobarden zerstört, bis es um 720 wiederaufgebaut wurde. Die Regel ist das einzige Erbstück, das uns von Benedikt überliefert ist und die Periode der Unsicherheit überstanden hat. Sie ist es, die uns das geistliche Profil Benedikts erschließt. Von ihr sagt Papst Gregor nicht ohne Grund. „Wer sein (= Benedikts) Leben und seinen Wandel genauer kennenlernen will, der findet in den Vorschriften dieser Regel alles, was er als Lehrmeister vorgelebt hat. Denn der Heilige konnte nicht anders lehren, als er lebte" (Dial. II,36).

Wenn wir Benedikt als Verfasser seiner Regel bezeichnen, dann dürfen wir dabei nicht von unseren Vorstellungen von Urheberschaft ausgehen. Im Sinne antiker Schriftstellerei gibt er in der Regel seine Quellen nicht namentlich an; auch verfährt er mit ihnen relativ eigenständig, sofern er sie nicht sklavisch übernimmt, sondern bis in die Wahl einzelner Wörter hinein durchaus eigene Akzente setzt. Als wichtig für das Verständnis der Regel erweist sich auch, was Benedikt bei seinen Gewährsleuten übergeht oder hinzufügt. Die Beachtung dieser Besonderheiten erweist Benedikt durchaus als einen Schriftsteller von Format. Hauptquelle der Regel Benedikts ist die Hl. Schrift. Sie ist die „Regel" aller Regeln oder die „Regel" schlechthin. Benedikts Regel ist ganz vom Geist und Buchstaben der Schrift durchtränkt, sie liest sich wie ein Kommentar zur Schrift. Es hat wohl einiges für sich, wenn man die Benediktusregel als „Evangelium nach dem hl. Benedikt" bezeichnet hat. Man hat in der Regel mehr als 300 direkte Schriftverweise gezählt, dabei ist noch nicht berücksichtigt, daß in ihr die Sprach- und Bilderwelt der Bibel bis in einzelne Ausdrücke hinein präsent ist. Bei der Einführung, Erklärung oder Rechtfertigung bestimmter Lebensweisungen nimmt Benedikt gerne zur Autorität der Schrift Zuflucht. Damit gibt er zu erkennen, daß seine Regel nichts anderes sein will als der Versuch, aus der Schrift oder dem Evangelium zu leben. Allerdings bleibt dabei zu bedenken, daß die Beziehung Benedikts zur Bibel auf einer anderen Ebene liegt als bei uns. Wir suchen in ihr vor allem Wissen, Kenntnis und Erkenntnis des Glaubens und lesen sie in erster Linie als historischen Text, für Benedikt war sie lebendiges Wort Gottes, „Licht" oder „Stimme" Gottes (vgl. RB, Prol. 8 f.), aus der er Lebensweisung, Kraft, Ruf und Berufung empfing.

Die große Liebe zur Hl. Schrift teilt die Regel Benedikts mit den anderen Quellen, aus denen sie geschöpft hat. Der

Reichtum und die Vielfalt der asketischen, anachoretischen und zönobitischen Lebensformen sind ihr sehr wohl vertraut. Ihre Entstehungszeit fällt in eine Periode, in der die Verwirklichung des monastischen Ideals in den Städten und Wüsten Ägyptens, Palästinas, Syriens und Kleinasiens über Nordafrika, Italien und den Süden Galliens bis nach Spanien und Irland bereits ein Stück Geschichte geworden war. Benedikt steht im Strom dieser Traditionen, setzt sie voraus, kennt und verwertet sie auf souveräne Weise. Die berühmten Leitbilder des monastischen Lebens sind für ihn ebenso prägend wie die großen Mönchsregeln des Ostens und Westens. Er weiß um die Begründung des gemeinsamen klösterlichen Lebens durch Pachomius (†347) und seine Regel; er schätzt und empfiehlt die Regel „unseres heiligen Vaters Basilius" (vgl. RB 73,5). Die Werke eines Johannes Cassian (†430/435), der dem Westen die Kenntnis des östlichen Mönchtums vermittelte, bilden einen wichtigen Bestandteil des klösterlichen Lektüreprogramms (vgl. RB 42,5). Der Einfluß Augustins wird in der Orientierung der Regel hinsichtlich des Gemeinschaftslebens am Ideal der urkirchlichen Gemeinschaft deutlich. Vor allem in den ersten sieben Kapiteln stützt sich die Benediktusregel auf das Werk eines unbekannten Mönches, die Magisterregel. Ihre Entstehung wird auf den Zeitraum um 500–535 angesetzt, der Ort ihrer Herkunft ist ungeklärt. Der Streit um die Priorität ist zugunsten der Magisterregel entschieden. Dadurch verliert das geistliche und monastische Profil Benedikts nichts an Originalität. Ein Vergleich beider Regeln hebt den kritischen und eigenständigen Umgang Benedikts mit seiner Vorlage ans Licht und läßt die Züge der Handschrift Benedikts unverkennbar zum Vorschein kommen. Schließlich darf, was die Quellen der Regel betrifft, der Hinweis auf fremde oder eigene Erfahrung nicht unterschlagen werden; Benedikt beruft sich ausdrücklich darauf (vgl. RB 1,6; 59,6). So präsentiert sich uns die Regel Benedikts als ein Buch geistlicher Weisung, in dem allgemeine Grundsätze sich mit konkreten Anweisungen und geistliche Lehre sich mit praktischen Regelungen mischen. Das erklärte Anliegen dieses Buches ist es, einer Gemeinschaft von Gleichgesinnten ein Leben im Geiste des Evangeliums zu ermöglichen.

Fragt man nach dem Bild, unter dem uns Benedikt aus seiner Regel und der Schilderung Gregors des Großen entgegentritt, dann ist es vor allem das des *Gottsuchers*. Unter dieser Vorstellung hat Benedikt die Gestalt des Bewerbers oder Novizen gezeichnet (vgl. RB 58,7), indirekt aber hat er darin den eigenen Weg und das eigene Profil skizziert. Der häufigste Titel, den Gregor seiner Hauptfigur Benedikt beilegt, lautet: Mann Gottes (vir Dei). Damit reiht er ihn als nahezu ebenbürtigen unter die Schar der großen alt- und neutestamentlichen Gottesmänner wie Abraham, Isaak, Josef, Mose, Elija, Elischa, Petrus oder die Apostel ein. Benedikt ist einer, der ausgesprochen theozentrisch lebt und denkt. Das gilt nicht nur im Hinblick auf den Gottesdienst, dem nichts vorgezogen werden soll (vgl. RB 43,4), sondern auf das gesamte Leben und Tun eines Mönchs, das der Verherrlichung Gottes geweiht ist (vgl. RB 57,8). Gott ist einfach die Mitte, von der alles herkommt und auf die alles zustrebt.

Wenn Benedikt von Gott spricht, dann hat er immer den gegenwärtigen Gott im Sinn. Gott ist in seinen Augen nicht der ferne oder abwesende, sondern der schlechthin gegenwärtige Gott. Das Gegenwärtigsein ist für ihn geradezu konstitutiv, die Eigenschaft und Verhaltensweise Gottes vor allen anderen. Seine Gegenwart meint nicht einfach eine neutrale oder distanzierte, sondern ist der Ausdruck seines Für-uns- und Mit-uns-Seins. Wenn Gott immer schon gegenwärtig ist, dann kann die Abwesenheit oder Ferne nur auf der Seite des Menschen liegen. Der Mensch ist es, der sich und sein Leben vor das Angesicht Gottes bringen soll; er hat es nötig, gegenwärtig zu werden, in die Gegenwart einzukehren und in ihr zu leben. Dieser gegenwärtige Gott ist für Benedikt der ganze Gott, der Herr, der Vater, der Schöpfer, der Richter. Davon läßt sich das Bild Christi nicht trennen; in ihm findet der Mönch seinen Lehrer und Herrn, Vater und König, seinen Hirten, Arzt, Richter und Führer zum Leben.

Versucht man diese Gegenwart Gottes bzw. Christi zu konkretisieren oder zu „lokalisieren", dann könnte man sie im Sinne Benedikts zunächst als eine sichtbare oder greifbare charakterisieren. Diese Eigenschaft folgt aus der Einheit von Gottes- und Nächstenliebe (vgl. RB 4,1 f.) und der konsequenten Übertragung des Gleichnisses vom kommenden Weltenrichter (vgl. Mt 25,31–46; RB 4,14–16; 36,2 f.; 53,1). Gott oder Jesus identifiziert sich hier ganz mit unseren Mitmenschen, vor allem mit denen, die irgendwie unserer Hilfe bedürfen. Er ist für uns gegenwärtig und zugänglich über den konkreten Menschen. Wie wir uns dem Nächsten gegenüber verhalten, so verhalten wir uns auch Gott gegenüber. Die Beziehungen zu unseren Mitmenschen sind der Maßstab für unsere Beziehungen zu Gott. In den Kranken, Bedürftigen oder Gästen wird nach Benedikt Gottes Gegenwart für uns konkret. Wir lieben Gott und den Nächsten nur mit einem einzigen menschlichen Herzen.

Gottes Gegenwart ist für Benedikt alles andere als eine stumme. Gott spricht hier und heute. Das trifft vor allem auf den Umgang mit dem Wort Gottes, aber auch auf die Begegnung mit Menschen, auf Situationen und Ereignisse zu. Nach der Regel Benedikts wird die Stimme des redenden Gottes gerade im Regel- wie im Ernstfall des Gehorsams dem Abt wie der Gemeinschaft gegenüber vernehmbar (vgl. RB 5; 68; 71). Wer zum Hören und Gehorchen bereit ist, wird der Sprache Gottes inne. Der gegenwärtige Gott läßt den Menschen nicht ohne Anruf und Antwort. Gott und Mensch stehen im Dialog miteinander.

Daneben kennt Benedikt auch eine schauende oder sehende Gegenwart Gottes: „Überall ist Gott gegenwärtig, so glauben wir, und die Augen des Herrn schauen an jedem Ort auf Gute und Böse. Das wollen wir ohne jeden

Zweifel ganz besonders dann glauben, wenn wir Gottesdienst feiern" (RB 19,1 f.). Dieser Blick des gegenwärtigen Gottes richtet sich in erster Linie auf unser Inneres. Von dieser schauenden Gegenwart handelt ausführlich und anschaulich die erste Stufe der Demut in der Regel (vgl. RB 7,10–30). Wie sehr Benedikt an diesem Sehen des gegenwärtigen Gottes gelegen ist, sieht man allein schon aus der Häufung der Schriftstellen. Dieses Schauen ist ein Kennen und Erkennen, Reinigen und Läutern, Wachen und Verwandeln. Gott sieht den Menschen in seinem Innern mit den Augen aufmerksamer und sich selber wagender Liebe. Solche Gegenwart Gottes, wie Benedikt sie im Glauben erfahren und geschaut hat, ist nicht etwas Starres oder Dinghaftes, sondern im höchsten Maß personal. Als personale Wirklichkeit entzieht sie sich unserem Zugriff und Einfluß, läßt sie sich nicht einfach feststellen. Sie appelliert an unsere Mitte, unser Ich, und lädt dazu ein, alle vordergründigen Wände des Lebens und Seins zu übersteigen. Man kann den gegenwärtigen Gott nicht „haben" noch über ihn verfügen, man kann ihm vielmehr nur auf personale Weise begegnen.

Der Weg, der nach der Regel Benedikts zu Gott führt, ist nicht der des Verstandes, sondern des Suchens. Wir müssen uns hüten, dieses Suchen vorschnell auf einen intellektuellen Vorgang festlegen zu wollen. An diesem Suchen ist unser ganzer Mensch beteiligt, sein Lieben und Empfinden nicht weniger als sein Reflektieren. Dieses Suchen zeigt sich uns in vielen Schattierungen; es kann uns als Hören, Beten, Schweigen, Gehorchen, Dienen, Wachen usw. entgegentreten. Alles Suchen zielt auf ein Wahrnehmen Gottes, des Gottes, der da ist. Es meint ein Sensibel-Werden für das, was ist, und für den, der ist. Dahinter steht die Überzeugung von der Einheit von Schöpfer und Schöpfung, Gott und Welt bzw. Mensch, Leben und Gebet. Damit ist grundsätzlich nichts davon ausgeschlossen, Zeichen oder Spur für die Präsenz Gottes zu sein. Das Suchen meint ein Lesen-Lernen der Signale des gegenwärtigen

Gottes. Davon sind auf intensive Weise unsere inneren Sinne, die Augen und Ohren unseres Herzens, betroffen (vgl. RB, Prol. 1). Es handelt sich dabei um die Einübung in eine meditative und kontemplative Daseinsweise. Auf dieses Ziel ist nicht zuletzt die klösterliche Askese ausgerichtet. Was Benedikt über die konzentrierte Erfahrung der Nähe oder Gegenwart Gottes im Gebet schreibt (vgl. RB 19), das ist nur verständlich auf dem Hintergrund eines Bemühens, das alles Tun und Lassen unter den Augen Gottes zu sehen bestrebt ist. Im Suchen läßt der Mönch sich selber los und öffnet sich mehr und mehr auf Gott hin. Dieser Vorgang nimmt ein ganzes Leben in Anspruch und beinhaltet auch schmerzvolle Stationen wie die Erfahrung ausgesetzter Einsamkeit, des Leidens und der Erprobung durch das alltägliche Gemeinschaftsleben. Wer sich ehrlich und ernsthaft auf die Suche nach Gott einläßt, der erfährt, daß es sich dabei nie nur um seine Anstrengung handelt. In der eigenen Suche kommt ihm der nicht weniger suchende Gott zuvor und entgegen (vgl. RB, Prol. 14; 27,8). So bedeutet Leben in der Gegenwart Gottes in benediktinischem Verständnis, dem den Menschen suchenden Gott in der Gottsuche des Menschen begegnen.

Kommen bei einer so ausdrücklichen Abstimmung des Lebens auf die Suche nach Gott der Mensch, die Sorge um ihn und die Verantwortung für ihn zu kurz? Das wäre der Fall, wenn Gott losgelöst vom Menschen und der Mensch getrennt von Gott betrachtet würden. Benedikt unterliegt keineswegs einem solchen Kurzschluß. Es ist gerade die Suche nach Gott, die ihn gleichzeitig zu einem wahren *Menschenfreund* werden läßt. Der Weg des „Aussteiger-Studenten", der Rom verläßt, sich in die Einsamkeit der „Wüste" von Subiaco flüchtet und verliebt, schließlich als Lehrmeister der Zönobiten auf Montecassino sein Leben beschließt, führt nicht nur zu Gott, sondern auch zu den Menschen. Was es um die Menschenfreundlichkeit Benedikts ist, vermag eine kleine, aber um so vielsagendere Geste zu erhellen. In der Vorlage der Magisterregel heißt es:

„Alle ehren" (RM 3,8). Er fügt zwischen „alle" und „ehren" noch das Wort „Menschen" ein. Das mag als Selbstverständlichkeit erscheinen oder als überflüssige Verdeutlichung, ist es aber nicht. Benedikt hätte genausogut Glaubende, Christen, Mönche oder Brüder schreiben können; er sagt bewußt „Menschen". Es wäre sicher übertrieben, aus ihm einen Humanisten im späteren Sinn oder einen Anwalt des „Humanum" bzw. der Mitmenschlichkeit nach heutigen Maßstäben zu machen; im Grunde ist das auch nicht notwendig, um aktuell zu sein. Die Ausführungsbestimmungen zu Benedikts „alle Menschen ehren" (RB 4,8) liefert das Regelkapitel „Die Aufnahme der Gäste" (vgl. RB 53). Den biblischen Hintergrund dieses Kapitels bildet das schon erwähnte Gleichnis vom kommenden Weltenrichter (vgl. Mt 25,35). Dann folgt eine detaillierte Schilderung des Begrüßungs-, Empfangs- und Aufnahmezeremoniells, in dem es heißt: „Allen Gästen begegne man bei der Begrüßung und beim Abschied in tiefer Demut: man verneige sich, werfe sich ganz zu Boden und verehre so in ihnen Christus, der in Wahrheit aufgenommen wird" (RB 53,6f.). Wenig später wird dann bestimmt, daß dem Gast alle „humanitas" (das Wort ist nicht zu übersetzen; die Wiedergabe mit „Aufmerksamkeit" trifft den Inhalt nicht ganz) erwiesen werde. Man muß sich diese Anweisungen in der konkreten Ausführung vorstellen, um zu erahnen, was Benedikt mit „alle Menschen ehren" meint. Die Ehre, die man einem Menschen erweist, gilt Christus, dem Menschgewordenen. Wer einen Menschen ehrt, ratifiziert damit ein Stück christologischen Glaubensbekenntnisses, des Glaubens an Christus, an die Wirklichkeit und Konsequenzen seiner Menschwerdung. Das Gespür für den Menschen, seine Würde und Ehre hängt für Benedikt mit Jesus Christus zusammen. Das ist der Grund, warum ihn alles, was mit dem und den Menschen zu tun hat, unbedingt betrifft. Benedikt erweist sich als Menschenfreund, weil er ein Christusfreund ist.

Benedikts Menschenfreundlichkeit hat nichts Elegisches

oder Ätherisches an sich. Sie zeigt und bewährt sich gerade darin, daß er in zahllosen Verlegenheiten als der wahre oder einzige Nothelfer angegangen wird. In diesem Sinn hat ihn Papst Gregor eindrucksvoll geschildert. Benedikt bildet die Anlaufstelle für viele leibliche und geistliche Nöte seiner Brüder. Er hilft ihnen in äußeren und inneren Schwierigkeiten. Die Menschen der Umgebung kommen als Bittsteller zu ihm. Andere wiederum bitten um sein Gebet und seinen Rat. Es gehört wesentlich mit zur Eigenart dieser Hilfe, daß sie immer mit dem Gebet Benedikts verbunden ist. Das ist ein deutlicher Hinweis darauf, daß seine Helferrolle alles andere als selbstbezogen ist. Sein Helfen besteht darin, daß er den gegenwärtigen Gott handeln läßt, seinem Handeln Raum und Transparenz verschafft. Benedikt selber will dabei nur Mittler oder Vermittler, nicht aber Täter sein. Als Helfer steht er ganz auf der Seite der Menschen, wird zum Anwalt und Fürsprecher ihrer Anliegen und Nöte. Seine angebliche Wunderkraft oder -macht äußert sich dahingehend, daß er als Beter vor Gott eintritt. So wird das fürbittende Gebet zu einer der mächtigsten Erscheinungen der Menschenfreundlichkeit und Hilfsbereitschaft Benedikts. Er hilft mit dem, was er durch Gottes Gnade ist und kann.

Ein weiteres Kennzeichen des Menschenfreundes Benedikt bildet die therapeutische Wirkung, die von ihm ausgeht. Bezeichnend dafür ist jene von Gregor dem Großen überlieferte Begebenheit, die von einer geisteskranken Frau berichtet, die sich nach Benedikts Tod zufällig in seine frühere Höhle von Subiaco verirrt, darin übernachtet und am Morgen geheilt herauskommt (vgl. Dial. II, 38). Die Berührung mit Benedikt, dem geheilten und heilen Menschen, wirkt heilend auf andere. Es klingt wie ein Spiegelbild seiner selbst, wenn Benedikt vom Abt oder den geistlichen Vätern erwartet, daß sie es verstehen sollen, „eigene und fremde Wunden zu heilen" (RB 46,6). Der Weg zu Heilung und Heil ist mühsam und schmerzlich. Benedikt ist ihn gegangen in der ausgesetzten Einsamkeit von Subiaco, in der Auseinandersetzung mit dem Bösen, das sowohl aus seinen Erinnerungen und seinem Innern wie auch von seiner Umgebung her auf ihn einstürmte, im geduldigen Erleiden und Ausleiden seiner eigenen Anfechtbarkeit und Versuchbarkeit bis hin zur letzten Begegnung mit seiner Schwester, in der er sehr anschaulich der geringeren Liebe überführt wird (vgl. Dial. II, 33). Die Heilung setzt nicht selten bei unserem unreflektierten Lebensgefühl an. Darin erfahren wir unser Dasein als ein von seinem Ursprung her desintegriertes und seiner Ganzheit ermangelndes. Diese Zerrissenheit reicht bis in Abgründe und Tiefen, die uns selber entzogen sind, da sie menschheitsgeschichtliche Wurzeln haben. Diese Entfremdung zwischen Gott und Mensch, die sich im Bösen, in Schuld und Sünde offenbart, wird nicht dadurch aufgehoben, daß man sie leugnet oder irgend jemand anderen dafür verantwortlich macht. Die Auseinandersetzung mit diesem existentiellen Defizit nimmt einen Großteil unseres Lebens in Anspruch, ganz gleich, ob wir das wahrhaben oder ignorieren. In diesem Zustand gründen unsere Heilsbedürftigkeit wie unsere Heilsfähigkeit. Heilung und Heil beginnen damit, daß wir unsere Schuld als unsere erkennen, annehmen und bekennen.

Die Regel Benedikts ist auf weite Strecken hin ein Heilungs- und Heilsbuch. Sie stellt eine Anleitung dar, die dem Mönch dabei behilflich sein will, sich selber, seinen Schatten, sein Inneres, sein Böses und seine Verwundungen im Licht des Evangeliums anzuschauen. Es handelt sich hier um einen sowohl registrierenden wie auch distanzierenden Blick. Die Regel unterscheidet klar zwischen Verfehlungen und Fehlern, die nach außen hin in Erscheinung treten und durch entsprechende Strafen oder Bußen gesühnt werden (vgl. RB 23–30; 43–46), und Fehlhaltungen und Sünden, die im Inneren verborgen sind (vgl. RB 46,5 f.); nach dieser Differenzierung richtet sich auch die Therapie. In der Praxis läßt sich der Trennungsstrich nicht so radikal ziehen, da es sehr wohl Zusammenhänge und

Überschneidungen zwischen beiden Bereichen gibt. Unter diesem Aspekt kommen Benedikts Buß- und Strafbestimmungen eine mehr als nur regional begrenzte gesamttherapeutische Bedeutung zu. Eine die Regel oberflächlich lesende Zeit hat daraus die Gestalt des „Benedikt mit der Rute" herausgelesen. Eine solche Lesart vergißt leicht den zeitbedingten Rahmen und nimmt das tragende Anliegen Benedikts, das eindeutig auf Heilung zielt, nicht zur Kenntnis. Wie sieht die Regel den Weg der Therapie? In Kapitel 28 schreibt sie: Der Abt „wende zuerst lindernde Umschläge und Salben der Ermahnungen an, dann die Arzneien der Heiligen Schrift und schließlich wie ein Brenneisen Ausschließung und Rutenschläge. Wenn er dann sieht, daß seine Mühe keinen Erfolg hat, greife er zu dem, was noch stärker wirkt: Er und alle Brüder beten für den kranken Bruder, daß der Herr, der alles vermag, ihm Heilung schenkt. Wenn er sich aber auch so nicht heilen läßt, dann erst setze der Abt das Messer zum Abschneiden an" (RB 28,3–6). Sieht man diese Aussagen mit denen der Regel über die Eröffnung des Herzens (vgl. RB 7,44–48; 46,5f.) zusammen, dann umfaßt der Vorgang der Therapie mehrere Stadien oder Phasen.

Am Anfang steht wohl jener Prozeß, den man heute gerne mit dem Begriff „Trauerarbeit" bezeichnet. Der Mensch wird mit seinem Versagen, seinen vertanen Lebensmöglichkeiten, seinen Defiziten und Verlusten konfrontiert. Die früheren Motive tragen nicht mehr, ein Sinnvakuum tut sich auf. Es heißt Abschied nehmen von einem Stück seiner selbst und seines Lebens. Benedikt erwähnt mehrere Male die Tränen (vgl. RB 4,57; 20,3; 49,4; 52,4); diese verweisen auf eine innere Erschütterung, ausgelöst durch eine bestimmte Erfahrung oder Einsicht. In ihnen wird der Schmerz zugelassen, erlitten und empfunden, gleichzeitig bahnt sich in ihnen eine Loslösung, Läuterung oder Reinigung an. Davon bleibt das Herz nicht unberührt, es erwacht und äußert sich im Zustand der „Zerknirschung" (vgl. RB 20,3; 49,4). Es löst sich aus der Verfassung der

Verhärtung, Erstarrung und Unempfindsamkeit, wird wieder weich, empfänglich und lebendig. Eine Neugeburt des Herzens und des Menschen sagt sich an. Eine wichtige Rolle spielt dabei das Wort oder Aussprechen der bösen Gedanken und Empfindungen einem erfahrenen geistlichen Menschen gegenüber. Auf diese Weise erfolgt Befreiung und zugleich neuer Aufbruch, dessen Ziel das „reine", demütige, Gott wahrnehmende und liebende Herz ist. Dieser ganze Heilungsvorgang ist eingebettet in und begleitet von Gebet. Das ist die Heilungsmethode des Evangeliums, Jesu selber. Das Gebet vermag im Grunde nichts Unheiles, es appelliert an den heilenden Gott, gibt ihm Raum und läßt ihn tätig werden. An dieser Stelle schließt sich gleichsam der Kreis: Der heilende Gott ist der gesuchte Gott, derjenige, zu dem der Menschenfreund Benedikt als Gottsucher unterwegs ist.

2. „Dienen unter Regel und Abt" (RB 1,2): Leben in einer benediktinischen Gemeinschaft

Benedikt beginnt seine Regel mit einem Blick auf die Arten der Mönche. Von den später nach ihm benannten Benediktinern sagt er: „Die erste Art sind die Koinobiten: Sie leben in einer klösterlichen Gemeinschaft und dienen unter Regel und Abt" (RB 1,2). In dieser Bestimmung begegnet uns eine Kurzformel des zönobitischen Mönchtums, in der stichwortartig Inhalt und wesentliche Strukturelemente eines Benediktinerklosters angeführt werden. Dieses Gerüst wird erst dann verständlich, wenn die engeren Zusammenhänge, Verbindungen und Eigenschaften aufgezeigt werden. Als richtungweisend dafür kann die Frage nach dem Bild von Gemeinschaft gelten, das den Aussagen Benedikts zugrunde liegt.

2.1 Das Kloster als Gemeinschaft (congregatio)

Die Regel kennt eine Reihe von Bildern und Begriffen, die das Kloster, seine verschiedenen Einrichtungen und Gebäude sowie seinen Ort, die Gemeinschaft der Mönche wie auch jeden einzelnen von ihnen bezeichnen: Zelt oder Berg des Herrn, Schule, Werkstatt, Leib, Hürde, Herde, Versammlung, Bruderschaft oder Haus Gottes. Wir wählen daraus das Symbolwort vom Haus Gottes (vgl. RB 31,19; 53,22; 64,5). In diesem Sprachgebrauch lebt urchristliches Erbe weiter. Benedikt spricht bewußt vom *Haus Gottes*. Darin kommt unmißverständlich der Primat Gottes oder Christi als Herr, Vater und Eigentümer des Hauses zum Ausdruck. Die Regel hat dabei vor allem den auferstandenen oder österlichen Christus als die wahre Mitte im Sinn, von der her und auf die hin das ganze Haus Gottes der Gemeinschaft angelegt ist. Ostern oder der Auferstandene regelt Ort, Zeit und Leben in diesem Haus. Jahr und Woche, Gebet, Arbeit, Essen und Fasten orientieren sich an Ostern. An der Sonderstellung des Sonntags wird das besonders deutlich: „Dieser Bezug zum auferstandenen Herrn liegt vielen Stellen der Regel zugrunde. Es ist der auferstandene Herr, in dessen Gegenwart das Opus Dei gefeiert wird. Christus ist der Lehrer, der den Weg zum Leben zeigt, auch der innere Lehrer, der das Ohr öffnet für die laut rufende Stimme, die jeden Tag in den Worten der Heiligen Schrift einlädt und anspricht: ermutigend, anspornend und lebenspendend. Dieser Christus ist der gute Hirt, der dem Verlorenen nachgeht, der Arzt, der die Wunden der Brüder heilt. Dieser Christus kann im Glauben gesucht und erkannt werden, in der Botschaft des Evangeliums, in den Sakramenten, in der Gemeinschaft, im Abt, in den Kranken, in den Gästen, in jedem Bruder, in jeder Schwester" (SÄK, Die Benediktusregel, Beuron 1992, 28). Für die Gemeinschaft der Mönche heißt das: „Christus sollen sie überhaupt nichts vorziehen. Er führe uns gemeinsam zum ewigen Leben" (RB 72,11 f.).

Die *Hausgemeinschaft* wird durchgehend als „Bruderschaft" verstanden (vgl. RB 72,8). Dieser Gedanke ist
überall gegenwärtig, wo die Regel von „Bruder" und
„Brüdern" spricht. Die Würde des Bruderseins wird als
selbstverständliches Gut einer christlichen Gemeinde betrachtet und von allen ihren Gliedern ohne Unterschied
geteilt. Glaubende erkennen einander als Brüder, weil sie
sich als Kinder des gemeinsamen Vaters und Geschwister
Jesu Christi wissen. Die Idee der Vaterschaft Gottes bzw.
Christi und der Bruderschaft der Mönche bedingen sich
gegenseitig. Seit den Anfängen stand dem Mönchtum die
Verwirklichung der urkirchlichen Gemeinschaft als Ideal
vor Augen. Fragt man, in welchen Situationen sich das
Charisma des Bruderseins besonders zu bewähren hat, so
werden wir von der Regel global auf die des Wortes verwiesen. Konkret trifft das Wort Gottes den Mönch in Gestalt der Hl. Schrift, der „lectio divina" und der Regel selber. Hier wird der Mönch bewußt in seiner Eigenschaft als
„Bruder" angesprochen. Das bedeutet: Brüderlichkeit
wird dort vorausgesetzt und erfahren, wo das Wort an uns
ergeht, wo es um das zu hörende Wort geht. Das Wort,
dessen Sprecher Gott oder Christus ist, gilt uns allen. Vor
ihm sind alle (Frauen und Männer) gleich wertvoll und
wichtig als „Brüder". Zu ihm gehört als unsere Entspre-
chung das Hören, d. h. unser gesamtes Bemühen um das
Wort. Solches Hören verbindet. Daraus folgt: Wir werden
„Brüder", indem wir uns hörend dem Wort des Herrn
stellen. Eine weitere Variante des Wortes wäre das ratende
Wort. Hierher gehört das 3. Kapitel der Regel, das von der
„Einberufung der Brüder zum Rat" handelt. Das ratende
Wort erscheint als Frucht und Bewährung der Brüderlichkeit. Der gute Rat setzt geschwisterliche Offenheit voraus.
Je mehr in einer Gemeinschaft das ratende und beratende
Wort gefördert wird, desto mehr wächst brüderliche und
schwesterliche Verbundenheit. Ein drittes Beispiel dafür,
wie eng Wort und Brüderlichkeit zusammenhängen, stellt
das Bemühen um die gute Rede, das gute Wort dar. Es

widerspricht der geschwisterlichen Atmosphäre, einen anderen zu kränken oder zu betrüben (vgl. RB 31,6 f.; 36,4; 54,4). Bedenkt man die Weisungen, die den Verkehr von Bruder zu Bruder (von Schwester zu Schwester) den Kontakt mit den Gästen, das Laster des Murrens oder das Gut des Schweigens betreffen, dann kann man unmöglich verkennen, wie hoch der Wert der rechten Rede veranschlagt wird, wenn klösterliches Leben geschwisterliche Züge tragen soll.

Ein weiteres Feld, auf dem sich der Mönch als Bruder berufen und gerufen weiß, ist das des Dienstes und der Dienste. Das Spektrum der klösterlichen Dienste reicht von der Handarbeit über Tisch, Küche, Pforte, Oratorium, die Betreuung der Kranken und Gäste bis hin zur Bestellung zu bestimmten Ämtern in der Gemeinschaft. Alle diese Situationen veranschaulichen die grundsätzliche Verträglichkeit von Dienst und Brüderlichkeit. Dienste und Aufgaben bringen notwendigerweise gewisse Unterschiede mit sich. Das kann zuweilen den Eindruck der Ungleichheit, der Bevorzugung oder Benachteiligung erwecken. Demgegenüber betont die Regel unablässig, daß es Brüder sind, die das oder jenes werden bzw. tun. Kein Dienst oder Amt dispensiert vom Brudersein. Aufgaben dienen nicht dazu, aus der Gemeinschaft herauszuführen; sie markieren vielmehr einen Weg, der die Brüderlichkeit intensivieren will. Jeder, der einen Auftrag erhält, ist und bleibt Bruder. Diese Tatsache gilt sowohl für ihn wie für alle anderen Glieder der Gemeinschaft. Bewußt gelebte Brüderlichkeit kann die Verschiedenheit der Menschen und Dienste sehr wohl verkraften.

Eine starke Herausforderung an den Geist der Brüderlichkeit stellen Extrem- und Randfälle dar, wie sie auch eine klösterliche Gemeinschaft nicht verschonen. Dazu zählen die verschiedenen Stufen der Zurechtweisung und des Ausschlusses bis hin zum Austritt oder zur Entfernung aus dem Kloster. In all diesen Fällen wird dem Fehlenden von der Regel der Brudername ausdrücklich belassen. Es hat den Anschein, als würde diesen Gliedern das Privileg des Bruderseins in einem verstärkten Maß zuerkannt. Am Rande des Bruderseins bewegen sich auch jene, die durch Krankheit, Müßiggang, Unvernunft, Streit oder Falschheit gefährdet sind. Das Brudersein der Betreffenden wie auch aller anderen wird sehr ernst genommen. Man mag sich fragen, warum in all diesen Fällen so betont von Brüdern die Rede ist. Der Mensch neigt bekanntlich Außenseitern gegenüber dazu, sich von ihnen zu distanzieren. Diese Tendenz macht die Regel bei allen Gegenmaßnahmen nicht mit. Durch ihr Verhalten dokumentiert sie, daß das Gut der Brüderlichkeit letztlich nicht teilbar und gerade hier in hohem Maß zur Bewährung aufgefordert ist. Der wahre Grund dessen ist kein anderer als ein christologischer. Die Frage, wie es um unsere geschwisterliche Gesinnung bestellt ist, wird selten eine so eindeutige Antwort finden wie in der Einstellung Schuldigen gegenüber. Dabei macht die Regel kein Hehl daraus, welche Belastung von solchen Personen für eine Gemeinschaft ausgehen kann. Wenn das Brudersein die allen gemeinsame Gabe darstellt, dann hat niemand das Recht, sich absolut zu setzen, dann sind alle im Interesse wahrer Brüderlichkeit zur Bewährung aufgerufen.

Das Kloster als Haus Gottes bedarf dringend auch einer entsprechenden *Haus- oder Lebensordnung*. Diese ist den Mönchen und Nonnen in Gestalt der Regel vorgegeben. Sie legt fest, wie man miteinander lebt und umgeht. Ihre Aufgabe ist es, die Kleinigkeiten des Alltags zu regeln, aber auch Grundsätze für ein Leben miteinander bereitzustellen. Gregor der Große rühmt an Benedikts Regel ihre „discretio", ihre weise Mäßigung (vgl. Dial. II,36). Diese Haltung gilt als „Mutter aller Tugenden" (RB 64,19) und bildet das Kennzeichen des geistlichen Menschen. Sie gründet in der Furcht Gottes und wird im Hören auf den Geist erworben. In der klugen Unterscheidung der Geister zwischen Gut und Böse und im umsichtigen Maßgeben und Maßnehmen an der konkreten Situation, den Gegebenheiten, verbindlichen Werten und Bedürfnissen weist sie sowohl in grundsätzlichen wie alltäglichen Entscheidungen jenen Weg der Mitte, der der Gemeinschaft und dem einzelnen zur Heilung und zum Heil wird. Ein anderes tragendes Element benediktinischen Gemeinschaftslebens ist das der Ordnung. Benedikt regelt sehr genau den Tagesablauf, das Gebet und die verschiedenen Dienste. Dahinter steht die Überzeugung, daß eine klare Ordnung dem äußeren und inneren Frieden der Gemeinschaft und ihrer Glieder dient. Menschliches Zusammenleben braucht bestimmte Rituale. Eine gesunde Ordnung enthebt der Gefahr des Zufalls, der Willkür und Launenhaftigkeit, setzt Energien frei und gewährt Halt, Geborgenheit und Heil. Benedikts Regel legt großen Wert darauf, daß alle Glieder der Gemeinschaft im Frieden leben (vgl. RB 34,5). Die Voraussetzungen dafür liegen in der Einheit, Gerechtigkeit und Gleichwertigkeit aller. Der Sicherung des Friedens dient die Rücksicht der Starken auf die Schwachen, die Zuteilung des Notwendigen und die Erwägung der Bedürfnisse und Schwächen einzelner. Solche Maßnahmen oder Appelle greifen nur, wenn der einzelne bei sich selber ernsthafte „Friedensarbeit" leistet und der Friede in seinem Herzen einen festen Platz hat. Benedikt besteht auf der täglichen Bereinigung der auftauchenden Spannungen und Konflikte (vgl. RB 4,73; 13,12 f.). Das Gut des Friedens bedarf vieler kleiner Schritte, die in einer Zivilisation der Liebe gründen. Wie das konkret geschieht, sagt Benedikt im 72. Kapitel: „Sie sollen einander in gegenseitiger Achtung zuvorkommen; ihre körperlichen und charakterlichen Schwächen sollen sie mit unerschöpflicher Geduld ertragen; im gegenseitigen Gehorsam sollen sie miteinander wetteifern; keiner achte auf das eigene Wohl, sondern mehr auf das des anderen; die Bruderliebe sollen sie einander selbstlos erweisen" (4–8). Will man die eigentlichen Wurzeln für den Frieden einer benediktinischen Gemeinschaft freilegen, dann stößt man auf ein Leben, das in Gott gründet und aus der Gegenwart

Gottes sich stets erneuert und empfängt. Für die Lebensatmosphäre eines Klosters kommt auch jenen Haltungen ein prägender Einfluß zu, von denen die Regel unter dem Oberbegriff „geistliche Kunst" handelt (vgl. 2.3). Die Fundamente, auf denen die klösterliche Haus- und Lebensordnung aufruht, bilden die typisch benediktinischen Gelübde des Gehorsams (vgl. III.3), des klösterlichen Lebenswandels (vgl. III.4) und der „stabilitas" (vgl. III.5). Die heilende Wirkung und Praktikabilität dieser Ordnung zeigt sich im Vollzug des benediktinischen „Ora et labora". Das ist der Ort, an dem Mönche und Nonnen am Haus Gottes ihrer Gemeinschaft und ihres Lebens bauen.

2.2 Der Abt: Bruder, Vater, Lehrer

Man hat die Regel Benedikts als eine Abtsregel bezeichnet. Bis zu einem gewissen Grad trifft diese Beobachtung zu. Ein flüchtiger Leser stößt sich an der nahezu absoluten Macht- und Entscheidungsfülle, die in der Regel dem Abt bzw. der Äbtissin eingeräumt wird. Wer dem Wort der Regel aber genauer zuhört, der wird feststellen, daß an keine Adresse soviele Warnungen ergehen wie an die des Abtes. Die Regel rechnet offen damit, daß er vieles falsch macht und begegnet ihm mit einer großen Portion Skepsis und Mißtrauen. Sie läßt keinen Zweifel aufkommen, daß Macht nichts anderes als Dienst ist, und erinnert den Abt unablässig an die Kontrolle der Rechenschaft beim Gericht Gottes (vgl. RB 2,6.9.34.38; 3,11 u. ö.). Einen ersten Eindruck von der Vielseitigkeit des äbtlichen Dienstes vermitteln die Titel, welche die Regel dafür verwendet: Der Abt ist Lehrer, Vater, Arzt, Hirt, Führer, Erzieher, Seelsorger, Diener, Verwalter, Richter, Interpret des Gotteswortes und der Regel. Schon daraus wird klar, daß ein solches Amt ständiger Aufmerksamkeit und Wachsamkeit bedarf, um nicht zu einer bloßen Einrichtung zu erstarren. Es stellt höchste Ansprüche an seinen Träger, so daß Person und Funktion unterschiedslos eins sind. Der Dienst des Abtes erwächst ganz aus dem Hören auf die Stimme des Geistes, die aus dem Wort Gottes, der Regel, der Gemeinde der Brüder, den Gegebenheiten und der jeweiligen Stunde ergeht.

Der Abt selber ist der erste brüderliche Mönch. Durch sein Sein, Leben, Verhalten, Tun und Reden macht er auf exemplarische Weise deutlich, was Mönchsein heißt. Als solcher steht er in der Mitte und an der Spitze seiner Brüder und begegnet er jedem einzelnen. Alles, was von einem Bruder erwartet wird, gilt zuerst und zumeist von ihm selber. Seine Aufgabe erfüllt er ganz im Zeichen und Schatten Christi, dessen Stelle und Dienst er in der Gemeinschaft vertritt. Sie nimmt Maß am Beispiel des historischen Jesus: Wie jener lehrt, predigt, ermutigt, sorgt, ermahnt, hilft, heilt, führt, betet, dient, leidet und liebt er. An seinem Verhalten wird für den glaubenden Mönch der erhöhte Herr transparent. Den Vergleichspunkt für das Sein und Handeln des Abtes bildet das Doppelgebot der Liebe, wie es Christus verwirklicht hat. Auf ihn verweist der Abt seine Brüder auch in dem Sinn, daß er bewußt werden läßt, wie sehr es letztlich Jesus Christus ist, der ihnen in ihrer Schwachheit, Nachlässigkeit, mangelnden Reife oder ihrem Ungehorsam mangelt oder fehlt. Die Vaterschaft des Abtes stellt kein paternalistisches Überbleibsel dar, sondern ist Ausdruck des Bemühens, als geistlicher Führer oder Begleiter suchenden Menschen Leben in der Gegenwart Gottes zu erschließen und zu vermitteln. Das setzt voraus, daß der Abt/die Äbtissin selber im Kern ein geistlicher und auf Gott hin durchsichtiger Mensch ist, der aus dem Geist des Gebetes und in der Kraft des Wortes Gottes lebt. Er vermag Lebensweisung zu geben weniger durch das, was er weiß und sagt, als durch das, was und wie er ist und lebt. Benedikt setzt beim Abt betont auf die mittelbare Führung und Belehrung durch das gelebte Beispiel, d. h. das Vor- und Leitbild. Ein Vorbild kann nur derjenige sein, der etwas dadurch wahr und wirklich macht, daß er es selber lebt und vorlebt. Es liegt auf der Hand, wie aktuell und gefragt eine solche Form der Führung, Begleitung und Vermittlung gegenwärtig ist.

2.3 Geistliche Kunst – der Weg zur Lebenswahrhaftigkeit

Benedikt hat an den Anfang seiner Regel eine Reihe von Kapiteln gestellt, in denen er seine Auffassung vom geistlichen Leben der Mönche darlegt (vgl. RB 4–7). Darin spricht er über „die Werkzeuge der geistlichen Kunst", den Gehorsam, die Schweigsamkeit und die Demut. Als Oberbegriff wählt er dafür die Bezeichnung „geistliche Kunst" (ars spiritualis). Geistliches Leben wird der darin enthaltenen Vorstellung gemäß als ein „Können" im praktisch-pragmatischen Sinn verstanden, das sowohl ein bestimmtes Training in der Gestalt von Übungen, Wegen und Methoden wie auch die Aneignung gewisser Grundhaltungen einschließt. Innerhalb dieses umfangreichen Sektors lenken wir unsere Aufmerksamkeit auf Benedikts Konzeption von Askese, Schweigsamkeit und Demut.

Die Benediktsregel stellt keine grundlegenden Überlegungen zum Thema Askese an, der Sache nach aber kennt sie viele Einzelbestimmungen, denen man ihr Denken in diesem Punkt entnehmen kann. Benedikt ist äußerst skeptisch gegenüber aller selbstgewählten Askese des Mönchs; diese entpuppt sich nur als stolzer Eigenwille und gefährliches Leistungsdenken (vgl. RB 49,8–10). Die Kraft zum Verzicht kommt vielmehr von Gott selber, d. h. ist Geschenk und Werk des Herrn (vgl. RB 40,1–4). In der Askese erprobt der Mönch nicht seine Kräfte, sondern das Maß der Gnade Gottes. Für Benedikt liegen die eigentlichen asketischen Erfahrungen in den alltäglichen Schwierigkeiten des Gemeinschaftslebens, besonders in denen, die aus dem Gehorsam und der Rücksichtnahme auf die menschlichen Schwächen entstehen. Klösterliche Askese ist letztlich eine Askese der Schwachen, Armen und Sünder, nicht der Starken, Heiligen oder Helden. Ihr

Maß liegt nicht in den moralischen Potenzen und Vorzügen des Menschen, sondern in der Kraft und Gnade des Hl. Geistes. Sie kommt aus der Erfahrung der eigenen Ohnmacht und mündet in den dankbaren Lobpreis des göttlichen Erbarmens. Das verleiht benediktinischer Askese einen positiven, natürlich-ausgewogenen, nüchternen, frohen und österlichen Charakter (vgl. RB 5,16; 7,69), denn sie kommt aus der Zustimmung und Freude am empfangenen Guten.

Der Wahrheit seiner selbst und seines Lebens kommt der Mönch näher auch auf dem Weg des Schweigens. Im Unterschied zu einem als Selbstzweck oder Verweigerung verstandenen Schweigen meint das Schweigen, von dem Benedikt spricht, ein durch und durch positives Phänomen (vgl. RB 6; 42). Dieser Weg des Schweigens gleicht einem Prozeß, der den Mönch immer mehr von außen nach innen führt. Er ist mit dem Vorgang einer einschneidenden Ent-äußerung verbunden, bei dem der Mensch seinen verschiedenen Äußerungen gegenüber kritisch und sensibel wird und auf Distanz zu gehen versucht. Davon ist zunächst einmal sein Reden im engeren und weiteren Sinn betroffen: „Bei vielem Reden entgeht man der Sünde nicht" (RB 4,57 = Spr 10,19). Die Enthaltsamkeit im Sich-Äußern konfrontiert den Mönch mit sich selber, läßt ihn sich selber begegnen, erkennen und aushalten. Dabei wird er vor allem seines „inneren Redens" gewahr, wozu seine Gedanken, sein Urteilen, seine Erinnerungen, Bedürfnisse, Wünsche, Emotionen, Laster, Fehlhaltungen, Spannungen und Stimmungen gehören. Ruhe wird erst dann in ihm einkehren, wenn er alle diese Stimmen seines Innern zum Schweigen gebracht hat. In solchem inneren Schweigen wird das Herz rein und frei, es läßt sich selber los auf Gott hin und überläßt sich ihm. Wo der Mensch sich selber schweigend Gott aussetzt, dort wird sein Schweigen zuinnerst ein vernehmendes, wahrnehmendes und auf Gott hin- bzw. zu-hörendes, das das Innere mehr und mehr auf Gott hin aufbricht, öffnet und auf sein Kommen

warten, hoffen und harren läßt. Im Schweigen kommt
Gott dem Menschen entgegen, wenn auch anders als dieser
glaubt, nicht in den von ihm entworfenen Bildern und Begriffen. Gott wird jenseits oder über allen Vorstellungen
und Worten vernommen. An ihre Stelle läßt das Schweigen die Erfahrung der Nähe, der Gegenwart und Gewiß-
heit Gottes treten. Dahinter steht der eigentliche schweigende Austausch, der sich nur mühsam in unsere Sprache
übersetzen läßt. Dieser stellt den Menschen auf den Weg
einer Erfahrung, die nach innen und in die Tiefe verweist.
Wo der Mensch sein vor-lautes Wesen im Schweigen ab-
legt, da rührt er an die Wahrheit des Lebens und beginnt
der gegenwärtige Gott zu ihm und mit ihm zu reden.
Benedikt faßt in seiner Regel die einzelnen Elemente der
geistlichen Kunst unter dem Stichwort Demut zusammen.
Damit ist nicht das gesichtslose Zerrbild einer verkrümm-
ten und servilen Existenz gemeint, sondern ein zutiefst
mönchisches Grundexistential. Demut, wie sie das 7. Kapitel schildert, ist Weg und Haltung zugleich. Ihr Modell
ist ausschließlich in Christus gegeben. Sie geht bewußt den
Gesinnungsweg des Herrn, den Weg der Selbsterniedri-
gung als Erhöhtwerden. Demut bezeichnet den benediktinischen Weg der Nachfolge Christi. Die Regel wählt dafür
das Bild der Leiter mit 12 Sprossen, das keineswegs als
asketisches Programm mißverstanden werden darf. Auf
den einzelnen Stufen wiederholt Benedikt teilweise schon
anderswo Gesagtes, stellt es aber bewußt in den Zusammenhang des Kreuzesgehorsams Jesu, den der Mönch in
der Demut nachvollzieht. Der eigentliche Platz eines
Mönchs ist der an der Seite seines erniedrigten und gekreuzigten Herrn. In der Demut schreitet er gleichsam alle Dimensionen des Christusweges gläubig-existentiell aus;
dieser reicht von der einübenden Einweisung in die Furcht
des gegenwärtigen Gottes bis zur vollendeten Gottesliebe,
in der der Geist Gottes definitiv das Kommando im Herzen und Leben des Mönchs übernimmt.
Dieser Weg der Demut wird zunächst als der einer sich

steigernden radikalen Entäußerung des Menschen erfahren. Im Zentrum dieses Prozesses geht es um unseren Eigenwillen, unser selbstbezogenes, besitzergreifendes, habenwollendes Ich. Der Demütige verzichtet darauf, etwas Besonderes zu sein, sich mit anderen zu vergleichen; er entsagt seinem Geltungsbedürfnis, dem Ehrgeiz, dem Pochen auf Recht, seiner Eigenständigkeit, den verschiedensten Formen von Anhänglichkeit. Statt dessen begnügt er sich damit, auf sich selber, seine Ohnmacht, seine Gebrechlichkeit und Bedürftigkeit zu schauen. Mit dieser Änderung der Blickrichtung auf die Wahrheit seines Lebens verbindet sich eine bewußte wachsende Orientierung an dem sich selber erniedrigenden und entäußernden Herrn, die bis zur Identifizierung reicht (vgl. RB 7,32.34.50.52). Dieser Vorgang gleicht einer Befreiung oder einer Neugeburt, welche die Illusionen des Mönchs über sich zerstören und der Wirklichkeit einer neuen, in Christus gegründeten Identität zum Durchbruch verhelfen. Darin überschreitet er die engen Grenzen seiner selbst und geht mühelos in der Weite, Freude und Freiheit des Herzens seinen Weg. Solche Demut stellt eine massive Herausforderung an den Menschen dar. Sie hat nichts mit Schwachheit, sehr viel aber mit Mut und Entschiedenheit zu tun. In ihr wird etwas sichtbar von der Freiheit und Freiwilligkeit, der Souveränität und Reife Christi (vgl. Eph 4,13). Der demütige ist der erwachsene und reife Mönch.

2.4 Das „Opus Dei" als Mitte benediktinischen Lebens

Nichts ist für benediktinisches Leben so kennzeichnend wie das „Opus Dei" (Werk Gottes). Wir denken dabei vor allem an den liturgischen Gottesdienst, das Stundengebet. Das „Opus Dei" ist sowohl Werk Gottes selber als auch Werk für Gott. Benedikt übernimmt den Ausdruck aus der Tradition vor ihm; dort bezeichnete er das christliche oder Mönchsleben als solches, das sich dann im Gebet verdichtet. Benedikt ordnet mit äußerster Sorgfalt das gemeinsame Gebet der Mönche (vgl. RB 8–20; 45; 47; 50; 52). Vergeblich sucht man in seiner Regel eine theologische Grundlegung des Gebetes, dafür aber werden Ablauf und Aufbau der einzelnen Gebetszeiten und die für ihren würdigen Vollzug erforderlichen Haltungen ausführlich geschildert. Das Gebet hat den Vorrang vor jeder anderen Tätigkeit (vgl. RB 43,3), es bestimmt den Rhythmus des Tages, eröffnet, begleitet und beschließt ihn, das ganze Leben und jeder Dienst des Mönchs werden von ihm umrahmt und durchdrungen. Benedikt erweist sich darin als Empfänger, Hüter und Tradent alten monastischen Erbes. Die Mönchsväter betrachteten die Gottvergessenheit als die Quelle aller Sünde. Nur wer in allem Gott vor Augen hat und in seiner Gegenwart lebt, wird nichts gegen ihn tun. Der Aufforderung Jesu entsprechend, erblickten sie im unablässigen Gebet (vgl. Lk 18,1; 1 Thess 5,17) die Hauptübung des Mönchslebens. Durch den Erwerb der inneren Gebetsverfassung, die Praxis des Stundengebets und der „Meditation" als halblauten, auswendigen Hersagens bestimmter Schriftworte suchten sie das Anliegen, ohne Unterlaß zu beten und an Gott zu denken, zu verwirklichen. Benedikts Auffassung vom „Opus Dei" weiß sich dieser Überlieferung verpflichtet.

Er beginnt das Kapitel über „die Haltung beim Gottesdienst" mit dem Hinweis auf die Gegenwart Gottes: „Überall ist Gott gegenwärtig, so glauben wir, und die Augen des Herrn schauen an jedem Ort auf Gute und Böse. Das wollen wir ohne jeden Zweifel ganz besonders dann glauben, wenn wir Gottesdienst feiern" (RB 19,1 f.). Gebet ist für ihn Höchstvollzug des Glaubens an den gegenwärtigen Gott. Es stellt den äußersten Ernstfall dessen dar, was das Leben eines Mönchs ausmacht: Wandel in Gottes Gegenwart. Beten heißt, bewußt und, soweit als möglich, in Gottes Gegenwart eingehen und darin aufgehen. Der Akzent beim Gottesbild der Regel und der alten Mönche liegt eindeutig auf der Gegenwart, nicht auf der

Vergangenheit oder der Zukunft. Sie suchen und erfahren Gott nicht so sehr in der Erinnerung oder in der Erwartung, sondern im Hier und Heute ihres Daseins. Was es um die Gegenwart ist, wird von Gott her bestimmt. Im Gebet werden Gott und Gegenwart zusammengesehen und in ihrem Miteinander wahrgenommen, in ihrem Zusammenhang und in ihrer Verwiesenheit für den Glauben transparent. In ihm wird das Leben von der Perspektive des gegenwärtigen Gottes aus feiernd, dankend und heilend in den Blick genommen.

Den Grundakkord des benediktinischen „Opus Dei" stellt das Motiv des Lobes, darin eingeschlossen der Anbetung und des Dankes dar. Wie dieses näher verstanden wird, kann man einer Regieanweisung entnehmen, die einen tiefen Blick in die Gebetsauffassung Benedikts tun läßt: „Sobald der Vorsänger es (= das Ehre sei dem Vater) anstimmt, erheben sich aus tiefer Ehrfurcht vor der heiligen Dreifaltigkeit sofort alle von ihren Sitzen" (RB 9,7). Gebet ist für Benedikt letztlich trinitarische Doxologie. Sinn des „Opus Dei" ist es, Gott, dem allein Heiligen, jene Herrlichkeit zurückzugeben, die er selber ist und hat, die in der Schöpfung wie in der Heilsgeschichte, vor allem in Jesus Christus, aufleuchtet. Diese Zielangabe übersteigt alle innerweltlichen Zwecke und Ziele und bildet die eigentliche Bestimmung des Menschen. Die Verherrlichung Gottes ist Ausdruck der Freiheit, Dankbarkeit, Freude, Bewunderung, der Liebe und des Wohlgefallens. Hier kommen alle Dimensionen des Lobes zum Klingen. Es ist selbstlos und zweckfrei, gilt dem Geber aller Gaben und bevorzugt ihn um seiner selbst willen. Die Mönche greifen darin den Auftrag des historischen Jesus und des erhöhten Herrn – den Namen des Vaters zu verherrlichen – auf und führen ihn im Geiste weiter. Die Offenbarung und Mitteilung der Herrlichkeit ist der eigentliche Ursprung und Inhalt des monastischen Betens. Es nimmt diese Herrlichkeit des Vaters durch den Sohn im Geist auf und gibt sie zurück (vgl. RB 16,5). In den Psalmen als dem

Grundtext des benediktinischen Gotteslobes geht der Mönch den Weg der Herrlichkeit Gottes in Schöpfung und Geschichte entlang und entfaltet kontemplierend ihre Dimensionen. Dieses Lob weist voraus und mündet ein in die „Aufhebung" aller Wege des Gebetes in der ewigen Anbetung Gottes als ihrer Erhörung und Erfüllung. Die Herrlichkeit Gottes allein bleibt, die zugleich das wahre Heil des Menschen darstellt.

2.5 Hilfen bei Gottsuche und Gebet: „lectio divina", „meditatio" und „oratio"

Lectio, Meditatio und Oratio sind in die Geschichte der Spiritualität als benediktinische Gebetsmethode eingegangen. Es wäre indes zu eng, sie nur in Verbindung mit dem Gebet zu sehen. Ihre eigentliche Stoßrichtung ist die klare Erkenntnis des Rufes Gottes in der jeweiligen Situation und die Vereinigung mit Gott. Man kann sie daher auch nur dann angemessen verstehen, wenn man sie in ihrer Einbettung in das monastische Leben betrachtet. Ihre Unterscheidung darf nicht als eine exakte methodische Abgrenzung aufgefaßt werden, sie stellt eher eine künstliche Differenzierung dar, die der intellektuellen Orientierung dient. Im konkreten Vollzug sind die Übergänge zwischen den drei fließend. Ihre gemeinsame Grundlage, ihren Grundtext, bildet die Hl. Schrift. Der Aspekt, unter dem sie gesehen wird, hat nichts mit Wissen, Erkenntnis oder Information auf dem Sektor des Glaubens zu tun; vielmehr geht es darum, Leben und Lebenserfahrung vom Wort Gottes her erhellen zu lassen.

Lectio, sachlich nicht identisch mit dem, was wir geistliche Lesung nennen, bezeichnet eine zutiefst spirituelle Weise des Umgangs mit der Bibel. Ursprünglich bezog sie sich auf einen Vorgang, bei dem man in der Gemeinschaft oder privat sich die Schrift laut vorgetragen hat. Dieses ganz unter geistlichem Vorzeichen stehende Lesen geschieht langsam, frei von Neugierde, in der Haltung des Staunens, der Ehrfurcht, der Offenheit und Hellhörigkeit. Die Schrift wird unter einem bestimmten hermeneutischen Schlüssel gelesen, der weitgehend dem der Liturgie entspricht. Für die Lectio ist die Bibel ein einziges Buch, geschrieben von Gott oder Gottes Geist, d. h. daß hier alles zusammenhängt und eines das andere erklärt. Für dieses Buch ist es kennzeichnend, daß es ganz von Christus her und auf Christus hin gelesen sein will. Die Mönche und Nonnen lesen es, um darin Christus zu suchen und ihm zu begegnen. Der Kontext, in dem sie es lesen, ist ein ausgesprochen dialogischer, d. h. die Bibel ist für sie nicht so sehr Schrift oder Text, sondern Wort, Anrede, Anruf oder Ansprache, die nach Antwort ausschauen. In der Lectio stehen Gott und Mensch unmittelbar im Gespräch. Dabei gilt es, vor allem auf jenes Wort, jenen Satz oder jene Wendung zu achten, die einen „anspricht". An dieser Stelle geht die Lectio in Meditatio über.

Die Meditatio der alten Mönche hat mit unserer Meditation nur die Bezeichnung gemeinsam. Benedikt kennt das Wort in der Bedeutung von „lernen" oder „üben" (vgl. RB 58,5). Gemeint ist damit keine gedankliche Beschäftigung, sondern ein lautes oder innerliches Wiederholen des Gelesenen. Die Mönche der Regel „meditierten" nicht mit dem Verstand, sondern mit dem Mund und dem Herzen oder noch genauer mit dem „Mund des Herzens". Es ging dabei um ein unablässiges Wiederholen oder „Wiederkäuen", Erwägen, Schmecken oder Verkosten des Wortes, ein Verweilen bei ihm und ein Sich-Einverleiben des Gelesenen, das einen betroffen gemacht hat. Diese Art der Meditatio vertieft den Vorgang der Lectio, bis man im liebenden Aufmerken auf das Wort die Stimme und Selbstmitteilung Gottes vernimmt.

Auf dieser Stufe verlängert sich die Meditatio zur Oratio. Benedikt spricht nur sehr wenig und eher beiläufig über sie (vgl. RB 20,4f.; 49,4f.; 52,3f.). Oratio kann sehr vieles bedeuten. Sie kann ausdrückliches Gebet im Sinn eines Stoß-, Bitt-, Lob- oder Dankgebetes sein, sie kann aber auch inneres Gebet in Hören und Schweigen bedeuten. Wichtig ist vor allem ihr in engem Zusammenhang mit der Meditatio zu sehender Antwortcharakter. Das Wiederholen derselben Worte bindet den Geist an Gott, führt zur tieferen Sammlung im Innern des Menschen, erweckt das im Herzen schlummernde Verlangen nach Gebet, setzt den in uns wohnenden Geist des Gebetes und den in unserem innersten Innern gegenwärtigen Christus frei, damit sie in und mit uns das Werk der Verherrlichung und Anbetung des Vaters zu vollziehen vermögen. In solcher immer mehr nach innen weisender und führender Oratio rühren wir an den wahren Grund unserer Seele und geraten wir an das Geheimnis des in ihr gegenwärtigen Gottes. Aus dieser Mitte lebt die Gottsuche des Mönchs, ihr entspringt fortwährend das „Opus Dei" seines gemeinschaftlichen wie persönlichen Gebetes und seines monastischen Lebensweges.

2.6 Arbeit: „…in allem Gott verherrlichen" (RB 57,9)

Arbeit als Verherrlichung Gottes – eine solche Formulierung klingt uns zu fromm und wirklichkeitsfremd, weil wir die Welt der Arbeit oft ganz anders erfahren. Übertreibt also Benedikt mit seiner Sicht der Arbeit? Das wäre der Fall, wenn er die Arbeit so isoliert sähe wie wir. Für ihn ist sie Teil eines großen und umfassenden Zusammenhangs, der durch die Gottsuche hergestellt wird. Der Mönch sucht Gott nicht nur in Gebet, Lesung und Meditation, sondern auch in den ganz einfachen Erfahrungen und Verrichtungen eines alltäglichen Lebens. Dabei handelt es sich nicht um einen frommen Überbau oder eine alles verklärende Sicht der Wirklichkeit, sondern einen von Gott bestimmten geistlichen Realismus, der Gott und das Leben, wie sie sind, in den Blick nimmt. Für sie ist der Alltag der wahre und eigentliche Tag des Mönchs, der zählt. Das gilt für das Gebet genauso wie für alles andere. Im Bestehen des Alltags liegt die Herausforderung durch Gott.

Für Benedikts Auffassung der Arbeit ist die Einleitung von Kapitel 48 über „die Ordnung für Handarbeit und Lesung" bezeichnend: „Müßiggang ist der Seele Feind. Deshalb sollen die Brüder zu bestimmten Zeiten mit Handarbeit, zu bestimmten Zeiten mit heiliger Lesung beschäftigt sein" (RB 48,1). Im Einklang mit der alten Mönchstradition ist Benedikt äußerst skeptisch der Vorstellung gegenüber, geistliches Leben erfordere viel freie Zeit und Muße: „Nicht Entspannung und Versenkung sind... unerläßliche Voraussetzung für ein Leben in der Gegenwart Gottes, sondern – ein wenig pointiert gesagt: daß man ‚genügend arbeitet'!" (M. Schneider, Aus den Quellen der Wüste, Köln 1987, 33). Für die Regel ist die Arbeit ein wichtiger, von den Prioritäten her dem Gebet klar nachgeordneter Bestandteil des mönchischen Weges zu Gott. In diesem Sinn hat die Arbeit einen festen theologischen Platz im Leben der Mönche. Der Kanon der Arbeit umfaßt neben der Handarbeit und dem Handwerk auch die verschiedenen Dienstleistungen in der Gemeinschaft. Benedikts Anordnungen bezüglich einer ausgewogenen Verteilung und einer sinnvollen Abwechslung von Gebet, Lesung und Arbeit haben genau die Ausrichtung des Lebens auf Gott hin im Sinn. Die erwähnten drei Tätigkeiten liegen nicht nebeneinander, sondern bilden eine lebendige Einheit, in der die eine nicht auf Kosten der anderen überstrapaziert oder vernachlässigt werden darf, ohne das Anliegen der Gottsuche zu gefährden oder zu verfälschen.

Die Arbeit besitzt für Benedikt einen ausgesprochen geistlichen Wert. Dieser wird schon in den Motiven greifbar, die hinter ihr stehen. Die Überlieferung der Mönche führt dafür das Beispiel der Apostel, den Erwerb des Lebensunterhaltes, die Nächstenliebe, die äußere und innere Unabhängigkeit, die Möglichkeit der Selbsterfahrung und Selbsterkenntnis, die Askese und den Echtheitstest des geistlichen Lebens an. Sie betont die mit der Arbeit verbundenen Mühen und Strapazen, die den Menschen seiner

Grenzen überführen, einer gesunden Selbsternüchterung aussetzen und so für die Wirklichkeit Gottes öffnen. Das Leben in der Gegenwart Gottes gibt auch den Hauptnenner ab für alles Arbeiten des Mönchs. Der gegenwärtige Gott begleitet ihn immer und überall. Der arbeitende Mönch wird dazu eingeladen, gerade die mit dem Tätigsein sich ergebenden Erfahrungen seiner selbst im Licht der göttlichen Gegenwart zu bedenken und zu bewältigen. Dies geschieht nicht zuletzt in der bewußten Verbindung der Arbeit mit Gebet. In diesem Geist erfüllte Arbeit wird zu einem Gradmesser für den geistlichen Umgang mit dem Alltag, für die geistliche Kraft und Reife eines Mönchs. Wir haben es hier mit mehr vergessenen als überholten Dimensionen unseres Arbeitens zu tun. Für ihre Aktualität spricht folgende Weisung aus der Regel von Taizé: „Damit dein Gebet wahrhaftig sei, mußt du in harter Arbeit stehen. Begnügtest du dich mit dilettantischer Lässigkeit, so wärest du unfähig, wirklich Fürbitte zu tun. Dein Gebet findet zur Ganzheit, wenn es eins ist mit deiner Arbeit" (R. Schutz, Die Regel von Taizé, Gütersloh 1963, 31).

In der Sicht der Regel Benedikts ist das Wie der Arbeit wichtiger als das Resultat oder der Gewinn, die dabei herauskommen. Die inkarnatorische Spiritualität oder Mystik Benedikts rückt alle Arbeit unter das Motiv des in Liebe Dienens (vgl. RB 35,1f.; 53,3; 66,4). Die Liebe befreit vom Eigenwillen, öffnet für Gott und den Nächsten; sie wird wie selten irgendwo in der Arbeit konkret: „Arbeit ist sichtbar gemachte Liebe" (K. Gibran). Der Mönch verrichtet seine Arbeit im Geist der Demut und des Gehorsams. Sie dient ihm weder zur Selbstverwirklichung noch zur Selbstrechtfertigung; er kann in Distanz und Freiheit seiner Arbeit nachgehen (vgl. RB 5,7f.; 57,1–3). Was für ihn zählt, ist der gegenwärtige Auftrag; ihm kann er seine ganze Sorgfalt und Ehrfurcht zuwenden (vgl. RB 31,10f.; 32,1.4; 35,10). Als tragend erweist sich dabei ein Klima des Dankes, der Freude und des Gotteslobes (vgl.

34,3; 40,8; 49,6f.; 57,7f.; 66,3). Ihm fällt es nicht schwer, die Arbeit auf ihre Weise auch ins Gebet zu nehmen und damit zu verbinden, wie umgekehrt das Gebet vom Geist und von der Haltung profitieren kann, zu denen die Arbeit den Mönch erzieht und in denen sie von ihm getan wird. Auf diese Weise wird das Gespür für Gottes Gegenwart durch die tägliche Arbeit nicht zerstört, sondern bestätigt und geschärft. Dieses verhilft dazu, daß man sich besonders aufmerksam und einfühlsam auf seine Arbeit einzulassen vermag. Der Sinn für die Präsenz Gottes, für Menschen und das, was in ihnen vorgeht, für die Arbeit, die sie leisten, und für die Dinge, deren sie sich dabei bedienen bzw. die dabei zustande kommen, hängt innerlich zusammen, bedingt und vertieft sich gegenseitig.

Eine besondere Form der Arbeit im weiten Sinn stellt die Gastfreundschaft dar. Der Hinweis Benedikts auf die Gäste, „die unvorhergesehen kommen und dem Kloster nie fehlen" (RB 53,16), gewinnt in unseren Breiten eine bisher nicht gekannte Aktualität. Immer mehr wächst die Zahl derer, die innerlich entwurzelt, heimatlos und auf der Suche nach Lebensorientierung sind. Die seelische Not treibt sie an die Klosterpforten, weil sie dahinter Menschen vermuten, die im Haus ihres eigenen Lebens und im Haus Gottes zu Hause sind. Es mag unter diesen Umständen hilfreich sein, näherhin zu bedenken, daß die Bestimmungen von Kapitel 53 der Regel über „die Aufnahme der Gäste" keinen absoluten Anspruch erheben, sondern eher als „Handlungsmodell" (A. Böckmann) verstanden sein wollen. Das bedeutet: Die Praxis unserer Gastfreundschaft diesen Menschen gegenüber erschöpft sich nicht im Offenhalten der Tür, in der Anweisung einer Unterkunft und eines Platzes am Tisch. Sie hungern und dürsten nach mehr, nach anderem. Sie verlangen nach einem Menschen, der ihnen zuhört, ihre Leiden und ihr Leid wahrnimmt, ihre stillen oder offenen Fragen zu verstehen sucht, mit ihren Wunden umzugehen vermag, ihnen auf der Suche nach Sinn behilflich ist, sie am eigenen Leben, Glauben und Beten teilnehmen läßt. Ohne Zweifel gilt ihnen die Weisung Benedikts: „Alle Fremden, die kommen, sollen aufgenommen werden wie Christus" (RB 53,1). Es ist der leidende, suchende, fragende Christus, der uns entgegenkommt. Die Frage: Was findet er, was finden sie in uns? ist mindestens genausowichtig wie die Frage: Wen oder was sehen wir in ihnen? Schärfer könnte die Frage nach unserer Identität als Mönche und Benediktiner nicht gestellt werden. Es ist die Frage nach unserem wahren Ursprung, nach den Quellen, aus denen wir leben, aber auch nach dem Ort und der Zeit, wo und wann wir leben. Daß so gefragt wird, daß wir so gefragt sind, ist ein wesentlicher Dienst an uns, eine echte Herausforderung und Chance für uns.

2.7 In der Erwartung leben

Benedikt versteht das Haus seiner Gemeinschaft als eine Wohnung oder Unterkunft auf Zeit. Durch das Bild vom „Zelt" unterstreicht er diesen vorläufigen Charakter (vgl. RB Prol. 22–24). Darin geht es nicht um eine Konstatierung der allem gemeinsamen Endlichkeit und Vergänglichkeit, sondern vielmehr um eine typische Sicht des Glaubens. Ihr zufolge wird die klösterliche Gemeinschaft in der Regel vor allem als eine Hoffnungsgemeinschaft gezeichnet. Hoffnung ist das, wozu alle ihre Glieder unterwegs sind, was sie voneinander empfangen und füreinander verschenken, was sie miteinander verwirklichen. Es ist ein durchaus prophetisches Hoffnungszeugnis, das der Ältere in seiner Erfahrung und Weisheit in das Leben der Gemeinschaft einbringt. Wenn nach der Überzeugung Benedikts „der Herr oft einem Jüngeren offenbart, was das Bessere ist" (RB 3,3), dann wird darin der Hoffnung als dem Neuen und Kommenden eine Tür aufgetan. Wieviel Hoffnungspotential steckt allein schon in dem für die Regel so selbstverständlichen Miteinander von Jüngeren und Älteren im Kloster! Im liebenden und ehrenden Umgang der Generationen miteinander wird Hoffnung frei. Miteinander lernen sie und lehren einander zu hoffen. Klingt es nicht wie das Fazit eines erfüllten Ordenslebens, wenn das letzte Werkzeug der geistlichen Kunst dazu einlädt: „Und an Gottes Barmherzigkeit niemals verzweifeln" (RB 4,74)? Und ist es nicht ebenfalls ein einziges Lied auf die Hoffnung, wenn der junge Mönch/die junge Nonne bei seiner/ihrer Profeß den Psalmvers anstimmt: „Nimm mich auf, Herr, nach deinem Wort, und ich werde leben; laß mich in meiner Hoffnung nicht scheitern" (RB 58,21)?

Die Benediktregel spricht zwar nur wenig und zurückhaltend von der Hoffnung im ausdrücklichen Sinn, dafür aber ist der Alltag, den sie zu ordnen versucht, voller Hoffnungssignale. Sie zeigt gewissermaßen christliche Hoffnung in Aktion. Das eigentliche und große Hoffnungskapitel der Regel ist der Prolog. Dieser ist ganz bewegt von der entscheidenden Hoffnungsfrage des Menschen: „Wer ist der Mensch, der das Leben liebt und gute Tage zu sehen wünscht?" (RB Prol. 15) Der Mönch ist der wahre Exponent dieser Frage. Wie sehr sein Dasein von Hoffnung bestimmt ist, ersieht man daraus, daß er der von Haus aus „Erwartete" (vgl. RB Prol. 35; 7,30) oder immer schon „Eingeladene" (vgl. RB Prol. 19) ist. Sein Leben steht unter der verheißenden Zusage: „Seht, ich bin da" (RB Prol. 18). Der Duktus der Hoffnung sorgt dafür, daß monastisches Leben etwas Drängendes an sich hat, das es zu einem Dasein im Aufbruch macht; die Hoffnung verleiht ihm gleichsam Füße (vgl. RB Prol. 8, 13, 22, 44, 49; 16,4 f.; 18,1; 22,6.8; 27,5; 35,17; 43,1; 66,4; 73,2.4.8).

Die Hoffnung hätte wohl keinen Platz in unserem Dasein, wenn dieses nicht in einer sehr grundsätzlichen Weise von zwei entgegengesetzten Polen beherrscht würde. Benedikt nennt sie Gehorsam und Ungehorsam (vgl. RB Prol. 2), Leben und Tod (vgl. RB Prol. 13), Licht und Finsternis (vgl. RB Prol. 13), ewige Strafe und Herrlichkeit (vgl. RB Prol. 7); in unzähligen Gegensatzpaaren durchzieht diese Polarität die gesamte Regel. Das ist im Grunde nur der theoretische Reflex einer Erfahrung, die sagt, daß wir der Hoffnung in unserem Leben nie ohne Anfechtungen, sondern immer nur in Spannungen innewerden. Auch der Mönch kennt keine Hoffnung in Reinkultur. Hoffnung bedarf immer der Anstrengung, der Hoffnungsarbeit. Benedikt hat in seiner Regel gerade für diesen oft verkannten Aspekt eine hohe Sensibilität entwickelt. Er weiß, daß die Hoffnung gerade wegen ihres Geschenkcharakters erworben und verdient, angeeignet und ins Leben übersetzt sein will.

Dieses Wissen spiegelt sich in der Einstellung, mit der er dem Dasein gegenübersteht. Er versteht es als „Frist", die uns gewährt ist (vgl. RB Prol. 36), als eine Zeit zur „Besserung" (vgl. RB Prol. 36), als „Schonfrist" (vgl. RB 7,30), als Chance zu Umkehr und Buße (vgl. RB Prol. 38; 7,30; 49), als das „Heute" oder „die Stunde" der Gnade und der Entscheidung (vgl. RB Prol. 10; 7,12f.29). Zeit besagt für den Mönch immer Hoffnungszeit; diese Überzeugung prägt sein Tun und Lassen, bewahrt ihn vor Lethargie und Gleichgültigkeit. Der Ort, an dem sich für ihn Hoffnung konkretisiert, ist das „Gute", das er empfangen und tun darf. Die Regel rechnet zu diesem weiten Bereich das Gute allgemein (vgl. RB Prol. 4, 17), die guten Werke oder Taten (vgl. RB Prol. 21f.), das Heilige (vgl. RB 2,12), die guten Gespräche (vgl. RB 6,2f.), die gute Gewohnheit (vgl. RB 7,69), das gute Wort (vgl. RB 31,13), den Gehorsam (vgl. RB 71,1) oder den guten Eifer (vgl. RB 72). Das Gute spricht die Sprache der Hoffnung, es glaubt an die Kraft, die Wirkung und den Sieg des Guten, es kann sich mit seinem Gegenteil nicht versöhnen. Einen Indikator der Hoffnung ganz eigener Art stellt das Feld der Auseinandersetzung mit Menschen dar, die versagen, hinter ihrem Soll zurückbleiben oder sonst mit Schwächen und Nachteilen behaftet sind. Wichtiger als der konkrete Verfahrensweg, den die Regel in diesen Fällen vorsieht, ist das geistig-geistliche Klima, in das diese Therapien eingebettet sind. Das Kennwort, das die Regel dafür wählt, lautet:

(sich) bessern (vgl. RB 2,40; 4,58; 5,19; 21,5; 23,3; 28,1; 32,5; 33,8; 43,7.9.15 f.19; 46,4; 48,20; 62,10; 65,19). Benedikt setzt dem fehlenden Bruder gegenüber auf die Hoffnung; er glaubt an den erzieherischen Wert der Hoffnung und weigert sich, den Betreffenden abzuschreiben. In der Haltung der Geduld, des Wartens, des Vertrauens in schwierigen Fällen und Situationen zeigt und bewährt sich die Stärke der Hoffnung. Solches Verhalten gibt dem anderen zu erkennen: Ich habe Hoffnung für dich und auf dich. Man muß unter diesem Blickwinkel das Regelkapitel über „die Unverbesserlichen" betrachten und bedenken, wie Benedikt durch eine Häufung von Konditionalsätzen, die die Konsequenz der Trennung bis zur äußersten Grenze hinausschieben, den Funken der Hoffnung am Leben erhält. Es ist wohl auch ein Sinn der Gelübde, solch radikaler Hoffnung im Herzen und Leben Platz zu schaffen (vgl. RB 33; 54; 58 f.).

Es fällt auf, daß das Stichwort Hoffnung im Rahmen der Gottesdienstordnung keine Erwähnung findet. Und doch ist das Gebet als vornehmstes Werk des Mönchs ein einziges Lied der Hoffnung. Der Weg, der zu dieser Einsicht führt, ist eher ein indirekter. Im Zusammenhang mit den Vigilien, die als bevorzugte monastische Hore gelten kann und nach dem zweiten Kommen des auferstandenen Herrn Ausschau hält, ist wiederholt und betont vom „Aufstehen" der Mönche die Rede (vgl. RB 8,1 f.; 9,7; 11,1.3.12; 16,4 f.; 20,5; 22,6.8); darin schwingt thematisch das Motiv der Auferstehung und damit der Hoffnung mit. Es ist der österliche Charakter der Hoffnung, der im Opus Dei zum Ausdruck kommt. Darin gipfelt gewissermaßen die Melodie der Hoffnung, die unterschwellig das gesamte Leben der Mönche begleitet. Um sie zu vernehmen, muß man die nach außen oder oben hin etwas nüchtern, karg und gewöhnlich erscheinende Decke des monastischen Lebens durchstoßen.

Haus Gottes im gefüllten Sinn des Wortes will das Kloster Benedikts sein. Dieses Haus Gottes ist ein Haus der Hoffnung. An ihm bauen die Mönche als einzelne und in Gemeinschaft. Es ist das Haus ihrer Hoffnungen, das von dem erzählt und Zeugnis gibt, was sie beseelt und bewegt. Indem sie ihren Hoffnungen ein Haus bauen, bauen sie zugleich der Hoffnung ein Haus, in dem sie zu Gast ist. Das alles ist ein höchst bezeichnender Vorgang. Hoffnung ist zutiefst ein Gemeinschaftswerk, ist Gemeinschaftshoffnung. Es gibt keine Hoffnung nur für einzelne. Hoffnung für den einzelnen gibt es nur, wenn es Hoffnung für alle gibt. Indem die Mönche Hoffnungen haben und einander Hoffnungen ermöglichen und geben, bereiten sie der Hoffnung ein Haus. Auf dem Weg ihrer Hoffnungen lernen sie mehr und mehr den Geschmack der einen Hoffnung kennen und verkosten, der nach Benedikt darin besteht, daß Gott bzw. Christus selber und allein unsere Hoffnung ist (vgl. RB 4,41). Ihm läuft der Mönch mit einem weiten Herzen, einem Hoffnungsherzen entgegen (vgl. RB Prol. 49).

IV. Prophetische Zeichen:
Die Ordensgelübde als Ausdrucksform christlichen Lebens

Abt Christian Schütz OSB

Wer von Ordensgelübden spricht, setzt sich der Möglichkeit von Mißverständnissen aus. Schon die Bezeichnung „Ordensgelübde" legt den Akzent einseitig auf das Verhalten und Tun des Menschen, die als Hingabe oder Verzicht gefaßt einer gewissen Zweideutigkeit nicht entbehren. Bedenkt man außerdem, daß die klassische Trias der Ordensgelübde erst vom 12. Jahrhundert an in Erscheinung tritt, dann haftet den Gelübden der Makel des relativ Späten, Zufälligen und Peripheren an. Theologie und Praxis der Ordensgelübde haben diese im Sinne einer alles andere als unbedenklichen Zweiteilung, als Sonderethik eines privilegierten Standes von Christen aufgefaßt und verteidigt. Die Entscheidung zugunsten der Gelübde beinhaltet das Moment einer gewissen Beliebigkeit und eines religiösen Leistungsdenkens, die den Menschen über Gebühr in den Mittelpunkt der Aufmerksamkeit rücken. Generell gesprochen, wirken eine isolierende Sicht und Behandlung der Ordensgelübde nicht selten als künstliche Rechtfertigungsversuche, die zu Lasten des Christlichen überhaupt gehen und es an theologischer wie existentieller Überzeugungskraft fehlen lassen. Ordenstheologie gerät dadurch leicht in den Verdacht einer gewissen Ideologie, was die Notwendigkeit, Sinnhaftigkeit und Glaubwürdigkeit des Ordenslebens nicht unbedingt fördert.

Diesen allzu sezierenden und partikularistischen Auffassungen gegenüber kommt neuerdings eine integralere Sicht der Ordensgelübde verstärkt zum Zuge. Das zeigt sich schon in der Bevorzugung des Ausdrucks „evangelische Räte", die durchaus nicht einem Wiederaufleben der früheren trennenden Unterscheidung von Geboten und Räten das Wort reden will. Vielmehr soll damit der unmittelbare Anschluß der Räte oder Ordensgelübde an die Quelle des Evangeliums selber hervorgehoben werden. Als „evangelische Räte" stellen die Ordensgelübde eine direkte Frucht des Evangeliums dar. Sie kommen aus dem Evangelium, haben in ihm ihren Ursprung und Grund, sind von ihm zuinnerst initiiert und inspiriert. In ihnen schlägt das Herz des Evangeliums, ist das volle und ganze Evangelium am Leben und am Werk. Sie markieren im Leben und in der Geschichte der Kirche jene Stelle, wo wir des Evangeliums in seiner ursprünglich sprudelnden Frische und Lebendigkeit bevorzugt innewerden.

Im Zentrum des Evangeliums steht Jesus Christus selber. Sein Dasein, sein Lebensentwurf und seine Lebensweise signalisieren den unverrückbaren Ausgangspunkt und das bleibende Modell dessen, was in einer „Lebenskultur nach dem Evangelium" (P. M. Zulehner) intendiert ist. Jesus hat seinen Jüngern nicht nur eine Reihe von Empfehlungen und Ratschlägen hinsichtlich der Gestaltung ihres Lebens und Glaubens erteilt, er hat ihnen noch mehr durch sein Verhalten und Beispiel eine Lebensform vorgelebt, die auf sie ansteckend und begeisternd gewirkt hat. Die Mitte dieser Lebensgestalt ist in Jesu einmaliger Beziehung zu Gott als seinem Abba (Vater) und in der Relation dieses Abba-Gottes zu ihm zu suchen. Kennzeichen dieses Zueinander sind Einzigartigkeit, Freiheit, Ursprünglichkeit, Kompromißlosigkeit, Unvergleichbarkeit und unbedingte Verfügbarkeit.

Es ist der Geist Jesu Christi, der in den evangelischen Räten lebendig ist und der sie beseelt. Es ist der Geist, der Macht und Einfluß als dienende Ohnmacht der Liebe lebt, der Freiheit als bedingungslose Verfügbarkeit für den Willen Gottes um seiner selbst willen begreift, der sich erniedrigt, weil nichts mehr seiner Verschwisterung mit allen Armen und Kleinen im Wege steht, der Gehorsam als bewußtes Verschenken von eigenen Lebensmöglichkeiten zugunsten der Ankunft der Herrschaft Gottes bejaht, dessen Sehnsucht nach dem absoluten Du alle innerweltlichen Erfüllungen übersteigt und sich unvoreingenommen liebend jedem Wesen zu nahen vermag; der das Leben liebt und gewinnt, weil er es verschenkt; der allen gehört, weil er nicht mehr sich selber gehört; der sich entäußert und selbst verteilt, da er nur so sich selber treu bleiben kann. Es ist klar, daß dieser Geist der evangelischen Räte nur schwer institutionalisiert werden kann; er appelliert fortwährend an unsere höchste Freiheit und Freiwilligkeit, die keineswegs mit Beliebigkeit gleichgesetzt werden dürfen. Freiheit als Freiwilligkeit der Liebe kennt keine Wahl und kein Zögern; sie weiß, was sie sich und ihrem Gegenüber schuldig ist, weil sie in der Einmaligkeit einer Beziehung gründet. Evangelische Räte sind deshalb nur aus dem existentiellen Kontext der ausdrücklichen Verbindung mit Jesus Christus faßbar und lebbar. Sie kosten ihren Preis, den nur die Liebe zu begreifen und zu entrichten imstande ist (vgl. 1 Kor 6,20; 7,23).

Auf diesem Hintergrund beantwortet sich auch die Frage nach dem näheren Verständnis der Dreizahl der evangelischen Räte. Die evangelischen Räte sind in der Erscheinung und Person Jesu Christi, des Gekreuzigten und Auferstandenen, gleichsam enthalten, konzentriert und konkretisiert; er ist es, der ihnen Grund, Halt, Anschaulichkeit und Verbindlichkeit gewährt. Losgelöst von dieser personalen Verankerung und Verkörperung stürzen sie sinnlos in sich zusammen. Das bedeutet: Die evangelischen Räte sind nicht so sehr drei, sondern einer, nämlich Jesus Christus. Er ist der evangelische Rat in Person, er ist der evangelische Rat schlechthin. Er ist der Schlüssel zu den einzelnen evangelischen Räten, er rechtfertigt, deutet und vereinigt sie, sofern es in ihnen eigentlich um ihn selber und die Verbindung mit ihm geht.

Von hier aus wird deutlich, daß die gegenwärtige Theologie der Gelübde bzw. Räte Wert darauf legt, die Trias von Jungfräulichkeit, Armut und Gehorsam als innere Baugesetze jeglichen christlichen Lebens zu begreifen. In den evangelischen Räten ist ein Lebens- und Erfahrungswissen des Glaubens enthalten und hinterlegt, das den Menschen vor der Verabsolutierung seines Verlangens nach Liebe und Geliebtwerden, nach Besitz und Macht bewahrt und zur Kultivierung seiner Wünsche und Bedürfnisse anhält. Bei der Suche nach dem rechten Maß stößt der Christ unweigerlich auf das heilsame Korrektiv der evangelischen Räte. Das heißt: Ehe kann, christlich gesprochen, nur glücken, wenn sie zugleich vom Geist der Ehelosigkeit bestimmt wird; der Umgang mit Besitz wird nur dann nicht zum Nachteil anderer und der Schöpfung entarten, wenn man zum Teilen und Loslassen bereit ist; Macht und Freiheit werden den Menschen nur unter der Voraussetzung nicht korrumpieren, wenn er seine bleibende Hörigkeit Gott und allen Mitseienden gegenüber nicht vergißt. Der Geist der evangelischen Räte verweist den Glaubenden ohne Unterschied auf Gott als das letzte Ziel, den letzten Wert und Inhalt allen Lebens und Tuns; er lehrt ihn, allem Geschaffenen gegenüber auf Distanz zu gehen und aus diesem Wissen sein Leben und Handeln zu gestalten. Aus dieser gegenseitigen innerweltlichen und innergeschichtlichen Verschränkung ersieht man, wie lebensnotwendig das Zeugnis der evangelischen Räte ist, wenn Glaube, Christsein, Menschsein heute überhaupt gelingen sollen. Mit anderen Worten: Die evangelischen Räte betreffen auf seine Weise und seinem Lebensrahmen gemäß jeden Christen.

Eine weitere Entgrenzung der isolierenden Betrachtungsweise der evangelischen Räte erfolgt gegenwärtig unter anthropologischem Vorzeichen. Man erkennt, daß wir es in ihnen nicht mit rein zufälligen Äußerungen unseres Menschseins zu tun haben, sondern mit drei typischen und fundamentalen Wünschen. Die Erfüllung dieser Grundwünsche erweist sich als unerläßlich, soll menschliches Leben auch nur annähernd gelingen. Der diesen Bedürfnissen eigene Zug ins Maßlose sorgt dafür, daß der

Mensch in einem Spannungsverhältnis zwischen Sehnsucht und Erfüllung lebt und nach mehr verlangt, als er erfährt und erhält. Der Ruf nach einer angemessenen Kultivierung der im Menschen wirksamen Wünsche und Strebungen, nach innerer Ausgewogenheit und Ruhe, Glück, Harmonie und Gesundheit läßt von selber den Gedanken an die evangelischen Räte in der Form der „Losigkeiten" (J. B. Metz) auf den Plan treten. Im Rahmen der immer emphatischer erhobenen Forderung nach einem alternativen Lebensstil, nach alternativen Lebens- und Handlungsmodellen spielen die evangelischen Räte eine wichtige Rolle. Im Unterschied zu allen Mißverständnissen, denen das Wort „alternativ" ausgesetzt ist, liegt das „Alternative" der evangelischen Räte nicht in der Provokation, Opposition, Flucht, Exklusivität oder Militanz, sondern in der dienenden Präsenz und Zuwendung des Besseren allen und allem gegenüber. Der Alternativcharakter der Räte erschöpft sich unmöglich in der Erfüllung gewisser aktueller gesellschaftlicher Grund- und Überlebensbedürfnisse, sondern weist darüber hinaus im Sinn einer Eröffnung von Daseins- und Zukunfts- oder Sinnperspektiven auf die ständige Annäherung an die authentische Form der Nachfolge des Herrn hin, die dem Kommen der Herrschaft Gottes dient. Mit dem Selbstverständnis von Alternative, wie es den Gelübden zugrunde liegt, verträgt es sich außerdem nicht, die Forderung des alternativen Verhaltens oder Handelns nur auf einen oder mehrere Bereiche zu beschränken. Alternatives Leben im Sinn der evangelischen Räte ist letztlich nicht teilbar oder zerlegbar, sondern hat das ganze und unverkürzte Menschsein in seinem Visier.

In Anlehnung an bestimmte Symbol- oder Zeichenhandlungen der alttestamentlichen Propheten spricht man gerne von den evangelischen Räten als „prophetischen Lebensstilen" (P. M. Zulehner). Der Akzent wird dabei zunächst auf den außerordentlichen oder nicht-alltäglichen Charakter eines Lebens nach den Ordensgelübden gelegt.

Menschen, die arm, jungfräulich und gehorsam leben, fallen aus der Reihe der übrigen heraus und fallen dadurch auf. Eine solche Lebensform, die nicht auf Anhieb verstanden wird, fordert zur Anfrage, Deutung und Stellungnahme heraus. Das Nachdenken über sie kann verhindern, daß Menschen sich allzu sehr an vordergründige Strukturen, Lebensformen und Werte verlieren und sich dabei der Sinnfrage ihres Daseins, ihrer Gegenwart und Zukunft verweigern. Das prophetische Zeugnis der evangelischen Räte hält gleichzeitig die gefährliche Erinnerung an Jesus Christus und seine Lebensweise lebendig; es wirkt wie ein Stachel im Leben der Kirche und der Christen, der dafür sorgt, daß der Glaube seinen Herrn nicht aus dem Auge und aus dem Herzen verliert. Verbunden damit lenken die Räte die Aufmerksamkeit der Menschen auf die Bedeutung, den Wert, die gegenwärtige und bevorstehende Erfüllung, die Gott und der Glaube an ihn beinhalten. Von der Präsenz prophetischer Existenzformen, wie sie in den Gelübden zum Ausdruck kommen, geht eine heilsame Beunruhigung aus, die das Evangelium in Kirche und Welt am Leben erhält, ihm Gehör und Aufnahme verschafft. Die Frage, wie sich die prophetische Stimme der evangelischen Räte bemerkbar macht, muß offen bleiben. Das Feld ihrer Antwort ist das Leben in seiner vollen Breite und Verschiedenheit. Die Möglichkeiten reichen vom stillen Zeugnis des selbstverständlich gelebten Lebens über die Weise des Protestes und Verzichtes bis zu Verkennung, Ablehnung und Martyrium. Es ist der Geist, dessen Gaben die prophetischen Lebensstile sind, der den Menschen und Umständen entsprechend bestimmt, welche Zeichen gefragt und notwendig sind. Zustimmung oder Widerspruch gehen zunächst auf das Konto der Menschen, die die Botschaft und das Verständnis der vom Geist gewirkten Zeichen letztlich nicht zu verhindern vermögen.

1. Loslassen um reich zu werden: Armut

Die Überschrift spricht ein Spannungsverhältnis an, das sich auf seine Weise bei allen evangelischen Räten wiederholt. Es ist schwer, dieses schon terminologisch zum Ausdruck zu bringen, wenn man an die verschiedenen Bezeichnungen wie Armut, Ungesichertheit, Gütergemeinschaft usw. denkt. Wer unvoreingenommen das Wort Armut hört, der bringt es unmittelbar mit wirtschaftlicher und sozialer Armut in Verbindung. Er assoziiert mit dem Begriff „arm" Menschen, die materiell gesehen Habenichtse sind, die Hunger leiden und kein Zuhause besitzen, denen das Minimum dessen, was zu einem menschenwürdigen Dasein gehört, fehlt. Ist das jene Gestalt von Armut, die den Inhalt des evangelischen Rates der Armut bildet? Die Antwort darauf kann nur ein Ja und Nein zugleich sein. Ein Ja, sofern Armut, wie die Ordensgelübde sie anvisieren, unmöglich von den äußeren Lebensbedingungen abstrahiert werden kann und allein auf reine Innerlichkeit oder Geistigkeit reduziert werden darf; ein Nein, sofern isolierte ökonomische Armut in sich indifferent erscheint und als solche noch nicht auf das Evangelium oder den Glauben verweisen muß. Das heißt: Evangelische Armut steht in einem weiteren Kontext, der über ihren Sinn, ihre Gestalt, ihren Träger und ihre Erscheinungs- bzw. Lebensform entscheidet. Was gehört dazu?

Der evangelische Rat der Armut hat zunächst einmal den Menschen selber in den Blick zu nehmen. Dieser wird durchaus nicht unzutreffend als „Habetypus Mensch" (G. Marcel) gekennzeichnet. Es verlangt den Menschen danach, zu haben und zu besitzen, immer mehr zu haben und zu besitzen. Dieses Verlangen nach mehr richtet sich nicht bloß auf materielle Güter im strengen Sinn, sondern auch auf höhere und geistige Werte bis hin zu Menschen. Der Mensch kann unwahrscheinlich vieles „besitzen" und darüber „verfügen": Begabung, Können, Wissen, Zeit, Ehre, Ansehen, Beruf, Leben, Gesundheit, Positionen,

Macht, Recht, Liebe oder Beziehungen, um nur einiges zu nennen. Allein schon daraus erhellt, wie vielschichtig das Problem der Armut ist. Was steckt hinter dem unersättlichen Habenwollen des Menschen? In der Antike erzählte man sich die sogenannte Cura-Fabel, wonach die Sorge in Gestalt einer Frau den ersten Menschen aus Lehm gestaltet habe und dafür von den Göttern das Privileg empfangen habe, dieses ihr Gebilde ein Leben lang begleiten zu dürfen. Das Sorgen, Sich-Sorgen-Machen, Besorgen, Vorsorgen und Fürsorgen macht sozusagen den Lebensinhalt des Menschen aus. Der Mensch kann das Sorgen nicht lassen, er kann ohne Sorgen nicht leben. Die geheime Seele dieses Sorgens sind Unruhe und Angst. Der Mensch erfährt sich als ein unfertiges, ungesichertes und von vielen Seiten in Frage gestelltes Wesen. Leere, Endlichkeit und Unbeständigkeit kennzeichnen sein Dasein. Dem Gespenst der Vergänglichkeit, des Todes oder Nichts gegenüber fühlt er sich auf sich selbst verwiesen. Menschsein beinhaltet damit ein bis ins tiefste Wesen hineinreichendes Armsein, wie es im Tod auf eine nicht mehr zu verleugnende Weise deutlich wird und sich in den verschiedensten Schattierungen der Armut bemerkbar macht. So wird dem Menschen im Spiegel seiner Daseinserfahrungen seine eigene Bedrohtheit und Ausgesetztheit bewußt, die ihn auf seine tiefgreifende Abhängigkeit von anderen verweisen. Wie kommt der Mensch damit zurecht? Wie geht er damit um? Will der Mensch allen Enttäuschungen und Abhängigkeiten aus dem Weg gehen, dann bleibt ihm keine andere Wahl, als die Sicherung seines Daseins selber in die Hand zu nehmen. Die Versuchung ist groß, daß er alles, was er hat und haben kann, als Garantieträger und Verheißung von Leben mit offenen Armen entgegennimmt. Es fehlt nicht an verlockenden Angeboten, die ihm Glück, Zukunft, Erfolg, Ansehen, Namen und Bestand versprechen. Daß er sich damit auf das Abenteuer einer ständigen Bewegung im Kreis einläßt, ist für den Menschen nicht leicht zu durchschauen. Da kein Haben oder Besitzen die angestammte Angst und Unsicherheit zu überwinden vermag, wird die Spirale des Habenwollens immer höher und der sein radikales Armsein verdrängende Mensch in immer einseitigere und das Leben verengendere Abhängigkeiten getrieben. Jede Form von Loslassen wird als Zumutung und Angriff auf das eigene Selbst und Leben empfunden. Gibt es eine Alternative dazu?

Der evangelische Rat der Armut weist den Weg, aber nicht als Notprogramm auf anthropologischer bzw. sozialer Ebene, auch nicht als philosophische, moralische oder asketische Hilfsmaßnahme, sondern als Einladung oder Angebot praktischer Art. Diese stehen ganz und gar unter dem Vorzeichen des sich selber empfehlenden Beispiels Jesu: „Ich habe euch ein Beispiel gegeben, damit auch ihr so handelt, wie ich an euch gehandelt habe" (Joh 13,15). In Jesus Christus, seinem Lebensgesetz und seiner Lebensbewegung leuchten exemplarisch Geheimnis und Weg evangelischer Armut auf. Das Evangelium kennt keinen anderen als einen armen Jesus. Sein Weg weist ein eindeutiges Gefälle in Richtung Armut auf. Die Option für die Armut und die Armen führt ihn vom Reichtum der Gottgleichheit in eine immer größere Einsamkeit der Entäußerung hinein (vgl. 2 Kor 8,9; Phil 2,6–8). Zwei untrügliche Kennzeichen der Armut, Krippe und Kreuz, rahmen seinen Lebensweg. Jesu Lebensstil und Aufforderung zur Sorglosigkeit (vgl. Mt 6,25–32; 8,20), sein Verhalten und Umgang mit Kleinen, Kranken und Sündern, sein „Selig, ihr Armen" (Lk 6,20) bzw. sein „Weh euch, die ihr reich seid" (Lk 6,24), seine Aufforderung, alles zu verkaufen und zu verlassen (vgl. Mk 10,17–31), oder seine Warnung vor der Hypothek des Reichtums (vgl. Lk 12,13–21.3 f.; 16,9–13.19–31) sind nicht zu begreifen ohne die innere Nähe dessen zur Armut, der hier spricht und handelt. Allen Anfechtungen zum Trotz geht Jesus den Weg der Armut konsequent bis zum Ende (vgl. Mt 4,1–11; 16,21–23; 26,33–35.53).

Jesu Parteinahme für die Armut und die Armen steht nicht

für sich. Armut ist in seinen Augen weder Ideal noch Selbstzweck. Seine Solidarität mit den Armen hat andere als humanitäre oder philanthropische Gründe. Die Armut steht für ihn ganz und gar im Zeichen und Dienst des Kommens der Herrschaft Gottes. „Den Armen wird das Evangelium verkündet" (Mt 11,5) – das ist der Gipfel der Antwort Jesu auf die Frage des Täufers (vgl. Mt 11,2–19). Arme sind die bevorzugten Adressaten des Reiches Gottes, seine Sprache ist die der Ohnmacht und Gewaltlosigkeit der Armut, die auf alles andere, was nicht es selber ist, verzichtet. Damit wird klar, worauf sich die von Jesus praktizierte und propagierte Armut gründet: „Jesus ist arm gewesen; nicht, weil er den Reichtum der Schöpfung verachtet hätte (er hat ihn geschätzt!), sondern weil Gott sein ganzer Reichtum war. Sein Weg steht unter der Zusage Gottes. ‚Das ist mein geliebter Sohn…‘ (Mt 3,17). Nur von hierher ist seine Armut zu verstehen. Er kann sich ganz Gott lassen. Und darum kann er gelassen alles andere lassen. Nichts steht zwischen ihm und dem Vater. Er weiß sich so in ihm geborgen und eins mit ihm, daß er keine Angst um sich selbst hat. Gerade so ist er ganz den Menschen zugewandt. Seine Armut schafft Gott Raum unter den Menschen. Die Armut Jesu ruht nicht in sich, sie ist Ausdruck seiner Hingabe an den Vater, die seinen Weg zu den Menschen trägt." (F. Kamphaus, Die Armut, in: J. Bours / F. Kamphaus, Leidenschaft für Gott, Freiburg [3] 1982, 76)

Die Bindung an Jesus Christus hebt die charismatische Wesensart der evangelischen Armut ans Licht. Armut im Geiste des Evangeliums ist nur charismatisch zu verstehen und zu leben. Dieser Prozeß ist auf dem Zweiten Vatikanum zaghaft angelaufen. Die Kirche des Konzils und der davon angestoßenen Erneuerung will eine Kirche der Armen, eine dienende und arme Kirche sein. Nach dem Beispiel des Herrn, der als Armer das Werk des Heils vollbrachte, hat sie ihren Auftrag zu erfüllen (vgl. LG 8; AG 3; 5). Nachfolge Christi schließt den Weg der Armut mit ein (vgl. LG 40). Während sich die Kirchen der südlichen Hemisphäre – nicht zuletzt aufgrund des Zwangs der Verhältnisse – entschlossen auf diese Fährte eingelassen haben, leiden die Kirchen des Nordens unter den Anpassungsschwierigkeiten an eine Konsum- und Wohlstandswelt und bekommen einen „katastrophalen Mangel an Folgen des Evangeliums" zu spüren (vgl. J. B. Metz, Zeit der Orden?, Freiburg [6] 1986, 34). Christlicher Glaube, der sich bewußt am Evangelium und an der Nachfolge des Herrn orientiert, kann im Interesse seiner Identität nicht folgenlos glauben, sich jenseits von reich und arm ansiedeln oder stehen bleiben. Armut ist in jenem Preis enthalten, den der Glaube zahlt und der für den Glauben zu entrichten ist. Der evangelische Rat der Armut bezieht sich auf ein Leben und Verhalten, die sich auf ein Verhältnis oder eine Beziehung gründen. Diese haben Gott, die Herrschaft Gottes und die Nachfolge Christi so sehr und total im Blick, daß davor alle anderen Werte verblassen. Man kann ihnen nur so anhangen und treu bleiben, daß man alles andere läßt, d. h. ver-läßt und los-läßt. Nur so kann einem die unvergleichbare Kostbarkeit Gottes und seines Reiches aufgehen und erhalten bleiben.

Geht es beim evangelischen Rat der Armut im Kern um ein an einem Verhältnis Maß nehmendes Verhalten, dann leuchtet ein, daß dieses sich nicht auf ein paar Spielregeln reduzieren und fixieren läßt. Armsein im Sinn des Evangeliums heißt arm werden, gleicht mehr einem Weg oder Prozeß als einem festen Zustand und fertigen Ergebnis. Das bedeutet, daß es sich unmöglich auf einen Nenner bringen läßt. Die Akzente können nach Zeit, Umständen, Umgebung und Personen wechseln. So kann Armsein als Armwerden soviel wie verzichten, teilen, solidarisieren, annehmen seiner selbst, umkehren, frei werden und vieles andere besagen. Diese Akzente sind immer auf dem Hintergrund des der evangelischen Armut zugrunde liegenden Grundverhältnisses zu sehen und zu beurteilen. Zwischen ihnen muß eine unbedingte Transparenz walten. Davon hängen die Identität und Plausibilität von Glaube als Nachfolge entscheidend ab.

Selbstredend bedürfen der Rat bzw. das Postulat der Armut ständig des entsprechenden Aggiornamento, der Übersetzung ins Heute. Es fehlt nicht an Anfragen und Impulsen der Armut und der Armen in der Gegenwart. Erinnert sei an die Armut als weltweites Problem, wenn man an die wachsende Verschuldung und Verelendung der Dritten Welt denkt. Das Nord-Süd-Gefälle stellt nicht nur unseren Wohlstand, sondern auch unser Kirchesein, ihre Einheit und Katholizität in Frage. Die Bedrohung der Umwelt, der Menschheit und ihrer Zukunft rufen zum bewahrenden Umgang mit der Schöpfung auf. Schließlich sind die neuen Formen und Erscheinungen von Armut und Armen in Gestalt der Ausländer, Asylanten, Arbeitslosen, Sucht- und Drogenabhängigen, Nichtseßhaften, Alten, Einsamen oder sich selber überlassenen und geschädigten Kinder nicht zu übersehen. Worauf warten, wonach hungern sie alle? Nach Menschen, die so reich sind an Gott, daß sie ihre Not teilen und ihnen helfen, was immer das konkret heißen und sein mag.

2. Radikal lieben lernen: Jungfräulichkeit

Unter den evangelischen Räten ist die Jungfräulichkeit jener, der am meisten auf Unverständnis oder Ablehnung stößt. Wie einseitig und ungerecht eine solche Einstellung ist, ersieht man aus der Gegenprobe, der wachsenden Infragestellung der Ehe durch andere Formen des Zusammenlebens, durch die steigende Zahl der Ehescheidungen oder Singlehaushalte. Je mehr die Jungfräulichkeit unter den Druck oberflächlich anscheinend konkurrierender Lebensformen gerät, desto unerläßlicher wird es, ihren Eigencharakter klar herauszustellen. Die Rede von der Jungfräulichkeit grenzt sich zunächst von der Ehelosigkeit als dem Unverheiratetsein ab und sucht, über den bloßen Gegensatz hinaus das Eigenständige der Jungfräulichkeit bewußt zu machen. Sie unterscheidet sich auch deutlich vom Zölibat als der ehelosen Lebensweise bestimmter kirchlicher Amtsträger, die den sichtbaren Dienst in einer Gemeinde im Blick hat. Bei allen Analogien besagt Jungfräulichkeit etwas Zusätzliches und anderes.

Entsprechend der Vermengung der Begriffe werden verschiedene Begründungen für die Ehelosigkeit angeboten, die gleichzeitig für Zölibat und Jungfräulichkeit gelten sollen. In diesem Sinn wird evangelische Ehelosigkeit mit der Erwartung des wiederkommenden Herrn in Verbindung gebracht und als Ausdruck einer durch nichts zu irritierenden und nach dem „Tag des Herrn" Ausschau haltenden Sehnsucht interpretiert. Andere erblicken den Sinn der Ehelosigkeit auf mehr funktionaler Ebene darin, daß sie einen Menschen offen, frei und verfügbar macht für bestimmte Dienste, Aufgaben, Berufungen und Berufe, die sonst nur mit einer einschneidenden Benachteiligung von Ehe und Familie ausgeübt werden könnten. Wieder andere unterstreichen das Zeichen und Zeugnis der Solidarität der Ehelosigkeit all jenen gegenüber, denen aus irgendwelchen Motiven der Weg zur Ehe versperrt geblieben ist, deren Ehe gescheitert oder zerstört ist, die an Ausschluß und Vereinsamung leiden, deren Liebe und Vertrauen in schäbiger Weise ausgenützt oder mißbraucht werden. Schließlich schreibt man der Ehelosigkeit eine im weiten Sinn pädagogische Bedeutung im Blick auf die Ehe zu, sofern sie auf den positiven Stellenwert der Enthaltsamkeit und des Wartenkönnens vor der Ehe aufmerksam macht und die Verheirateten vor Täuschungen und Überforderungen der Ehe warnt. Am edlen und selbstlosen Charakter der angeführten Beweggründe und Erklärungen besteht kein Zweifel; fragt man aber, ob sie ausreichen, um eine Lebensweise, wie sie der evangelische Rat der Jungfräulichkeit zum Ziel hat, stichhaltig und tragfähig zu begründen, dann werden einem Bedenken aufsteigen.

Wohl die gröbste Verkennung, die der Jungfräulichkeit widerfahren kann, ist ihre Verzeichnung als eine Existenz ohne Liebe. Gewiß, es gibt Entstellungen, Verzerrungen und Verkümmerungen, die für den hohen Stellenwert der evangelischen Jungfräulichkeit keine Empfehlung darstellen. Dabei darf man aber nicht vergessen: Je seltener und kostbarer ein Wert ist, desto gefährdeter und herausfordernder ist er. Nimmt man das Charisma der Jungfräulichkeit von diesem Extrempunkt des Mißverständnisses aus in den Blick, dann gewinnt man sogleich eine Verstehensbasis, die von vornherein deutlich macht, daß Jungfräulichkeit mehr und noch anderes besagt als Ausschluß der Ehe oder eine bestimmte Einstellung der Sexualität und Genitalität gegenüber. Jungfräulichkeit hat es von ihrem Ursprung und Wesen her mit Liebe zu tun, und dies in einer höchst zentralen, radikalen und totalen Weise. Sie steht daher, was die Liebe betrifft, nicht in Konkurrenz oder Gegensatz zur Ehe, als wäre sie das Kontrastbild oder die Negativfolie zur Liebe in der Ehe. Aus einer solchen vergleichenden Gegenüberstellung kann man sie nicht erfassen, geschweige denn leben. Jungfräulichkeit als Liebe stellt eine durch und durch genuine und originale Weise von Liebe dar. Es hat keinen Sinn, eheliche und jungfräuliche Liebe gegeneinander auszuspielen und über ihre Wertigkeit zu streiten, da echter Liebe von Haus aus das Moment der Unaustauschbarkeit und Unvergleichlichkeit eigen ist. Die genannten Formen gleichen in gewisser Hinsicht den beiden Händen der Liebe, die einander ergänzen, bedürfen und bestätigen. Sie sind sich bei aller Eigenart und Eigenständigkeit näher und ähnlicher, als man zunächst vermuten möchte. Jungfräuliche Liebe „geht" strukturell nicht anders als eheliche Liebe. Als ganzheitlich-menschliche Liebe nimmt sie den Menschen mit Leib, Geist und Seele, Herz, Verstand, Sinnen und Gemüt in Beschlag. Es verhält sich durchaus nicht so, als wäre jungfräuliche Liebe eine rein geistige und vergeistigte Gestalt von Liebe, wobei dann immer noch zu fragen wäre, in welchem Sinne Geist hier gemeint sei. Hat man begriffen, daß der evangelische Rat der Jungfräulichkeit eine Liebe oder Liebesbeziehung sui generis beinhaltet, dann regeln und beantworten sich alle Fragen nach den Ausdrucksformen, Möglichkeiten und Grenzen dieser Art von Liebe von dem Verhältnis aus, das ihr als Basis zugrunde liegt.

Der Rahmen, dem jungfräuliche Liebe zugeordnet ist, ist ein durch und durch menschlicher. Sie schwebt nicht über den Köpfen, Situationen und Verhältnissen, sondern lebt ganz in ihnen. Liebe sagt, daß der Mensch mehr ist als nur Verstand, Sinneswahrnehmung und Gefühl; der Mensch ist vor allem auch Herz; das Herz aber hat seine eigenen Gründe, Erfahrungen und Gesetze. Zur Wahrheit und Wirklichkeit des Herzens gehört das Faktum und die Beobachtung, daß nichts Endliches das Sehnen und Verlangen des menschlichen Herzens auf Dauer zu stillen oder zu erfüllen vermag. Unser Herz verweist auf die Transzendenz der Liebe, seines Liebens und seiner Liebe. Es vermag mehr zu lieben und geliebt zu werden, als ihm rein innerweltlich und innergeschichtlich zugestanden und ermöglicht wird. Jungfräuliche Liebe weiß um diese Tiefe der Liebe „des verborgenen Menschen des Herzens" (vgl. 1 Petr 3,4).

Will man jenem fundamentalen Verhältnis auf die Spur kommen, das für die jungfräuliche Liebe typisch ist, dann wird man zunächst auf die Eigenschaften und Verhaltensweisen des biblischen Gottes verwiesen. Vor oder über allen Qualitäten, die der Glaube Gott zuschreibt, steht das Bekenntnis, daß Gott ein zutiefst und zuinnerst liebender ist. Gott hat nicht nur Liebe, er ist die Liebe (vgl. 1 Joh 4,8.16), liebende Liebe. Das gilt bereits für den Gott des Alten Testamentes. Er erscheint als das liebende Gegenüber zur Schöpfung, zur Welt, zur Menschheit, zu seinem Volk und jedem einzelnen. Der Bund zwischen ihm und seinem Volk wird als eine Beziehung der Liebe geschildert. Alle Schattierungen menschlicher Liebe dienen dazu, um die Ernsthaftigkeit und den Reichtum dieses Verhältnisses zu dokumentieren: das Bild von Braut und Bräutigam, Mann und Frau, Freund und Freundin, Mutter und Kind, Vater und Sohn, Bruder und Schwester, um nur die intimsten davon zu erwähnen. Jesus bringt die Erfahrung des liebenden Gottes auf den einen Namen: „Abba – guter, lieber Vater".

Gottes gewinnende und ansteckende Art zu lieben kommt uns also in dichtester Weise in Jesus Christus entgegen. Es ist der liebende Gott und Vater selber, der in ihm und durch ihn liebt. Gottes bzw. Jesu Liebe haben etwas zutiefst Inhaltliches und Atmosphärisches an sich. Man kann sich ihr unmöglich aussetzen, ohne von ihr betroffen und in Bann gezogen zu werden. Wenn es einen Primat der Liebe gibt, dann deswegen, weil sie entscheidend von Gott und Jesus Christus herkommt und mit ihnen verbunden ist. Liebe besitzt eine radikal theologische und christologische Qualität. Wo Jungfräulichkeit und Liebe zusammengehören, dort begreift man, daß Jesus Christus als der exemplarisch und ganz aus Gott Liebende gleichzeitig zum Autor der jungfräulichen Lebensform wird. Jungfräuliche Liebe fußt nicht auf menschlicher Einbildung oder Leistung, sie erfährt und weiß sich uneinholbar von Gott und Christus erweckt und angezogen. Sie ist vielmehr ein Erwählt-, Gezogen- und Ergriffenwerden als ein eigenmächtiges Erwählen, Ziehen und Ergreifen des Menschen (vgl. Phil 3,7–14; Joh 6,44; 12,32; 13,18; 15,16). Ihre werbende und einladende Gestalt ist schwer festzulegen, sofern sie etwas von der sanften Vertrauensseligkeit eines Kindes, von der zarten und bergenden Hingabe einer Mutter und von der überwältigenden Leidenschaft eines stürmischen Liebhabers an sich hat. Sie überfährt und vergewaltigt den Menschen keineswegs, denn Liebe hat es zuinnerst mit Freiheit und Freiwilligkeit zu tun. Je mehr sie in ihrer Ursprünglichkeit und Ausdrücklichkeit in Aktion oder Erscheinung tritt, desto mehr appelliert sie an die Unabhängigkeit und Selbständigkeit ihres Gegenübers. Das macht höchst eindrucksvoll jene Szene deutlich, in der die ersten

Jünger Jesus fragen: „Meister, wo wohnst du?" und zur Antwort die Einladung empfangen: „Kommt und seht!" (Joh 1,38 f.).

Die Erfahrung, das Beschenkt- und Betroffensein von solcher Liebe bilden die Seele der jungfräulichen Lebensweise. Da Liebe als das, was den Menschen auszeichnet, nie nur der Möglichkeit nach existiert, sondern nach Konkretisierung und Verleiblichung verlangt, ist es nicht verwunderlich, daß sie aufgrund ihrer unbedingten Totalität und Radikalität den Menschen in seiner Leib-Geist-Seele-Ganzheit und -Einheit in Beschlag nimmt, ihm gleichsam auch in die Glieder fährt und ihn auch leib-haftig beansprucht und zeichnet. Es liegt in der Natur jungfräulicher Liebe, daß sie nach einem ihrer Eigenart gemäßen Ausdruck Ausschau hält und sich diesen Ausdruck auch schafft und verschafft. Der Verzicht auf Partnerschaft, Ehe, Familie oder Nachkommenschaft stellt demnach eine „selbstverständliche" Konsequenz jungfräulich zu lebender und gelebter Liebe dar. Dieser Ausfall ist in erster Linie ein Positivum der Liebe, kein wie auch immer bezeichnetes Negativum. Das ist keine idealisierende Überzeichnung, sondern eine gerade heute notwendige „realisierende" Rehabilitierung der jungfräulichen Lebensform.

Angesichts dieses Anspruchs fragt es sich, wie man jungfräuliche Liebe konkret lebt. Der Weg dieser Liebe ist bei aller fundamentalen Identität wie bei jeder anderen Form von Liebe ein echt menschlich-geschichtlicher. Es sprechen auch bei ihr die verschiedenen Lebensphasen, Wachstums- und Reifungsschritte ein entscheidendes Wort mit. Sie findet ihren stärksten und passendsten Ausdruck in dem, was man geistliches Leben nennt. Dieses hat es wesentlich mit Liebe, ihrer Pflege, Kultur und Vertiefung zu tun. Ein Schwer- oder Höhepunkt dieses aufmerksamen Umgangs mit dem Charisma jungfräulicher Liebe begegnet uns im Gebet. Liebe besagt mehr als nur ein tragendes Motiv für das Gebet. Und Gebet ist mehr als nur ein Sprachrohr des Glaubens. Gebet und Liebe bedingen sich gegenseitig. Das Gebet verkörpert, vor allem in der Gestalt des affektiven und kontemplativen Gebetes, eine Hochform jungfräulicher Liebe. Letztere verlangt es danach, unser Gebet immer mehr und ausschließlich zu inspirieren. Sie will der gemeinsame Nenner sein, der alle Äußerungen des geistlichen Lebens und Tuns trägt und durchdringt. Wo jungfräuliche Liebe in kontemplativer Weise gelebt wird, läßt sie den Menschen alles andere als leer oder unerfüllt. Sie beschenkt ihn zudem mit einer reichen inneren Sensibilität für die Liebe und ihre zahllosen Ausdrucksformen, die sich den unterschiedlichsten Menschen und Situationen anzupassen vermag. Ein besonderes Gewicht erhalten dabei nicht zuletzt die geistigen und geistlichen Zeichen der Liebe, die eine neue und umfassende Solidarität unter den Menschen begründen und die jungfräulich lebenden Menschen vor einer gefährlichen Isolierung bewahren. Überzeugend gelebte jungfräuliche Liebe entfaltet eine durchaus eigene Fruchtbarkeit, die alles Gerede von Sterilität Lügen straft und gleichzeitig der Versuchung zum Aktivismus nicht erliegt.

Wie jede andere Liebe, so ist auch die jungfräuliche Liebe durch die Struktur und das Moment der Verheißung gekennzeichnet. Verheißung richtet sich auf Fülle, Unsterblichkeit, Vollendung, Einheit und Seligkeit. Jungfräuliche Liebe weiß und erfährt sich von einer unendlichen Liebe geliebt, gehalten und herausgefordert, radikal zu lieben. In dieser Schule der Liebe kommt sie an kein Ende, sondern wächst und liebt jener radikalen Liebe entgegen, die Gott selber ist. Dabei kommen auch das Kreuz, der Stückwerkcharakter, die Defizite, die Leiden, die Enttäuschungen und das Versagen bzw. Zurückbleiben der Liebe schmerzvoll zum Vorschein. Noch stärker aber als alle menschliche Gebrochenheit macht sich die der Liebe zugesicherte Verheißung bemerkbar. Von ihr heißt es: „Wir verkündigen, wie es in der Schrift steht, was kein Auge gesehen und kein Ohr gehört hat, was keinem Menschen in den Sinn gekommen ist: das Große, das Gott denen bereitet hat, die ihn lieben" (1 Kor 2,9).

3. Sich selbst über-geben in vollkommener Freiheit: Gehorsam

Es erweist sich als höchst sinnvoll, wenn vom evangelischen Rat des Gehorsams im Anschluß an das Charisma der Jungfräulichkeit die Rede ist. Damit ist bereits eine gewisse Rahmung vorgegeben, die den Gehorsam als das heute am meisten verschwiegene oder unterschlagene unter den Gelübden auf eine mehr als vordergründige Basis stellt und mit dem Zentrum des Glaubens, der Liebe, der Nachfolge des Herrn, dem Evangelium oder dem Geheimnis des Reiches Gottes verbindet. Bevor wir diesen Wegweisern folgen können, darf die gegenwärtige Situation nicht übersprungen werden. Diese ist unweigerlich durch eine tiefsitzende Autoritäts- und Gehorsamskrise gekennzeichnet. Daß der Gehorsam weithin keinen guten Ruf hat, hat seine Gründe sowohl in der Vergangenheit (vgl. Drittes Reich) wie auch in der Praxis eines bestimmten, bis in den intimen Bereich des Glaubens und Gewissens reichenden Umgangsstils (vgl. blinder Gehorsam). Freiheitliche Bewegungen und gesellschaftliche Entwicklungen reagieren teilweise sehr feinfühlig auf jeden Mißbrauch von Autorität und Gehorsam. Dazu kommt, daß in unserer anonymen demokratischen Massengesellschaft ein Ethos der Sachlichkeit und sich auf Leistung gründender Kompetenz den Ton angibt. Autorität findet nicht als solche, sondern nur durch den Nachweis von Können und die Angabe von stichhaltigen Argumenten Anerkennung und Kredit. Diese veränderte Situation spiegelt sich in einer gewissen Polarisierung der Einstellungen und Auffassungen, die sicher nicht frei ist von Vorurteilen und Einseitigkeiten. Auf der einen Seite stehen Begriffe wie

Freiheit, Mündigkeit, Emanzipation, Selbstbestimmung, Selbstverwirklichung, Spontaneität oder Kreativität, ihnen werden auf der anderen Seite – fast als negative Größen – Autorität, Gehorsam, Abhängigkeit, Selbstbescheidung, Hörigkeit, Dienstbereitschaft usw. gegenübergestellt. Diese Tendenz zeigt sich nahezu bei allen Lebensbereichen, bis hinein in den Kreis von Schule, Erziehung und Familie. Die Frage des Gehorsams ist damit zu einem mehr oder weniger rein anthropologischen, soziologischen oder psychologischen Problem geworden. Die religiöse Dimension des Gehorsams kommt dabei zu kurz, wenn sie nicht ganz entfällt. Unter diesen Voraussetzungen tun wir uns schwer, einen angemessenen Zugang zum Gehorsam als evangelischen Rat zu finden. Mit dem Stichwort „Gehorsam" stehen nicht vordergründige Verhältnisse der Unter- und Überordnung auf bloß menschlicher Ebene zur Debatte, sondern eine zutiefst religiöse Grundeinstellung und Entscheidung. Will man dem Gelübde des Gehorsams gerecht werden, dann muß man das Phänomen Gehorsam aus einer rein soziologischen und kommunikationstechnischen Betrachtungsweise lösen, so sehr es im konkreten und einzelnen Fall Berührungspunkte geben mag.

Zwischen dem Gehorsam und dem Glauben in religiöser Hinsicht besteht eine gewisse Verwandtschaft. Der Apostel Paulus kennt sogar die Wortverbindung vom „Glaubensgehorsam" (vgl. Röm 1,5). Dem Gehorsam kommt eine ähnlich fundamentale Bedeutung für das religiöse Leben zu wie dem Glauben. Ja, man könnte unter gewissen Einschränkungen den Glauben durch Gehorsam ersetzen. Diese Auffassung verträgt sich sehr wohl mit dem Gelübde des Gehorsams, wenn man bedenkt, daß die Regel Benedikts dem Gehorsam der Mönche einen ebenso grundlegenden Stellenwert zuschreibt, wenn sie den Gehorsam als das einzige oder Grundgelübde betrachtet, das alles andere in sich schließt (vgl. RB 58,17; Prol. 2 f.40; 5; 71) und den Heimkehrweg des Menschen zu Gott ausmacht. So umfassend verstandener Gehorsam regelt sowohl die Beziehung des Mönchs zu Gott wie auch seine Einstellung zu den Menschen, Dingen und Situationen; erst in einem zweiten Schritt wird solcher Gehorsam dann in bestimmten Aufträgen und Aktionen konkret, die im landläufigen Sinn als Inbegriff des Gehorsams gelten. Religiöser Gehorsam beinhaltet mehr als die Ausführung von Befehlen oder ein relatives Abhängigkeits- und Unterordnungsverhältnis auf menschlicher Ebene. Wo liegen die Wurzeln dieses religiösen Gehorsams?

Wenn wir das christliche Bild vom Menschen zugrunde legen, dann stellt der Gehorsam nichts dem Menschen Fremdes dar; es verhält sich vielmehr so, daß der Gehorsam dem Menschen als Geschöpf zuinnerst eingeschrieben und gemäß ist. Der Mensch erfährt sein Dasein als ein höchst unvollständiges und ergänzungsbedürftiges. Seinem Leben gegenüber ergeben sich für ihn zwei grundsätzliche Alternativen. Die eine lautet: Selbstverwirklichung des Menschen in eigener Regie um jeden Preis, die andere versteht das Dasein als Gabe, die es anzunehmen, oder als Ruf, dem es zu entsprechen gilt. Der erste Weg endet erwiesenermaßen aufgrund der Selbstüberforderung und Hybris des Menschen in der Sackgasse des Scheiterns, der Selbstverfehlung. Die zweite Möglichkeit stellt die christliche Antwort auf die Frage des Menschen nach sich selber dar. Ihr zufolge ist der Mensch ein von Haus aus gerufener, angerufener, berufener. Unserem Dasein liegt ein Ruf zugrunde, geht ein Ruf voraus. Das johanneische „Im Anfang war das Wort" (Joh 1,1) besitzt nicht nur im Fall der Schöpfung überhaupt, sondern auch des Menschen in Sonderheit Gültigkeit. Das Wort geht und ergeht dem Menschen voraus, er selber kommt aus dem Wort, kommt aus ihm bleibend hervor, ist „Hörer des Wortes" (K. Rahner), lebt und verwirklicht sich aus dem Primat des Wortes. Dieses schöpferische, ihn rufende und hervorrufende Wort vermag der Mensch sich nicht selber zu nehmen oder zu sagen, er kann es nur empfangen und sich aneignen. Erst durch das Wort kommt er zu sich selber, wird er überhaupt und mehr und mehr Mensch.

Mit diesem Wort ist kein beliebiges und schon gar nicht ein bloß menschliches Wort gemeint; denn alles Menschenwort ist nur Nach-Wort. Der Mensch aber verdankt sich dem Wort, das wesentlich *Vor-Wort* ist, das von Gott selber kommt und Gott selber ist. Dieses Vor-Wort sagt dem Menschen: Du bist geliebt, bejaht, gewollt, begnadigt und begnadet, befreit. Es ist das unwiderrufliche „Ja" (vgl. 2 Kor 1,19) und „Amen" (vgl. Offb 3,14) Gottes zum Menschen, sein Evangelium, Jesus Christus. Der Weg, auf dem der Mensch dieses Wort vernimmt und übernimmt, ist der des Hörens, des Horchens und Ge-horchens, kurz des Gehorsams. Auf ihm geschieht ein Einschwenken und Aneignen des Wortes seitens des Menschen. Denjenigen, der das Wort ver-nommen hat, verlangt es, ihm zu gehorchen. Im Hören vollzieht sich ein gegenseitiges Ge-hören von Wort und Mensch. Nur als Horchender und Ge-horchender wird der Mensch er selber. Gehorsam erscheint damit als ein menschlich-christliches Existential. Er ist nicht Joch oder Fessel, sondern Chance, Möglichkeit und Verheißung. In ihm ereignet sich ein zunehmendes Hinhören und Hineinhören auf das Wort jenes Gottes, der uns das Leben geschenkt hat und schenkt und uns teilhaben läßt an seiner schöpferischen Liebe und Freiheit. Horchend und gehorchend wachsen wir dem Wort unseres Rufes, unseres Anrufs oder unserer Berufung entgegen und in es hinein. Dazu ist ein fortwährendes Sichaussetzen und -ergreifenlassen vom Wort erforderlich. Die Grundentscheidungen unseres Lebens, aber auch viele kleine Schritte des Alltags sind in diesen Vorgang einbezogen. Je mehr solcher Gehorsam als tragende Antwort unseres Lebens bewußt und eigenständig verwirklicht wird, desto mehr werden wir Mensch, wir selber.

Wie das geschieht, wird am Beispiel des Gehorsams Jesu – und das ist gleichsam die zweite Wurzel des evangelischen Gehorsams – unübersehbar deutlich. Das Neue Testament spricht nur an wenigen, aber gewichtigen Stellen vom Gehorsam Jesu (vgl. Röm 5,19; Phil 2,8; Hebr. 5,8). Es fällt auf, daß davon im Kontext von Leiden und Tod die Rede ist. Damit wird gewissermaßen der Ernstfall des Gehorsams Jesu deutlich beim Namen genannt, werden die eigentlichen Dimensionen dieses Gehorsams sichtbar. Diese sind aber immer schon präsent, wo Jesus in der Rolle des leidenden Gottesknechtes gesehen oder als der Sohn Gottes schlechthin bezeichnet wird. Was ist das Wesen dieses Gehorsams? Im Zentrum kreist das Gehorchen Jesu um die Erkenntnis und die Erfüllung des Willens des Vaters im Himmel. Das ist seine „Speise" (vgl. Joh 4,34). Um die Klarheit dieses Willens ringt er, kämpft er, betet er, leidet er (vgl. Mk 14,36). Wo es um seine Durchsetzung geht, wird Jesus massiven Anfechtungen, Versuchungen und Infragestellungen ausgesetzt (vgl. Mt 4,1–11; 16,21-23; 17,22f.; 27, 39–44). Aus diesen wenigen Hinweisen kann man jenen Prozeß erahnen, wonach Jesus „durch Leiden den Gehorsam gelernt hat" (Hebr 5,8).

Es geht bei diesem Gehorsam Jesu nicht bloß um ein moralisches Problem, sondern um die Frage seiner Identität. Jesus kann nur Jesus sein und bleiben, indem er dem Vater gehorcht. Diese im Gehorsamsweg hinterlegte Identität wird ihm zugesagt aus jenem Wort, „das aus Gottes Mund kommt" (Mt 4,4). In ihm ist gleichzeitig jenes höhere göttliche „Muß" enthalten, das über dem Leben, Leiden und Sterben Jesu steht (vgl. Mt 16,21; 17,12; 26,54). Jesus, der ganz in und aus dem Willen des Vaters sich empfängt und lebt, braucht sich um sein Leben, den morgigen Tag und seine Stunde nicht zu sorgen (vgl. Mt 6,25–34; 26,45; Joh 2,4; 7,30; 12,27; 17,1). Die Unmittelbarkeit, in der er zum Willen Gottes lebt und steht, befähigt ihn, falsche Autoritäten zu entlarven und wahren Gehorsam von Pseudogehorsam zu unterscheiden (vgl. Mt 5,17–47; 12,9–14; 19,3–12; 23,1–39).

Jesus gehorcht nicht für sich allein, sein Gehorsamsweg sucht Begleiter, Gleichgesinnte, Freunde und Nachfolger, er ist offen, wirbt und lädt ein. In der Aufforderung an seine Jünger: „Mir nach!" (vgl. Mk 1,17; Mt 4,19) öffnet er die Tür nicht bloß zu einer beliebigen Verbindung mit ihm, sondern erfolgt Einweisung in seinen Gehorsamsweg. Die Beziehung zu ihm schließt die Gemeinsamkeit des Gehorsams wesentlich mit ein. Glaube oder Nachfolge Jesu ist ohne Gehorsam nicht möglich. Gehorsam aber heißt konkret Kreuzes- oder Todesgehorsam. Glaubender oder Jünger Jesu wird man durch den Ruf oder die Berufung zu seinem Gehorsam, der bis zur Hingabe des Lebens reicht: „Wer mein Jünger sein will, der verleugne sich selbst, nehme sein Kreuz auf sich und folge mir nach" (Mt 16,24). Im Gehorsam vollzieht sich die eigentliche Platzanweisung in der Nachfolge des Herrn; denn: „Ein Jünger steht nicht über seinem Meister und ein Sklave nicht über seinem Herrn. Der Jünger muß sich damit begnügen, daß es ihm geht wie seinem Meister, und der Sklave, daß es ihm geht wie seinem Herrn" (Mt 10,24f.; vgl. 23,8–12). Ein Gehorsam, wie Jesus ihn lebt und uns zumutet, sprengt alle Regeln, Grenzen und Gesetze; er kennt nur ein Maß: den Willen Gottes. Der Sinn oder das Gespür für das, was Gott will, zeichnet ihn aus und macht ihn zum vernehmenden, wahrnehmenden, fühlenden, sehenden und hörenden Gehorsam. Gottes Wille aber ist am dichtesten im Liebesgebot zusammengefaßt; er kommt aus jener Liebe, die sich selber ganz verschenkt und alle einengenden Festlegungen übersteigt. Ihm kann man nur durch das Tun, und zwar ohne Abstriche und Grenzen, entsprechen (vgl. Mt 7,21; Lk 10,25–37). Wer mit Jesus und wie er gehorsam lebt, der läßt sich fraglos und ungesichert auf diese liebende Bewegung Gottes ein und verläßt sich darauf. Im gehorsamen Anschluß an ihn geht der Glaubende Jesu Weg zum Vater mit; im Gehorsam wird er in das intime Geheimnis dieses Weges eingelassen und darf er daran als Weg-Gefährte teilhaben. Der Gehorsam offenbart sich damit als ein zuinnerst trinitarischer Weg. Er ist der Weg oder die Bewegung, die nur im Hl. Geist als dem Geist, der Jesus erfüllt und treibt, Jesu Sohnesweg zu seinem und unserem Vater mit- und nach-geht.

Es liegt in der Natur solchen Gehorsams, daß er sich bindet und binden läßt. Gerade in den Bindungen wird der Gehorsam eingefordert, getestet und konkret, nimmt er gewissermaßen Fleisch und Blut an. Bindungsangst und aller Wandel im Bindungsverhalten heute ändern letztlich nichts daran, daß der Mensch ein Wesen der Bindung ist, das sich in Bindungen verwirklicht. Bindung besagt Anbindung und Einbindung einer bestimmten Zeit, einem Ort, einer Umgebung, Menschen, Ordnungen, Aufgaben, Lebensformen, Einrichtungen, Autoritäten und Situationen gegenüber. Gehorsam läßt sich als Bindung nur leben, wenn damit das Moment der Dauer, der Beständigkeit, der Zuverlässigkeit, der Gestalt und der Gestaltung verbunden ist. Je umfassender, persönlicher und entscheidender eine Bindung im Gehorsam sich erweist, desto stärker appelliert sie an die Freiheit und Freiwilligkeit des Menschen. Der Gehorsame verschenkt Möglichkeiten, die er hat, zugunsten von einer oder wenigen Möglichkeiten, die er ergreift. Bleibt dabei aber nicht die dem Menschen so wichtige Selbstentfaltung auf der Strecke? Das ist der Fall im Sinne einer um sich kreisenden Selbstverwirklichung oder Selbsterlösung um jeden Preis. Von der Angst um sich selber wird nur derjenige befreit, der in Gott allein seinen Fix- und Orientierungspunkt besitzt. Im Gehorsam bindet sich der Mensch an den Willen Gottes. Das bedeutet Verlust, aber auch Herausforderung, zum wahren Selbst durchzustoßen. Gehorchen können nur Personen, nicht Marionetten. Was sich im Gehorsam bindet und binden läßt, ist die endliche Gestalt unserer Freiheit, unserer Liebe. Das bringt nicht nur Begrenzung, sondern auch Entgrenzung mit sich, sofern der Gehorsame über sich selber hinauswachsen darf. Wie aber wird der Gehorsame des Willens Gottes inne? Er lernt, ihn wahrzunehmen vor allem im anbetenden und lobpreisenden Gebet, im Hören auf das Wort der Schrift, in der Begegnung und im Austausch mit Menschen, die „etwas zu sagen" haben, in der Lebensform und Lebenspraxis der Kirche und der geistlichen Gemeinschaften, in den Aufgaben und Anfragen, vor die er gestellt wird, in den Erfahrungen und Situationen des Lebens, in den „Zeichen der Zeit" usw. Es ist ein äußerst komplexer und anstrengender Vorgang, der ein hohes Maß an Selbstlosigkeit, Bereitschaft, Offenheit und Hellhörigkeit nach außen, oben und innen kostet.

Wie wenig wahrer Gehorsam den Menschen demütigt, sondern erhöht und befreit, zeigt Jesus selber, das Urbild allen christlichen Gehorsams. Dichtestes Symbol seines Gehorsams sind seine gefesselten Hände bzw. sein an das Kreuz genagelter Leib. Sie bezeichnen die letzte Station seines Gehorsamsweges. Hier ist, nach menschlichen Maßstäben gemessen, nichts mehr an Freiheit geblieben, hier wird Gehorsam ganz und gar vollstreckt. Die totale Gebundenheit wird zum einzigen Gefäß, in das sich alles Wollen, Lieben und Gehorchen Jesu ergießen kann. Dabei zeigt sich, daß alle Handlanger und Werkzeuge der Vernichtung der Freiheit und Freiwilligkeit seiner gehorsamen Liebe, ihrer Radikalität, Totalität und Universalität keine Grenzen zu setzen vermögen. In ihrer äußersten Begrenzung erfolgt zugleich ihre äußerste Entgrenzung. Die Liebe des Gekreuzigten ist so mächtig, daß ihr keine Fesseln etwas anhaben können. Ihre massivste und intensivste Passivität besagt gleichzeitig den Gipfel ihrer Aktivität. An die Stelle der gehorsamen Bindung tritt der Gebundene, der Gekreuzigte selber. Er ist die Mitte, das Herz aller Bindung im Gehorsam, der ihre Erfüllung, Einlösung, Verwandlung und Befreiung bedeutet. Wenn in der gehorsamen Bindung ans Kreuz und am Kreuz die Erlösung der Menschheit geschah, dann heißt Gehorsam als Bindung der Freiheit soviel wie Durchgang, Wandlung, Pascha, Verwandlung, Erlösung und Befreiung; solcher Gehorsam ist nicht Endstation, sondern Auftakt von Auferstehung, Herrlichkeit und Vollendung, der einmündet in den endgültigen Sieg der Freiheit der Liebe.

Diese Freiheit der Liebe bildet die Seele des evangelischen Rates des Gehorsams. Sie darf bei allen psychologischen, soziologischen und kommunikationstheoretischen Anleihen hinsichtlich der Gehorsamspraxis weder verdeckt noch ignoriert werden. Der Weg des Gehorsams ist ein religiöser und letztlich nur von Jesus Christus her zu fassender und zu gehender. Seine Aktualität bedarf angesichts dessen, was gegenwärtig als Emanzipation, Selbstbestimmung und Selbstverwirklichung angepriesen wird, der neuen Abhängigkeiten, Hörigkeiten, Vermassungstendenzen und Zwänge, der einseitigen Ausbeutung des Lebens, des Menschen und der Schöpfung keiner besonderen Rechtfertigung. Der Gehorsame erscheint unter diesen Gegebenheiten als der wahrhaft liebende, freie, gelingende und humane Mensch.

4. Täglich neu anfangen: Bekehrung

Mit dieser Formulierung betreten wir den Bereich der typisch benediktinischen Gelübde. Der Benediktiner gelobt zwar der Sache nach sehr wohl die drei evangelischen Räte, dem Wortlaut nach aber umfaßt sein Gelöbnis in Anlehnung an das Profeßkapitel der Benediktusregel Beständigkeit, klösterlichen Lebenswandel und Gehorsam (vgl. RB 58,17). Ob es sich hier um eine direkte oder indirekte Bezugnahme auf die Formel der alten Mönchsprofeß handelt, ist umstritten. Unklar ist auch, in welcher Beziehung die drei erwähnten Inhalte des Gelöbnisses zueinander stehen: Bezeichnen sie drei voneinander getrennte Forderungen oder umschreiben sie nur unter verschiedenem Blickwinkel das eine Versprechen, als Mönch leben zu wollen? Eines steht fest, die in der Überschrift angesprochene und mit dem klösterlichen Lebenswandel (conversatio morum) identische Bekehrung stellt kein Sonder- oder Zusatzgelübde im Sinne späterer Orden dar. Sie bezieht sich auf den Lebensweg des Mönchs in seiner Gesamtheit und sieht ihn unter der Perspektive der Umkehr.

Es handelt sich beim Stichwort „Bekehrung" zunächst um den umfassenden Aspekt, unter dem das klösterliche Leben und die einzelnen Gelübde betrachtet und gelebt werden. Auf diese Weise wird das Dasein eines Mönchs in den größeren Rahmen der menschlichen Heils- und Unheilsgeschichte eingefügt und mit dem Zentrum der Jesusverkündigung und Jesusbewegung, dem Evangelium, verbunden. Durch diese Klammer soll deutlich werden, daß monastisches Leben und Gelübde nie nur privates und individuelles Schicksal betreffen. Im Mönch und in seinem Leben geschieht immer auch die große Auseinandersetzung zwischen Licht und Finsternis, vollzieht und klärt sich Menschheitsschicksal, ereignen sich Kirche und Evangelium. Klösterliches Leben ist alles andere als eine partikularistische und individualistische Angelegenheit. Es läßt sich nur in menschheitlicher und kirchlicher Weite und Verantwortung glaubwürdig leben. In den Gelübden schwenkt der Mönch bewußt auf jene Kurslinie der Bekehrung ein, welche die Menschheit und die Kirche eingeladen sind zu gehen, und macht sie zu seiner persönlichen Lebenslinie. Er geht in seiner Bekehrung den Bekehrungsweg der Menschen und der Glaubenden nach und mit. Dabei erfährt er, daß in ihm und seinem Dasein neben den eigenen immer auch die überindividuellen Heils- und Unheilsmächte am Werk sind. Er bringt diese immer schon mit in Gestalt des Erbes, er wird ihrer inne auf dem Weg des Milieus, der Einflüsse und Abhängigkeiten, denen er ausgesetzt ist. Der Weg der Bekehrung lenkt die Aufmerksamkeit auf den heilen Anfang oder Ursprung zurück, konzentriert in der Vorstellung des Paradieses; gleichzeitig verbindet sich damit der Ausblick auf eine heile oder geheilte Zukunft, enthalten im Bild der himmlischen Heimat, eines neuen Himmels und einer neuen Erde. Wer den Weg der Bekehrung geht, der ist gehalten, die Kräfte der Erinnerung an den Anfang und der Hoffnung auf die Vollendung in sich und seinem Leben lebendig und bestimmend werden zu lassen. Erinnerung und Hoffnung als die zwei Augen der Bekehrung lösen das Leben aus der Entfremdung und dienen dem Bestehen der Gegenwart.

Das Thema „Bekehrung" rückt unweigerlich die Gebrochenheit unseres Daseins ins Blickfeld des Interesses. Ein Leben der evangelischen Räte kann unmöglich davon abstrahieren. Unsere von Sünde, Schuld, Versagen und Schwachheit gezeichnete Existenz bildet den Kontext, in dem unsere Gelübde zu leben sind. Sie beziehen sich nicht auf eine Daseinsweise, die in sich schon vollkommen und abgeschlossen ist, sondern drücken eine Bewegung aus, die vom Tod zum Leben, vom Dunkel zum Licht, von der Sünde zur Gnade unterwegs ist. Das Charisma der evangelischen Räte wird, wenn es um seine Verwirklichung geht, dem Druck vielfacher Schwierigkeiten, Belastungen, Widerstände und Infragestellungen oder Anfechtungen ausgesetzt, die zum Teil in unserem Wesen, unseren Anlagen und Eigenschaften, unserer Herkunft und Biographie ihre Wurzeln haben, zum Teil aber auch von außen her auf uns zukommen und einwirken. Aus Erfahrung wissen wir, wie schwer es ist, das Gute völlig neidlos, absichtslos und selbstlos in die Tat umzusetzen. Zur vollen Realität unserer Gelübde gehört es, daß wir zuweilen leidvoll und schmerzlich erleben, wie sie sich nicht ohne Widersprüche, Mühen und Grenzen übertragen lassen in die Welt unseres Alltags und unserer Umgebung, aber auch in die Welt unseres eigenen Herzens, Wollens, Liebens und Strebens. Wir geraten dabei immer wieder an Spannungen, Hindernisse und Barrieren, an denen selbst manche unserer besten Absichten scheitern und nur Bruchstücke übrig bleiben. Die einzige Lösung, die uns bleibt, besteht nicht selten im geduldigen Tragen, Ertragen und Durchtragen dieser Spannungen zwischen Ideal und Wirklichkeit. Solches Leiden oder Erdulden ist nicht rein passiv, sondern wirkt, auch wenn sich seine Wirkungen in der Regel unseren Beobachtungen entziehen. Erst in längeren Abständen können wir feststellen, wie dadurch unsere Berufung in die Tiefe wächst, geläutert, in uns verwurzelt und verwesentlicht wird. Die Geduld ist gewissermaßen die normale oder alltägliche Gestalt unserer evangelischen Räte. Sie bezeichnet den gewöhnlichen Weg unserer Bekehrung. Ihre Umkehrbedeutung liegt gerade darin, daß wir in den Spiegel unserer eigenen Wahrheit schauen müssen, ohne davonzulaufen oder dem Ideal unserer Gelübde den Rücken zu kehren.

Der Weg der Bekehrung, wie ihn das benediktinische Gelöbnis des klösterlichen Lebenswandels beinhaltet, ist ein Weg der kleinen Schritte. Er verpflichtet den Mönch dazu, auf die Gegenwart oder das „heute" als die Stunde seines Heils zu schauen, diese wahrzunehmen und wachsam zu nutzen. Bekehrung geschieht immer nur im „hier" und „heute". Sie erzieht zur Achtsamkeit auf den Anfang. Der Umkehrwillige weiß, daß seine Stärke nicht im Vollbringen oder Vollenden, sondern im Anfangen besteht. Er kann jeden Tag neu aufstehen und anfangen. Die einzelnen Anfänge reihen sich wie Mosaiksteinchen aneinander und ergeben mehr und mehr einen Bekehrungsweg. Benedikt bringt diesen Weg mit dem für ihn so zentralen Motiv der Demut in Zusammenhang (vgl. RB 7). Die einzelnen Stufen oder Schritte der Demut führen den Menschen immer tiefer hinein in das Geheimnis und Geschenk der Umkehr. Der Weg der Demut ist der Weg des Zöllners im Evangelium (vgl. Lk 18,9–14), eines beliebten Modells für den Mönch (vgl. RB 7,65). Demut aber heißt Wahrheit. Sie zeigt dem Menschen sein wahres Bild, das des Sünders, und überführt ihn seines Sünderseins. Hand in Hand damit kommt das wahre und eigentliche Bild Gottes im Leben des Mönchs zum Durchbruch: das des barmherzigen Vaters (vgl. RB 4,74). Beide Lektionen, die des menschlichen Sünderseins und die der göttlichen Barmherzigkeit, gehören zusammen, gelernt werden sie auf dem Weg der Bekehrung.

Der Hinweis auf das benediktinische Gelübde der „conversatio morum" holt in gewisser Hinsicht die drei evangelischen Räte auf den Boden der Realität des von uns zu lebenden Lebens zurück. Das Stichwort „Bekehrung" weist ihnen Ort und Zeit im konkreten Kontext des Daseins an. Es gibt darüber hinaus auch Antwort darauf, wie oder auf welchem Weg die einzelnen Räte in die alles andere als eindeutige Wirklichkeit unseres Lebens eingebracht werden: nämlich auf dem Weg einer ständigen Umkehr. Dieser Weg ist nach Benedikt kein trauriger oder finsterer, sondern ein zuinnerst österlicher, der den Menschen von der Angst befreit und einmündet in die Freude am Guten, die Freude des Hl. Geistes und den Zustand vollendeter Gottesliebe (vgl. RB 7,67–69; 49,6f.).

5. Stand gewinnen und treu bleiben: Beständigkeit

Die „Beständigkeit" (stabilitas) gilt als typisch benediktinisches Gelübde. In ihm bindet sich ein Mönch an eine bestimmte klösterliche Gemeinschaft und verspricht, sein ganzes Leben in ihrer Mitte und ihrer Lebensweise auszuharren. Der Sinn dieses Gelübdes reicht über eine rein lokale oder geographische Stabilität hinaus tief in das Grundsätzliche hinein. Es beinhaltet nach der Auffassung Benedikts eine totale Verpflichtung zur Lebensform als Mönch verbunden mit dem Vorsatz, in diesem Entschluß bis zum Tod zu verharren, mit dem Willen zur Zugehörigkeit zu einer festen Gemeinschaft, mit der Bejahung und Beobachtung der für alle verbindlichen gemeinschaftlichen Lebensregel und mit dem gewohnheitsmäßigen Verbleiben innerhalb des klösterlichen Lebens- und Arbeitsbereiches. Was verbirgt sich hinter dieser wie eine Fesselung wirkenden Bindung an einen bestimmten Ort, an eine bestimmte Gruppe von Menschen und eine bestimmte Lebensweise? Wer kann schon so entscheidend und einschneidend sich und sein Leben festlegen? Widerspricht das nicht diametral Leitvorstellungen unseres Lebensgefühls wie Mobilität, Spontaneität, Dynamik oder Kreativität? Handelt es sich beim Gelübde der Stabilität

nicht eher um eine zeitbedingte Reaktion auf gewisse Miß-
stände des alten Mönchtums? Ist es sinnvoll, eher juridi-
sche Festlegungen zum Inhalt eines Versprechens zu machen?

Die Geschichte des Mönchtums zeigt, daß das Verständnis
der klösterlichen Beständigkeit im Laufe der Jahrhunderte
alles andere als einheitlich war und daß man in der Praxis
den Akzent bald mehr auf diese, bald mehr auf jene Komponente gelegt hat. Bei aller modernen Skepsis diesem Gelübde gegenüber sollte man nicht übersehen, daß darin
auch hohe menschliche Werte wie Treue, Zuverlässigkeit,
Verantwortungsgefühl, Frustrationstoleranz, Standhaftigkeit, Bindungsfähigkeit oder Einsatzbereitschaft angesprochen sind. Ohne ein Minimum an Stabilität kann
menschliches Leben und Zusammenleben nicht bestehen,
wachsen und gelingen. Benedikt sieht das Versprechen der
Beständigkeit nicht nur unter einem bestimmten Aus-
schnitt, sondern als eine geistliche Möglichkeit und Verpflichtung, die den ganzen Menschen in den Dienst Gottes
stellt. Wir können nicht behaupten, daß uns eine ausgewogene Perspektive und ein angemessener Umgang mit diesem Gelübde schon gelungen sind. Unsere Einstellung
und unser Verhalten pendeln eher zwischen zwei Extremen hin und her, einer stark legalistischen und kasuisti-
schen Handhabung von „stabilitas" und Klausur und einer
faktischen Aufweichung und Spiritualisierung derselben.
Wo liegt die Mitte? Was sind die wahren Anliegen und
Werte der klösterlichen Beständigkeit? Wie lassen sie sich
wiedergewinnen und glaubwürdig realisieren?

Dieses Gelübde, nicht eine Karikatur davon, überzeugend
zu leben, erfordert eine hohe Portion an menschlich-geist-
licher Reife, Selbständigkeit, Selbsterkenntnis und Wahr-
haftigkeit. Wer Stabilität sagt, der denkt zunächst an eine
Reihe „stabilisierender" Faktoren und Elemente, die das
Erscheinungsbild des klösterlichen Lebens charakterisieren. Der Außenstehende bemerkt noch mehr als der Insi-
der die Atmosphäre der Ruhe, der Stille, der Einsamkeit

und der Sammlung, die als eine wohltuende Frucht eines in örtlicher Beständigkeit gelebten Daseins empfunden und automatisch auf den inneren Menschen übertragen wird. Wir rühmen das ausgewogene Gleichgewicht und die sprichwörtliche Weisheit des Lebensrhythmus und der Tagesordnung im Kloster, in denen sich eine tiefe Stimmigkeit und ein harmonischer Zusammenklang des Lebens und seiner Äußerungen widerspiegeln. In einer solchen Umgebung kann der gehetzte und zerrissene Mensch sich fallen lassen und vor Anker gehen. Einen ähnlich beständigen Eindruck erwecken eine benediktinische Gemeinschaft und ihr Leben. Sie bleiben am Ort, bürgen für Kontinuität und Geborgenheit, während viele und vieles sich ständig ändern. Das friedliche Miteinander mehrerer Generationen und von Menschen unterschiedlicher Herkunft und Bildung unter einem Dach wirkt wie ein Spiegelbild einer idealen Großfamilie oder Gemeinschaft. Sind das die Folgen oder Ausdrucksformen der klösterlichen Beständigkeit?

Die Erfahrung lehrt, daß wir es hier höchstens mit der halben, auf keinen Fall aber mit der ganzen Wahrheit benediktinischer Stabilität zu tun haben. Wer sich auf ein Leben klösterlicher Beständigkeit einläßt, der wird früher oder später in einen harten Kampf und eine scharfe Auseinandersetzung verwickelt, in deren Verlauf die Erfahrung des Ortes, des Lebens und der Gemeinschaft als Garanten der „stabilitas" zu einer ernüchternden Erfahrung seiner selbst und eines Lebens in der Nachfolge des Herrn wird. Er erlebt, wie mitten im Frieden der Klausur das unbeständige Heer der Gedanken, Wünsche, Zerstreuungen, Sorgen und Leidenschaften wiederkehrt. Die entspannende Regelmäßigkeit des klösterlichen Daseins wird als tödliche Leere, Routine oder Langeweile empfunden. In der alltäglichen Gleichheit des persönlichen wie des gemeinschaftlichen Lebens beginnen sich neben dem Guten auch die versteckten Abgründe des Bösen und die Gefahren der Einseitigkeit, der Stagnation, der Anpassung, der

Durchschnittlichkeit und der Immobilität zu offenbaren. Diese Situation der Grenze und Begrenzungen verleitet dazu, ihre Annahme zu verweigern, die Flucht zu ergreifen oder zu Tagträumen seine Zuflucht zu nehmen. Ein Leben in Beständigkeit konfrontiert den Mönch unentrinnbar mit seinen Schatten und der Wahrheit seiner selbst, mit der Diagnose seiner eigenen Unbeständigkeit und der Unbeständigkeit der Projektionen seines Verlangens nach Beständigkeit.

Welche realistische Alternative bietet sich in dieser Lage an? Die Antwort des Gelübdes der Beständigkeit lautet: aushalten, ausharren, nicht ausweichen, stehen bleiben, ertragen, standhalten. Diese Phase ist ein äußerst produktiver Vorgang. Der Beständige lernt, mit den Grenzen und Begrenzungen, die ihm von ihm selber wie von seiner Umgebung her auferlegt werden, umzugehen. Die Beschränkung erzieht ihn zur Hellhörigkeit und Achtsamkeit auf die vorhandenen Möglichkeiten und setzt schöpferische Kräfte in der Auseinandersetzung damit in ihm frei. Auf diese Weise wird sein Leben und Tun aus dem Vielerlei der Zerstreuung, Zerstückelung und Zusammenhanglosigkeit, in die es durch das fortwährende Davonlaufen und Verlangen nach Abwechslung zerlegt wird, gelöst, es nimmt feste Konturen an und wächst einer inneren Einheit entgegen. Gleichzeitig greift die in der äußeren Standhaftigkeit bewährte Beständigkeit auf das Innere über, erfaßt das Herz sowie die inneren Kräfte und Sinne und läßt einen inneren Raum der Stabilität entstehen. Die „stabilitas" wandert im Aushalten gleichsam von außen nach innen und wird damit zur Beständigkeit unseres Geistes und Herzens. Auf dieser Stufe hört sie auf, nur Forderung oder eine fremde Eigenschaft zu sein, und wird zum besonderen Eigentum unseres Inneren.

Auf dem Grunde unseres Wesens und Lebens wohnt ein tiefes Verlangen nach Beständigkeit und nach dem, was bleibt. Dieses kommt dort ans Ziel, wo der Mönch in der „stabilitas" des Herzens durch alle Bindungen und Begrenzungen hindurch die innere Einheit und Standhaftigkeit erreicht. Diese macht ihn immun gegenüber allen Launen und Stimmungen und bezeichnet jenen „Ort", wo es sich zu bleiben lohnt und das Leben voll ausreifen kann.

Ein Leben der Beständigkeit mündet nicht in Stillstand oder Erstarrung. Unbeweglichkeit ist kein Aushängeschild von „stabilitas". Das Gelübde der Stabilität fußt auf der Freiheit und Freiwilligkeit persönlicher Wahl und Entscheidung, trägt also eine durch und durch persönliche Note, ist nur von der Person bzw. Persönlichkeit her zu füllen und zu fassen. Dieser personale Grund muß im Zeugnis gelebter Beständigkeit durchscheinen; alles andere wäre nur eine tote Hülle von ihr. Von da aus begreift man auch, daß „stabilitas" nicht etwas Fix und Fertiges sein kann, sondern ein stetes Beständigwerden meint, in dem der Mönch nach innen, der Tiefe oder Mitte zu wächst. Der Inhalt solcher Stabilität läßt sich nicht durch einen Katalog von bestimmten Forderungen abdecken, sondern weist in den Bereich einer grundsätzlichen und durchgehenden Lebenshaltung hinüber. Der beständige Mensch ist dann derjenige, der seine wahre Mitte gefunden hat, bei sich eingekehrt und zu Hause ist. In der Beständigkeit seines Herzens und seiner Liebe weiß er sich gehalten von der Liebe Christi und der Treue des ihn bejahenden Schöpfergottes. Die Gemeinschaft, an die er sich im Gelübde der „stabilitas" von der Lebensweise und vom Ort her bindet, wird zur Stätte, an der der Benediktiner das Bleiben in der Liebe Christi immer neu erfährt und lernt. In der Beständigkeit baut die Liebe Gottes dem Mönch ein Haus auf Zeit, das seinem Leben Halt, Zusammenhang und Frieden schenkt. Verständnis und Mißverständnis benediktinischer „stabilitas" liegen eng nebeneinander. Wo ihre bleibende Bedeutung liegt, macht eine Begebenheit deutlich, die Gregor der Große überliefert hat. Ihr zufolge lebte in einer Höhle nahe bei Montecassino ein Einsiedler namens Martin, der sich angekettet hatte. Als Benedikt davon erfahren hatte, ließ er ihm folgendes Wort überbringen: „Wenn du wirklich ein Diener Gottes bist, dann feßle dich nicht mit Ketten aus Eisen. Laß vielmehr Christus die Kette sein, die dich bindet" (Dial. III,16).

V. Einheit in Vielfalt:
Aspekte benediktinischer Sendung heute

1. Der dreifache Weg: Perspektiven für eine weibliche monastische Spiritualität
Äbtissin Máire Hickey OSB

An einer Wand der Hirtengrotte in Subiaco ist eine lateinische Inschrift zu lesen, deren Text übersetzt lautet:

> *Hier hat der hl. Benedikt den Hirten Unterweisungen erteilt. Damit hat er das eremitische Leben, das er in andächtigem Gebet in der oberen Grotte führte, mit der apostolischen Sendung vereint. Dieser ist der doppelte Weg, den seine zahlreichen Söhne und Töchter gehen müssen.*

Die Inschrift bezieht sich auf die Stelle in der Lebensbeschreibung Benedikts, in der sein „zweidimensionales" Leben in Subiaco – einerseits kontemplatives Gebet in der Einsamkeit und andererseits Sendung an die Menschen – dargestellt wird. Die Formulierung des Mönchslebens als *duplex via* ist eine Erstlingsfrucht seines jungen Mönchslebens. Später im Leben Benedikts reifte sie weiter in der brüderlichen Gemeinschaft in Subiaco und noch später dann in Montecassino. In der Regula Benedicti breitete sie sich schließlich zu einer *triplex via* aus, einem Weg, auf dem das Element des Gemeinschaftslebens zu denen der Kontemplation und Mission hinzukam. In allen gesunden Formen benediktinischen Lebens, die es heute irgendwo auf der Welt gibt, ist diese *triplex via* sichtbar – so in einer großen, klassischen europäischen Abtei, anders in einer jungen Gemeinschaft in Nigeria oder Brasilien oder wieder anders in einer Großstadt in Korea. In dem Versuch, der Vision dieser *triplex via* eine dem Ort, der Zeit und den Menschen angemessene und ausgewogene Gestalt zu geben, drückt sich die Einheit aus, die alle Benediktinerinnen und Benediktiner in einer großen Familie miteinander verbindet.

Die Varianten sind dabei zwar nicht so zahlreich wie die ca. 700 Einzelklöster, die sich über die ganze Welt verteilen, wohl aber mindestens so zahlreich wie die Kongregationen oder Föderationen, in denen die meisten Gemeinschaften sich miteinander verbunden haben. Dabei zeigt die Entwicklungsgeschichte der *Benediktinerinnen* im Laufe der vergangenen 150 Jahre exemplarisch wie sonst noch nie in der Geschichte des Mönchtums, zu welcher Vielfalt und zu welchem Reichtum das benediktinische Charisma sich im Dienst des Reiches Gottes in der Welt entfalten kann.

Anfang des 19. Jahrhunderts waren die Klöster in Europa (vor 1857 gab es keine Benediktinerinnen außerhalb Europas) beinahe gänzlich ausgerottet. Im deutschsprachigen Gebiet (einschließlich Schweiz und Österreich) waren nur 12 Benediktinerinnenklöster übriggeblieben, die die Zerstörungen der Reformation, des Dreißigjährigen Krieges und der Säkularisation überlebt hatten. Um keines der europäischen Länder war es besser bestellt – in einigen gab es sogar kein einziges Benediktinerinnenkloster mehr.

Von diesem verwüsteten Rest in Europa ist dann aber eine ungeheuere Erneuerungsbewegung ausgegangen, die heute noch anhält. Zur Zeit gibt es ca. 19 000 Benediktinerinnen auf der ganzen Welt. Alle leben nach der einen Regula Benedicti. Doch deren unübertreffliche Kombination von klarer Festigkeit und Flexibilität läßt es zu, daß die *triplex via* von Konvent zu Konvent anders ausfallen kann – je nach Kultur, Begabungen, nationaler und geistlicher Herkunft der jeweiligen Mitglieder. Während das Bewußtsein in der Zeit vor dem Zweiten Vatikanischen Konzil weitgehend von dem einheitlichen, von den beiden Grundformen „kontemplativ" oder „apostolisch" beherrschten Ideal geprägt war, gibt das veränderte Klima der Kirche in der zweiten Hälfte des zwanzigsten Jahrhunderts jeder Gemeinschaft die Freiheit, im Geist des Evangeliums und der Regel die Formen zu finden, die ihrem Weg und ihrer Gründungsgeschichte am ehesten entsprechen. Anders als vor dem Konzil begegnen und verbinden sich heute in jeder Gemeinschaft Kontemplation und Mission. Überall ist das Bewußtsein für die *triplex via* als einigende Vision benediktinischen Lebens in allen möglichen Ausfaltungen wacher geworden.

Heute gibt es Benediktinerinnen in Europa, die die kontemplative Tradition von Solesmes weiter leben, andere – auch kontemplativ –, die sich durch vielfältige Formen der Gästeaufnahme im eigenen Kloster stark an der Evangelisierung ihrer näheren und weiteren Umgebung beteiligen, wieder andere, die sich bei Beibehaltung der wichtigsten Grundelemente des Lebens nach der Regel in der Krankenpflege, in Erziehungs- und Gemeindearbeit, im Einsatz für die sozial Benachteiligten und in manchen anderen Gebieten engagieren. Auch in Afrika, Asien, USA und in Südamerika gibt es Klöster, die „klausuriert" nach der Art von Solesmes leben. Sowohl in Brasilien als auch auf den Philippinen leiten Benediktinerinnen aber auch Schulen und Colleges, während andere an der Seite der Benachteiligten an der Front der Bewegung für die Gleichberechtigung der Frau stehen. Benediktinerinnen in den USA haben eine aktive Friedensbewegung gegründet, in Australien arbeiten Benediktinerinnen in allen Bereichen kirchlichen Lebens und in Indien schließlich gibt es auch Ashrams von Benediktinerinnen. Im deutschsprachigen Gebiet leben derzeit über 1.000 Benediktinerinnen als Moniales und in schwesterlicher Verbundenheit mit ihnen noch 1.000 Schwestern, die Krankenhäuser, Schulen oder Kinderheime leiten, die in den Diözesen und den Gemeinden arbeiten, einige sogar, die täglich ihr monastisches Haus verlassen, um als Sozialarbeiterin, Ärztin oder Bibliothekarin ihren Beruf auszuüben. Der bunte Katalog könnte noch vielfältig erweitert werden.

Seit den siebziger Jahren sind die Benediktinerinnen aus

aller Welt dabei, sich zusammenzufinden, sich gegenseitig kennen und respektieren zu lernen, sich zu strukturieren und die Confoederatio Benedictina zu definieren. Diese Bewegung konkretisiert sich seit einigen Jahren in einer internationalen Kommission von Benediktinerinnen, die sich unter der Leitung des Abtprimas trifft, um das benediktinische Mönchtum für Frauen in aller Welt heute zu fördern und zu ermutigen. Zusammen mit dieser Gruppe sind 1987 und 1993 Benediktinerinnen aus allen Kontinenten zu einem Symposium in Rom zusammengekommen. In den Vorträgen und Diskussionen kristallisierten sich die Züge heraus, die die Spiritualität benediktinischer Frauen unserer Zeit prägen. Mehrere der Frauen sind Theologinnen, doch für die meisten ist der Umgang mit allen Fragen, die Glauben und Berufung betreffen, eher von einer tiefen Vertrautheit mit der hl. Schrift durch die tägliche Lectio Divina gekennzeichnet als durch die Theologie der Universitäten. In der Art, wie sie an die Fragen des monastischen Lebens herangehen, sind sie eher von der konkreten Wirklichkeit einzelner Frauen, Gemeinschaften und der Gesellschaften, in denen sie leben, bewegt als von wissenschaftlichen Auseinandersetzungen. In ihrem Versuch, das monastische Leben als Antwort auf Gottes Ruf in unserer Zeit ins Wort zu bringen, ist ihnen die Weihe des Lebens an den Schöpfer in ihrer Ganzheitlichkeit von brennenderem Interesse als z. B. der Inhalt – theoretisch und praktisch – einzelner Gelübde. Im Laufe der Jahre wuchs ihr Verständnis von der Einheit zwischen Kontemplation und Apostolat, verwurzelt in einer gelebten Communio, als Herzstück monastischer Spiritualität.

In diesen Begegnungen in Rom teilen die Frauen ihr Leben, ihr Suchen, ihre Freuden, ihre Fragen in großer Offenheit miteinander. Verschiedene Aspekte des Engagements für die Sache der Frauen kommen dabei zusammen: Je nach Herkunft und gesellschaftlichem Hintergrund stellen sich die Fragen der Frauen an sich selber und an ihre

Lebengestaltung sehr unterschiedlich. Doch alle hören aufeinander und wachsen darin an Erfahrung und Einsicht. Zorn auf die „Männerkirche" und einschneidende Fragen an sie begegnen sich mit einer stillen, betenden Verbundenheit mit „Frau Kirche", mit Verständnis für ihre Nöte und mit einer unerschütterlichen Loyalität.

Der hl. Benedikt hatte gemäß der Überlieferung eine Schwester namens Scholastika, die wie ihr Bruder ihr Leben in einem Kloster verbrachte. Das 33. Kapitel der Lebensbeschreibung Benedikts erzählt von einer Begegnung zwischen Benedikt und Scholastika kurz vor ihrer beider Tod. Der Mann ist reich an Erfahrung und Wissen, geprägt von der Ordnung, nach der er sein Leben in Treue gestaltet hat. Die Frau ihrerseits erkennt all das an und ehrt es, weiß aber auch um mehr. Sie weiß – anders als ihr Bruder – um die Macht inniger Liebe, von der der Evangelist Johannes schreibt (1 Joh 4,16). Gott greift in die Begegnung zwischen Benedikt und Scholastika durch ein Zeichen ein, damit die Frau den Mann mit dem, worum sie weiß, überhaupt erreichen kann. Vieles von dem, was das Zueinander von Mann und Frau in unserer Zeit und in unserer benediktinischen Familie ausmacht, prägt auch diese Erzählung aus dem Leben Benedikts. In jeder Generation muß die Frau neu ihr eigenes vielfältiges Erbe antreten und so ausgestattet die Begegnung mit ihrem Bruder suchen. Auch die Benediktinerinnen in unserer Generation sind dabei, das zu tun.

2. Heil und Heilung: Benediktinisches Mönchtum und Seelsorge
P. Benedikt Müntnich OSB

Seelsorge wird seit dem Zweiten Vatikanischen Konzil mehr und mehr als Sendung der ganzen Kirche begriffen. Das gesamte Gottesvolk nimmt Seelsorge wahr – je nach den Charismen, welche dem einzelnen geschenkt sind.

Dieses neue Seelsorgsverständnis greift in mancher Beziehung auf die große Tradition des alten Mönchtums zurück, das nicht in einem klerikalen Amt, sondern in den Charismen des Heilens, des Tröstens und der Ermutigung gründete. Die entsprechende Literatur ist voll von anschaulichen Beispielen (vgl. etwa die „Apophthegmata Patrum"). Es versteht sich von selbst, daß es dabei nicht um eine Art Geheimwissen vom Menschen geht. Vieles ist selbstverständlich und Allgemeingut seelsorglichen Wirkens. Manches hat die Pastoralpsychologie und -theologie als wertvoll wiederentdeckt.

In den Klöstern wird durchaus keine Seelsorge exklusiver Art getrieben. Man versucht, für die Menschen da zu sein. Es gibt Begleitseelsorge, die von Mönchen und Nonnen wahrgenommen wird, Einzelexerzitien und Gemeinschaftsexerzitien, Gesprächsseelsorge an der Klosterpforte u. v. a. m. Von jeher waren die Klöster offen für pastorale Aufgaben jeglicher Art: Mission, Pfarrseelsorge, Wallfahrtsseelsorge, Erziehung und Schule. Eine besondere pastorale Aufgabe liegt im klösterlichen Bereich selbst: die Seelsorge an Gästen, Mitarbeitern und nicht zuletzt an den die Klostergemeinschaft bildenden Brüdern und Schwestern. Große seelsorgliche Bedeutung kommt dem Gottesdienst der Klostergemeinschaft zu, der sich als Schule des Gebetes versteht. Vieles ist also im Rahmen der klösterlichen Lebensweise pastoral möglich. Wesentlich ist dabei, daß alles in Übereinstimmung mit dem Hauptziel klösterlichen Lebens geschieht. Der heilige Benedikt faßt es in drei Worten zusammen: „Wahrhaft Gott suchen."

Weisheit und Lehre der Altväter

Die Verbindung von Mönchtum und Seelsorge besteht von Anfang an. Und zu allen Zeiten hat sie sich als fruchtbar erwiesen. In der Frühgeschichte des Mönchtums waren es die großen Altväter, die sich trotz ihrer Distanz zur

Welt den vielen Menschen nicht entzogen, die sie um Rat und Hilfe aufsuchten. Zu nennen ist hier vor allem der große Mönchsvater Antonius (†356), dessen Lebensbeschreibung (Vita Antonii) Bischof Athanasius von Alexandrien (†373) verfaßt hat. Offenbar besteht ein Zusammenhang zwischen dem immer intensiveren Einsiedlerleben des Antonius und seiner Anziehungskraft auf die Menschen. Je mehr er sich zurückzog, desto mehr zog er rat- und hilfesuchende Menschen an sich. In seiner Nähe entstanden Einsiedlerkolonien, in denen Menschen unter seiner Leitung das Mönchsleben begannen. Interessant ist in diesem Zusammenhang ein Blick auf die Vita des heiligen Benedikt, die uns Papst Gregor d. Gr. (†604) überliefert hat. Darin läßt sich ein konsequenter Reifungsprozeß Benedikts verfolgen, der letztlich begründet ist in seiner radikalen Gottsuche: Je mehr er auf dem Weg seiner Gottsuche voranschreitet, desto mehr wird er fähig, als geistlicher Vater und Lehrer für andere Suchende dazusein.

Das Ineinander von konsequent geführtem eigenem geistlichen Leben und dem Dasein für andere wird hier überdeutlich. Im Jahre 1961 sprach P. Heinrich Bacht SJ in einem Aufsatz „Seelenführung in der Krise" von Menschen, die „nach Seelenführern suchen, die selber aus dem Geiste leben und so aus der Fülle eigenen Lebens und eigener Erfahrung abgeben können". Abbas Antonius hat diese Grundvoraussetzung der Seelsorge prägnant ins Wort gebracht, als er bedauernd feststellte: „Die Altväter der Vorzeit begaben sich in die Wüste und machten nicht nur sich selbst gesund, sondern wurden auch noch Ärzte für andere. Wenn aber von uns einer in die Wüste geht, dann will er andere früher heilen als sich selbst. Unsere Schwäche kehrt zu uns zurück und unsere letzten Dinge werden ärger sein als die ersten. Daher heißt es für uns: Arzt, heile dich vorher selber!" (Apophthegmata 1007).

Im frühen Mönchtum war die Forderung, daß der Seelsorger „Mann Gottes" zu sein habe, wesentlich und unabdingbar. Man sah darin die eigentliche Kompetenz des Seelsorgers. In der Benediktregel wird diese Wirklichkeit mit dem Ausdruck „wahrhaft Gott suchen" beschrieben. Es geht also darum, zu erkennen, daß seelsorgliche Kompetenz nicht in erster Linie selbsterworbene Fähigkeit ist, sondern daß sie aus der Bereitschaft erwächst, sich in der „Schule des Herrendienstes" (RB, Prol. 45) formen und prägen zu lassen. Dann geschieht es, daß „das Herz weit wird und man den Weg der Gebote Gottes im unsagbaren Glück der Liebe läuft" (ebd. 49) und man anderen davon mitteilen kann. Es ist die Dimension des Schweigens, Hörens und Lernens, die notwendig ist und die in der Benediktregel oft zum Tragen kommt, etwa im Demutskapitel.

Besonders eindrucksvoll drückt sich seelsorgliche Kompetenz in der Forderung der Regel aus, daß der Abt es verstehen soll, „eigene und fremde Wunden zu heilen, ohne sie aufzudecken oder bekanntzumachen" (RB 46,6). Die eigenen Wunden werden an erster Stelle genannt, um zu verdeutlichen, daß der Seelsorger durch Krisen und Grenzerfahrungen, aber auch durch Ohnmachtserfahrungen gegangen sein muß, bevor er fähig ist, auch die „fremden Wunden" zu heilen. Wenn er gelernt hat, zu seinen eigenen Grenzen und Schwächen zu stehen („Stets rechne er mit seiner eigenen Gebrechlichkeit", sagt Benedikt dem Abt in RB 64,13), wenn er seine eigene Armut nicht mehr glaubt verstecken zu müssen, dann erst kann er zum Hoffnungsträger für andere werden. Letztlich geht es um das paulinische „Sein in Christus", um so nach Christi Beispiel als Seelsorger wirken zu können. In diesem Sinne spricht die Benediktregel von geistlicher Vaterschaft, in welcher der Abt Christus, den Vater, repräsentiert. Sie greift damit auf alte Vorbilder zurück. So wie Leben nur durch anderes

Leben entstehen kann, kann auch geistliches Leben nur durch den geistlichen Vater bzw. die geistliche Mutter weitergegeben werden. Hier ist die charismatische Dimension von Seelsorge angesprochen. Das überzeugende geistliche Leben eines Menschen läßt ihn für andere zum Wegweiser werden.

Anwalt des Evangeliums und Spiegel der göttlichen Liebe

Von hier aus ergeben sich bestimmte Folgerungen. Benedikt spricht öfter von der Rückgebundenheit des Abtes an Gott: Er wird einmal vor Gott Rechenschaft ablegen müssen. In diesem Zusammenhang spricht er auch von der „Furcht" (RB 2,39) und meint damit die Gottesfurcht. Solche Gedanken sind keineswegs unerheblich oder überholt. Sie zeugen von hoher Verantwortung und der Sorge, das Richtige zu tun. Sie sind biblisch begründet: „Erfülle deinen Auftrag rein und ohne Tadel bis zum Erscheinen Jesu Christi, unseres Herrn" (1 Tim 6,14). Schließlich geht es darum, daß der Seelsorger sich nur als Werkzeug dessen versteht, der der eigentliche Seelsorger ist. Der „Auftrag" aber läßt sich mit der Benediktregel so umschreiben: Der Seelsorger hat Anwalt des Evangeliums zu sein. „Der Abt darf nur lehren oder bestimmen, was der Weisung des Herrn entspricht" (RB 2,4). „In seinem Handeln zeige er..., daß man nicht tun darf, was mit dem Gebot Gottes unvereinbar ist" (RB 2,13). Es ist notwendig, heißt es weiter, daß er „das göttliche Gesetz genau kennt, damit er Bescheid weiß und (einen Schatz) hat, aus dem er Neues und Altes hervorholen kann" (RB 64,9). Das heißt, der Seelsorger muß selber „unter der Führung des Evangeliums" (RB, Prol. 21) stehen, und sein einziges Anliegen soll sein, Menschen zu ermutigen, dem Evangelium zu folgen.

Das geschieht durch Orientierung am Beispiel Jesu. Es geht darum, Jesu heilende, ganz den Menschen zugewandte und auf Gott den Vater verweisende Lebensweise weiterzuführen, freilich in aller menschlichen Gebrochenheit. Da ist einmal das menschlich Gewinnende an Jesus, das z. B. bei der Jüngerberufung, wie der Evangelist Johannes sie schildert, zum Ausdruck kommt. Jesus lädt die Jünger ein, zu ihm zu kommen: „Kommt und seht. Da gingen sie mit und sahen, wo er wohnte, und blieben jenen Tag bei ihm" (Joh 1,39). Diese Berufungsszene schildert offenbar etwas für Jesus Typisches: Es ging etwas von ihm aus, das andere in ihren tiefsten Schichten anrührte. So wurde es den Menschen möglich, sich auf das Evangelium einzulassen. Die Benediktregel legt dem Seelsorger ein solches Verhalten nahe, wenn sie vom Abt sagt, er solle seinen Brüdern auf gewinnende Art begegnen, sich auf sie einstellen und auf sie eingehen (vgl. RB 2,31–32). Für die Novizen soll ein erfahrener Bruder bestellt werden, „der geeignet ist, Menschen zu gewinnen" (RB 58,6). Solche Weisungen spiegeln wider, was im Regelprolog von Christus selbst gesagt ist: „Liebe Brüder, was kann beglückender für uns sein als dieses Wort des Herrn, der uns einlädt? Seht, in seiner Güte zeigt uns der Herr den Weg des Lebens" (RB, Prol. 19–20).

Wenn man sich fragt, warum Jesus auf religiös aufgeschlossene Menschen so gewirkt hat, dann liegt der Grund sicher in seiner Verbundenheit mit Gott, dem Vater. Aus dieser Verbundenheit heraus wendet er sich den Menschen zu, und sie erleben in ihm etwas von Gottes Güte und Menschenfreundlichkeit. So geht es für den Seelsorger darum, auf Gott hin transparent zu sein. Ihm darf es um nichts anderes gehen, als allein um die Sache Gottes. Die Benediktregel betont wiederholt diesen Primat des Spirituellen vor dem Materiellen: „Stets denke er [der Abt] daran: Er hat die Aufgabe übernommen, Menschen zu führen, für die er einmal Rechenschaft ablegen muß. ‚Suchet zuerst das Reich Gottes und seine Gerechtigkeit, und alles andere wird euch dazugegeben' (Mt 6,33)" (RB 2,35–36).

Wort und Tat gehören bei Jesus untrennbar zusammen; das, was er sagt, ist durch sein Leben abgedeckt. Jesus spricht mit seinem Wort und mit seiner ganzen Existenz vom erlösenden Gott. Von daher versteht sich auch Benedikts Anliegen, daß der Abt, und damit sind letztlich auch immer alle gemeint, „alles Gute und Heilige mehr durch sein Leben als durch sein Reden sichtbar machen soll. Einsichtigen Jüngern wird er die Gebote des Herrn mit Worten darlegen, hartherzigen aber und einfältigeren wird er die Weisungen Gottes durch sein Beispiel veranschaulichen. In seinem Handeln zeige er, was er seine Jünger lehrt, daß man nicht tun darf, was mit dem Gebot Gottes unvereinbar ist" (RB 2,12–13).

Andere Stellen der Regel beschreiben die Praxis der am Handeln Jesu orientierten Seelsorge eindringlich mit den Bildern vom Guten Hirten und vom Arzt (RB 27 und 28). Bezeichnend daran ist, daß Gottes Sorge um das Heil des Menschen erfahrbar werden soll, daß aber zugleich der Anspruch des Evangeliums nicht verwischt wird. Der Mensch wird radikal ernst genommen: mit seinen Möglichkeiten, für sein Leben die Verantwortung zu übernehmen, aber auch mit denen, sich zu ändern. Hier ist von der benediktinischen Tugend der ‚discretio' zu sprechen, welche Benedikt die „Mutter aller Tugenden" nennt (RB 64,19). Sie kommt im pastoralen Handeln des Abtes immer wieder zur Anwendung. Es geht darum, zu unterscheiden, was jeweils in einer ganz konkreten Situation sinnvoll und notwendig, was zuträglich und was hilfreich ist: „Er lasse sich vom Gespür für den rechten Augenblick leiten und verbinde Strenge mit gutem Zureden. Er zeige den entschlossenen Ernst des Meisters und die liebevolle Güte des Vaters" (RB 2,24). Benedikt rechnet nüchtern mit den menschlichen Möglichkeiten; er will Stärkere fordern und Schwächere nicht abschrecken. Darum soll der Abt „unterscheiden und genau Maß halten. Er denke an die maßvolle Unterscheidung des heiligen Jakob, der sprach: ,Wenn ich meine Herden unterwegs überanstrenge, werden alle an einem Tage zugrundegehen' (Gen 33,13). So halte er in allem Maß, damit die Starken finden, wonach sie verlangen, und die Schwachen nicht davonlaufen" (RB 64,17–19). So ist benediktinische Seelsorge gekennzeichnet durch Ausgewogenheit und weises Maß, das den konkreten Menschen im Blick hat.

Seelsorge als Gastfreundschaft

Eine von jeher praktizierte Art monastischer Seelsorge behandelt das Kap. 53 der Regel: die Gastfreundschaft. Der Pastoraltheologe Rolf Zerfaß hat in seinem Buch „Menschliche Seelsorge" (Freiburg 1985) diesem Thema ein langes Kapitel gewidmet. Er schlägt vor, „Seelsorge von der Gastfreundschaft her zu verstehen" und meint, „solche Gastfreundschaft könnte ein Modell von Seelsorge sein, weil hier ein Klima entsteht, das mit Erlösung zu tun hat". Zerfaß formuliert drei Perspektiven von Seelsorge als Gastfreundschaft. Erstens die humane Perspektive, die mit unserer Menschlichkeit im wahrsten Sinne des Wortes zusammenhängt. Benedikt sagt: „Man nehme sich des Gastes mit aller Aufmerksamkeit gastfreundlich an", freilich eine eher schwache Wiedergabe des lateinischen „omnis ei exhibeatur humanitas" (RB 53,9). Zweitens die theologische Perspektive, bei der es um Gastfreundschaft als Gotteserfahrung geht. „Alle Fremden, die kommen, sollen aufgenommen werden wie Christus... Allen erweise man die angemessene Ehre" (ebd. 1–2). Vom Pförtner heißt es: „Sobald jemand anklopft oder ein Armer ruft, antworte er: ,Dank sei Gott' oder ,Segne mich'" (RB 66,3). Drittens die praktische Perspektive. Man gehe den Gästen „voll dienstbereiter Liebe entgegen" (RB 53,3). „Die Unterkunft für die Gäste vertraue man einem Bruder an, der von Gottesfurcht ganz durchdrungen ist. Dort sollen genügend Betten bereitstehen" (ebd. 21–22). Abschließend zu diesem Thema der Seelsorge ein Wort aus der Tradition des Wüstenmönchtums: „Abbas Apollo sagte über die gastliche Aufnahme der Brüder: ‚Man muß den ankommenden Brüdern zu Füßen fallen; denn nicht ihnen, sondern Gott huldigen wir.' Man sagt ja: Hast du deinen Bruder gesehen, so hast du den Herrn, deinen Gott, gesehen" (Apophthegmata 151).

(Heils-)Sorge füreinander

Ein wichtiger Bereich der Seelsorge, der im Mönchtum immer eine große Rolle gespielt hat, ist die Sorge füreinander. Gemeint ist damit die lebendige Sorge um das Heil dessen, der den gleichen Weg geht, mit dem man Tür an Tür lebt und den man über der Sorge um die „Fernen" nicht selten allzu leicht vergißt. Benedikt behandelt diese Seelsorge aneinander am Schluß seiner Regel: „Keiner achte auf das eigene Wohl, sondern mehr auf das des andern; die Bruderliebe sollen sie einander selbstlos erweisen; in Liebe sollen sie Gott fürchten; ihrem Abt seien sie in aufrichtiger und demütiger Liebe zugetan. Christus sollen sie überhaupt nichts vorziehen. Er führe uns gemeinsam zum ewigen Leben" (RB 72,7–12). Diese Sorge, gemeinsam zum ewigen Leben zu gelangen, soll sich ganz praktisch äußern. In Konfliktfällen zum Beispiel wird diese Sorge füreinander besonders aktiviert. Man soll einander „im persönlichen Gespräch trösten" (RB 27,3) und nach dem Apostelwort soll „die Liebe zu ihm [dem Bruder] erstarken" (2 Kor 2,8; RB 27,4). Ihren höchsten Ausdruck aber findet die Heilssorge für den anderen im fürbittenden Gebet. Der Abt und alle Brüder sollen füreinander beten, damit „der Herr, der alles vermag, ihnen Heilung schenkt" (RB 28,4–5).

3. Den Glauben leben: Die Benediktiner als unfreiwillige Kulturträger

Abt Burkhard Ellegast OSB

Benedikt von Nursia mußte einen langen Weg zurücklegen, bis er jene Regel schreiben konnte, die durch Jahrhunderte Mönche formen sollte und so leben ließ, daß sie Europa in seinen Anfängen und seiner Entfaltung wesentlich bestimmten. Dabei wollte Benedikt nichts anderes als durch Gebet und Arbeit Gott zu loben und zu preisen. Vielleicht wurde gerade deshalb aus den Benediktinerklöstern eine so starke kulturelle Dynamik frei, weil diese nicht bewußt intendiert war, sondern sich einfach als Folge des Soseins der Klöster ergab.

Benedikt entfloh einer Welt, in der höchststehende Kultur zur Zivilisation degeneriert war. Konnte er in dieser Atmosphäre nicht atmen? Zog ihn der Ruf seines Herrn in die Einsamkeit? – Jedenfalls verließ er alles, was menschliches Leben scheinbar angenehm macht, ließ alle kulturellen Möglichkeiten zurück, um nur seinem Gott zu dienen. In der völligen Entäußerung fand er zur Mitte seines Lebens und wurde so fähig, inneres Erfahren weiterzugeben. Ganz von selbst fanden Menschen zu ihm: Hirten waren es zunächst, später Mönche. Allen vermochte er Wegweisungen zu geben. Es bedurfte jedoch auch noch der Erfahrung des Scheiterns, damit er fähig wurde, Menschen dazu zu führen, miteinander Gott in der Gemeinschaft zu suchen und so zur Mitte ihres Lebens zu kommen. Benedikt fand durch sein Scheitern in Vicovaro zu jenem Maß und zu jener Weisheit der Menschenführung, die seine Regel auszeichnen.

Unfreiwillige Kulturträger

Mit dieser Regel, die er für gottsuchende Menschen, für Anfänger im klösterlichen Leben schrieb, schuf er eine monastische Ordnung, die ein gemeinsames Leben, ein

Entdecken der verschiedenen Fähigkeiten im einzelnen und ein Einordnen derselben in das Ganze der Gemeinschaft ermöglicht. Wenn Menschen so miteinander beten und arbeiten, entstehen ganz von selbst kulturelle Werte, die nicht um ihrer selbst willen angestrebt werden, die aber einfach einen entsprechenden kulturellen Stellenwert erlangen. Mönche loben und preisen ihren Gott, „dem Gottesdienst soll nichts vorgezogen werden" (RB 43,3). Ganz von selbst entstehen Lieder und Gesänge, die einfach schön sind und die ihre Zeit überdauern. Mönche bauen Oratorien, Kirchen und Klöster, um Räume zu haben, in denen sie Gottesdienst feiern. Sie holen sich keine Künstler, sondern bauen ursprünglich selbst und schmücken ihre Bauten aus. Das alles geschieht an einem bestimmten Ort: Benedikt macht die stabilitas loci – die Beständigkeit am Ort – zu einem besonderen Gelübde. An diesem Ort sind sie zu Hause, dort fühlen sie sich wohl, dort wird ganz von selbst Kultur.

Um diese Aufgaben erfüllen zu können, rodeten sie Wälder, legten Felder an und bebauten sie, richteten sie Werkstätten ein. Gemeinsam beteten sie und gemeinsam arbeiteten sie für ihr Kloster, für ihr Zuhause, und für die Kirche, für ihre geistliche Heimat. Jeder wollte und durfte seine Fähigkeiten einbringen, die Regel ordnete ihr Zueinander und Miteinander, der Abt hatte auszugleichen, wenn Schwierigkeiten sich einstellten.

Bald entdeckten die Menschen, daß die klösterliche Atmosphäre der Jugend eine hervorragende Ausbildungsstätte ermöglichte, und sie schickten ihre Söhne in die Klöster, damit diese ihnen Erziehung zuteil werden ließen. Zum Teil halfen diese jungen Menschen mit, die Gottesdienste würdig zu gestalten. Ein gegenseitiges Geben und Nehmen, ein Einbringen der je eigenen Fähigkeiten, ein Befruchtetwerden in der lebendigen Auseinandersetzung des klösterlichen Alltags führten auch in dieser Hinsicht zu großen Leistungen. Erziehungsaufgaben forderten die Mönche heraus, wissenschaftlich tätig zu werden. Benedikts Bemühen, seine Mönche zum regelmäßigen Lesen der Schrift und der Väter zu führen, tat ein übriges. Bücher wurden abgeschrieben, verfaßt und gelesen. Die großen Werke der Antike wurden auf diese Weise tradiert.

So entstanden Benediktinerklöster, die in der jeweiligen Zeit wesentliche Impulse setzten. Die großen Bauten der Romanik, der Gotik, der Renaissance und des Barock legen Zeugnis ab von dem, was Mönche schufen. Die vielen Handschriften in den verschiedensten Bibliotheken lassen erkennen, was an Geist und Frömmigkeit wirksam wurde. Mag auch manches wertvollste Kulturgut wieder zugrunde gegangen sein, weil die Mönche dynamisch weiterbauten, Altes zerstörten, um Neues errichten zu können – so war auch das ein Zeichen kultureller Wirkungskraft.

Wenn wir heute mehr bewahrend unsere Denkmäler schützen, ist es nicht oft ein echtes Verhindern neuer kultureller Schaffenskraft? In jungen Jahren dachten wir als Kleriker unserer österreichischen Barockabteien des öfteren ähnliche Gedanken, ob wir nicht unsere Klöster verkaufen und neue, praktischere Gebäude aufführen sollten. Es wurde uns jedoch bewußt, daß wir auf diese Weise den Ast absägen würden, auf dem wir saßen. Wir hätten einen ganz wesentlichen Schatz aufgegeben, der uns überliefert worden war. Es wurde uns deutlich, daß wir diesen Schatz nur zu heben brauchten, daß wir auf dem Boden unserer Tradition schöpferisch sein sollten. Schöpfung ist für uns Menschen nicht Zerstörung, sondern Aufbau und Mitarbeit an einer neuen Welt. Wir sehen heute die Möglichkeit unserer wunderschönen Häuser, die freilich auch gewaltige Belastung bedeuten, und wir versuchen, mit unseren Möglichkeiten zu wirken.

Erziehung zur Kultur

Wenn wir an unsere Schule denken: Junge Menschen bedeuten Herausforderung und Chance zugleich. Wenn es gelingt, die Schule nicht nur als Wissensvermittlung zu sehen, sondern darüber hinaus in ihr eine Begegnung und lebendige Auseinandersetzung von Menschen zu erreichen, so geht eine solche Bildungsstätte weit über eine gewöhnliche Schule hinaus. Gerade in diesem Zusammenhang sind die Gegebenheiten unserer Klöster mit den vielen und großen Räumen, mit ihrem schönen Ambiente sehr förderlich. Sie helfen mit, daß eine Atmosphäre entstehen kann, in der junge Menschen sich wohlfühlen. Wenn sie sich wohlfühlen, sind sie bereit zu Kreativität und Engagement, sie fragen nicht nach der Zeit, sondern arbeiten mit Begeisterung mit. Auf diese Weise entstehen Erlebnisse, die man nicht für möglich hält, im religiösen Bereich genauso wie im profanen: Meßgestaltung, Vorbereitung von Vespern und anderen religiösen Feiern, Musik- und Theateraufführungen, nicht nur in „Reproduktion", sondern es entstehen sogar eigene, „hausgewachsene" Produktionen. Es wird nicht nur Hochkultur importiert und vorgeführt, sondern das, was am Ort an Fähigkeiten und Talenten vorhanden ist, wird zur Entfaltung gebracht. Man kann feststellen, daß gerade Veranstaltungen, in denen Schüler mitwirken, die von jungen Talenten der Umgebung gestaltet werden, viele Menschen anlocken, um sie zu sehen. Damit diese kulturträchtige Atmosphäre werden kann, bedarf es des festen Ortes und der Menschen, die an diesem Ort leben, anregen, mitmachen und Fähigkeiten wecken.

Darüber hinaus können die Klöster zu Orten werden, an denen man aufatmen kann, an denen man körperliche und geistig/geistliche Erholung zu finden vermag, in denen man ein Stück Zuhause erfährt. Schon Benedikt selbst stellt fest, daß es dem Kloster niemals an Gästen fehlt. Wenn diese Gäste im Kloster Menschen begegnen, die genauso wie sie suchen, können sie völlig unkompliziert, oft durch reines Begegnen und Reden miteinander, Hilfe erfahren. Es kann möglich werden, die Kultur des Gespräches, die Kultur des Miteinanderfeierns, die Kultur des Miteinanderarbeitens, aber auch des Verzeihens, des Trotz-allem-und-jedem-immer-wieder-Miteinander-gehens zu lernen und zu üben.

... damit in allem Gott verherrlicht werde

Im besonderen vermag die Feier des Gottesdienstes echte kulturelle Werte zu wecken. Gerade in diesem Bereich sieht man, wie kulturelle Werte dann werden, wenn ihre Großartigkeit nicht primär intendiert wird, sondern vor allem das Lob und die Verherrlichung Gottes im Mittelpunkt stehen, „damit in allem Gott verherrlicht werde" (RB 57,9). Die musikalische und sonstige Gestaltung der Gottesdienste wird je nach den Möglichkeiten der einzelnen Klöster so schön wie möglich sein wollen. Ob es kulturelle Hochleistungen sind oder das ganz einfache Bemühen, Gott würdig zu loben, ist wahrscheinlich gar nicht so wesentlich: beides ist Kultur, Kultur der Kontinuität.

Eines ist in diesem Zusammenhang interessant: Wenn die Mönche sich bemühten, aus dem Glauben zu leben, wenn das klösterliche Leben und die Gemeinschaft funktionierte, der Gottesdienst, die Arbeit und das persönliche geistliche Bemühen der Mönche sich harmonisch abwechselten, waren das Zeiten höchster kultureller Blüte. In der Regel des hl. Benedikt findet sich eine klare Ordnung, die einen festen Rahmen gibt, eine unerläßliche Voraussetzung für alles kulturelle Geschehen. Die Regel fördert jedoch auch die Eigenart und Fähigkeiten des einzelnen, der sich einbringen kann und durch den Abt in die Gemeinschaft eingegliedert wird. So kommt zum festen Rahmen ein sehr starkes kreatives Element, eine weitere Voraussetzung für das Werden echter Kultur. Die Geschichte unserer Klöster zeigt, daß in den verschiedenen Zeiten aus Benediktinerklöstern immer wieder kulturelle Lichtpunkte aufleuchteten, deren stumme Botschaft heute noch von vergangener Größe zeugt und Rahmen sein kann für kulturelles Geschehen. Unsere Klosterbauten sind Ausdruck des Glaubens einer bestimmten Zeit. Als solche sprechen sie auch heute noch viele Menschen an, die aus aller Welt kommen und unsere Abteien sehen. Wenn es gelingt, den Besuchern diese Glaubensbotschaft zu interpretieren, wird auch auf diese Weise Gott verherrlicht.

Wenn Klöster leben, werden sie auch heute Akzente setzen, die im Suchen und Ringen um den Glauben Wege weisen, das Leben zu bestehen, im Offensein für das Schöne und Gute froh dieses Leben zu gestalten und so die Weichen zu stellen für Sinn und Ziel unseres Lebens. Kulturelle Leistungen, Kultur sind von sich aus Zeichen eines wachen Lebens aus dem Glauben. Lebt der Glaube, wird er in der Liebe tätig und gibt Hoffnung. Im Benediktinerkloster soll alles, was geschieht, zur Verherrlichung Gottes geschehen. Nicht zufällig spricht Benedikt gerade in sehr weltlichen Zusammenhängen davon, daß in allem Gott verherrlicht werde. Diese Verherrlichung Gottes war und ist Motor jeder benediktinischen Kultur.

4. Mission und Inkulturation: Die Benediktiner in der Dritten Welt
Abt Christian Schütz OSB

Wer in Subiaco die Hirtenstiege zum Rosengarten hinuntergeht, bleibt nachdenklich an einer Marmortafel stehen. „Aus dieser Höhle", so heißt es dort, „gingen ungezählte Missionare hervor, die den Glauben brachten zu..." und dann folgt eine Aufzählung von einer Reihe von Glaubensboten verschiedener Stämme und Völker Europas. Benediktinisches Mönchtum besitzt von seinem Ursprung her missionarischen Charakter. Die Akzente haben im Laufe der Zeit immer wieder gewechselt. Sie lagen bald mehr auf der Notwendigkeit der Erstverkündigung und Einpflanzung von Glaube und Kirche, bald wiederum mehr auf Festigung und Vertiefung des religiösen Lebens, bald mehr auf dem schulischen und erzieherischen Sektor, bald auf der Unterstützung von Kirchen in Aufbau und Not. Die Entlassung der meisten Länder der Dritten Welt in die politische Unabhängigkeit und das Zweite Vatikanische Konzil bezeichnen auch hinsichtlich der Verwirklichung der missionarischen Sendung der Kirche einen wesentlichen Einschnitt. In der Fortschreibung der Gedanken des Konzils wird Mission als Evangelisierung ganzer Völker, Kulturen und Religionen, ihrer Denk- und Lebensweisen, ihrer soziokulturellen Zusammenhänge und Kontexte verstanden. Entsprechend der Redewendung von der „Mission auf allen fünf Erdteilen" schließt sie die Forderung der „Neuevangelisierung" oder „Wiederevangelisierung" unbedingt mit ein. Der missionarische Beitrag der Benediktiner in der Dritten Welt kann nur im gesamtkirchlichen Horizont angemessen erfaßt werden. Er basiert auf der Einsicht, daß zur vollen Präsenz des Evangeliums in den jungen Kirchen auch die Entfaltung des monastisch-kontemplativen Lebens gehört.

Begegnung der Kulturen im Geiste Gottes

In missionarischer Hinsicht ist heute in verstärktem Maße von Inkulturation die Rede. Diese Inkulturation stellt keinen eindimensionalen Vorgang dar. Ihr biblisches Modell begegnet uns im Gleichnis vom Sauerteig (vgl. Mt 13,33). Es geht darum, die Kulturen mit dem Geist des Evangeliums zu durchdringen. Das ist ein Prozeß des Scheidens und Unterscheidens, des Assimilierens und Adaptierens, der gegenseitigen Osmose von Glaube und Kultur, der nur in kritischer Offenheit erfolgen und sich über Generationen hinweg erstrecken kann. Es liegt auf der Hand, daß ein solches Geschehen nicht im Äußeren und in bloßen Erscheinungen steckenbleiben kann, sondern zutiefst geistlichen Charakter hat, dessen treibende Kraft der in den Kulturen gegenwärtige Geist Gottes ist. Inkulturation in diesem Sinn kostet viel Suchen, Hören, Lernen und Fragen; sie zielt darauf, Kulturen auf der Basis des Evangeliums zu erneuern und zu verwandeln, die Freiheit und Würde des Menschen sowie seine transzendente Verankerung und Verwiesenheit transparent werden zu lassen.

Im Rahmen so umschriebener Inkulturation ist grundsätzlich auch der Ort, die Aufgabe des benediktinischen Mönchtums in der Dritten Welt zu sehen. Diese verlangt eine Besinnung auf jene Lebenswerte, die als unveräußerliche Kennzeichen des Mönchtums gelten. Wir denken dabei an das Leben in Gemeinschaft unter Regel und Abt, eine Lebensweise, wie wir sie in den buddhistischen Klöstern Tibets, Chinas oder Koreas wiederfinden. Weitere Voraussetzungen sind die Ehelosigkeit um des Himmelreiches willen, das Ideal der Armut und der Gütergemeinschaft, das Zeugnis des Gehorsams und der Demut, der Primat des geistlichen Lebens, Bescheidenheit, Anspruchslosigkeit, Liebe und Gastfreundschaft. Die benediktinische „stabilitas loci" bildet gleichsam die feste Klammer dieser Lebensinhalte und sorgt dafür, daß eine Gemeinschaft auf längere Sicht und gleichsam von selber in einem bestimmten kulturellen Umfeld heimisch werden kann. Die Verwirklichung dieser für das Mönchtum charakteristischen Wertvorstellungen hängt entscheidend vom Standort eines Klosters ab. In einer Umgebung des wirtschaftlichen Wohlstands und technischen Fortschritts liegt der Akzent auf dem Alternativcharakter des monastischen Lebens zur Gott- und Sinnvergessenheit der Menschen. In Gegenden, wo Not und Armut zu Hause sind, kann eine benediktinische Gemeinschaft unmöglich in einem Ghetto der Selbstzufriedenheit und Selbstgenügsamkeit leben, sie ist vielmehr in jeder Hinsicht zum Teilen und Teilnehmen aufgerufen.

Sosehr auch Einmütigkeit bestehen mag hinsichtlich der grundsätzlichen Forderung nach Inkulturation des Mönchtums in der Dritten Welt, sosehr gehen die Auffassungen auseinander, wenn der konkret zu beschreitende Weg zur Debatte steht. Es ist eine Tatsache, daß das benediktinische Mönchtum in seinen verschiedenen Ausfaltungen mittlerweile in der ganzen Welt verbreitet ist. Bei den alle vier Jahre stattfindenden Äbtekongressen des Ordens bestimmen zwar die Vertreter der Dritten Welt noch keineswegs das Erscheinungsbild der Benediktiner, das ändert aber nichts an dem Faktum, daß das eigentliche Wachstum, und damit die Zukunft des Mönchtums, in den Ländern dieser Welt liegen. Beim Vorhaben, das monastische Leben dort einzupflanzen, lassen sich zwei fundamentale Tendenzen unterscheiden. Die eine setzt darauf, den Afrikanern oder Asiaten z. B. die europäische Form des Benediktinertums gleichsam ohne Abstriche zu vermitteln; sie verzichtet bewußt auf Inkulturationsversuche und will diese Aufgabe den einheimischen Mönchen späterer Generationen überlassen. Die andere Richtung ist bestrebt, von Anfang an die Lebenswelt und das Umfeld der ersten Ordensaspiranten in deren Formungsprozeß als Mönche möglichst weitgehend zu integrieren. Daß es dabei auch Misch- und Übergangsformen zwischen den beiden Wegen gibt, liegt auf der Hand. Der Zeitpunkt dürfte noch zu früh sein, um über die Opportunität und das Resultat der einzelnen Versuche zu befinden. Gründe und Erfahrungen lassen sich einstweilen zugunsten beider Tendenzen anführen.

Wege und Beispiele der Inkulturation

Nachfolgend kann nur eine Auswahl aus den augenblicklichen Bemühungen, benediktinisches Leben in der Dritten Welt zu inkulturieren, vorgestellt werden. Nach wie vor besteht jener Einsatz weiter, der seitens der Missionsbenediktinerinnen und der Missionsbenediktiner seit mehr als hundert Jahren unter dem Vorzeichen der Glaubensverkündigung gestartet wurde. Aus ursprünglichen Missionsgebieten sind mittlerweile selbständige einheimische Kirchen geworden, in deren Dienst Mitglieder unseres Ordens in verschiedenen Funktionen mitarbeiten. Sowohl von der bestehenden Notsituation wie den künftigen Aufgaben her ist diese Form des Engagements nach wie vor gefragt. Es gibt noch immer Stämme und Gruppen von Menschen, die mit dem Evangelium nicht in Berührung gekommen sind. Ein Beispiel dafür liefern das Stift Kremsmünster und die Schwestern von Steinerkirchen, die 1970 die Betreuung der Großpfarrei Barreiras im Staat Bahia (Brasilien) übernahmen. Aus dem missionarischen Einsatz sind in Afrika und Asien blühende einheimische benediktinische Schwesterngemeinschaften entstanden, die das starke Rückgrat der dortigen Kirchen bilden. Der Wandel der missionarischen Situation und das Ausbleiben des Nachwuchses aus Übersee brachten es mit sich, daß man in den bisherigen Zentren der Missionsbenediktiner in Afrika auch einheimische Kandidaten aufgenommen hat. Eine besondere Zeichenwirkung kommt in dieser Hinsicht der Abtei Inkamana im südafrikanischen Zululand zu, in der seit mehr als zehn Jahren schwarze, farbige und weiße Südafrikaner mit Europäern als Benediktiner unter einem Dach zusammenleben.

Zu den aus der Zeit der Missionierung bestehenden Klöstern kommen neue Kommunitäten hinzu, von den jungen Kirchen und Gemeinschaften selber initiiert. Dafür sei ein Beispiel angeführt: die junge „Kommunität von der Menschwerdung" aus Agbang in Togo. Ihr Gründer ist ein Afrikaner, der von 1979 bis 1985 als Mönch im Benediktinerkloster Dzogbégan im Südwesten Togos gelebt hatte. In ihm war der Wunsch lebendig, ein Leben zu führen, das dem ursprünglichen mönchischen Ideal näherkäme: einfacher, afrikanischer und mit einer bewußt missionarischen Ausrichtung. 1985 verließ er in gegenseitigem Einvernehmen Dzogbégan, um mit Erlaubnis des zuständigen Bischofs etwas Neues zu beginnen. Nach einem Jahr hatten sich ihm bereits zehn junge Männer angeschlossen. Ein Dorfältester stellte der Gruppe Buschland zur Verfügung, mit dessen Kultivierung sogleich begonnen wurde. Aus Backsteinen wurden eine Kapelle und zwei einfache Häuser gebaut, mit einfachsten Werkzeugen wurde ein Brunnen von 15 m Tiefe gegraben. Der Platz unter einem riesigen Mangobaum ist Refektorium und Ort der Begegnung. Von Anfang an war die kleine Gemeinschaft auf sich gestellt. Der Lebensstil in diesem Kloster ist sehr einfach. Die Liturgie nimmt im Tagesverlauf einen großen Raum ein, das ganze Chorgebet wird eindrucksvoll gesungen. Viel Zeit ist neben der Arbeit der geistlichen Lesung, dem Unterricht und eigenen Studium reserviert. In den Gottesdienst und die klösterlichen Gebräuche werden sinnvoll und besonnen Elemente aus der Kultur des Landes eingebaut. Viel Überlegung, Energie und Zeit kostet auch die gemeinsame Suche und Beratung des Weges der Gemeinschaft in die Zukunft sowie die Entscheidungsfindung in konkreten Fällen. Man legt Wert darauf, gleichsam von unten nach oben zu bauen, in kleinen Schritten, nach dem Tempo und den Entfaltungsmöglichkeiten der Gruppe selber. So wird beispielsweise nur dann eine kleine Werkstatt eingerichtet, wenn ein Bruder eine entsprechende Ausbildung besitzt. Eine Maschine wird es im Kloster erst dann geben, wenn ein ausgebildeter Elektriker zur Verfügung steht. Wichtig ist dabei, daß man gleichzeitig immer auch das Umfeld, die Menschen, unter denen man lebt, im Auge behält. Schon jetzt ist die Kommunität bewußt offen für die Umgebung. Es kommen immer wieder Erwachsene und auch Kinder, um am Beten, Arbeiten und Leben der Brüder teilzunehmen. Die meisten von ihnen sind Nichtchristen, die vom Dasein der Mönche angezogen werden. Hier sehen die Brüder eine wichtige Aufgabe für die Zukunft.

Es ist ohne Zweifel noch viel zu früh, Prognosen zu stellen über den Ausgang der Experimente, benediktinisches Mönchtum in der Dritten Welt zu verwurzeln. Ihr Gelingen hängt von vielen verschiedenen Faktoren ab. Man denke dabei neben den politischen und wirtschaftlichen Verhältnissen und ihrer Entwicklung an die für solche Gründungen unerläßlichen geistlichen Persönlichkeiten und die geistig-geistliche Grundlegung solcher Gemeinschaften, die als wesentlichen Bestandteil den Verzicht im Sinne des Evangeliums einschließt. Aus dem Wissen um die wahren Schwierigkeiten und Bedürfnisse der neuen Kommunitäten in der Dritten Welt ist im französischen Sprachraum die Einrichtung der A.I.M. (= Aide à l'Implantation Monastique) entstanden. Durch die Äbtekongresse der Jahre 1959, 1962 und 1966 ist sie zu einem Unternehmen der gesamten Benediktiner-Konföderation geworden, dem sich auch die Zisterzienser und Trappisten angeschlossen haben. A.I.M. heißt nunmehr „Aide-Inter-Monastères" und orientiert, begleitet und fördert nach Kräften die monastische Expansion in den Ländern der Dritten Welt. Die Bedeutung dieser Institution kann jederzeit durch Zahlen belegt werden: Um 1900 bestanden im Bereich der sogenannten Missionskirche 13 Klöster, 1980 waren es 250; zwischen 1950 und 1980 entstanden nicht weniger als 180 Frauen- und Männerklöster monastischer Prägung.

Interreligiöse Solidarität der Betenden

Die Entstehung von Mönchsklöstern in der Dritten Welt führt auch zu Berührungen und Kontakten mit monastischen Lebensformen nicht-christlicher Religionen, vor allem in Asien. Daraus ergibt sich die Notwendigkeit eines gezielten monastischen Dialogs. Das Dialogprogramm umfaßt ein gegenseitiges Austausch- und Besuchsprogramm von buddhistischen und christlichen Nonnen und Mönchen, das dem gegenseitigen Kennenlernen und der Pflege der Kontakte und Beziehungen dienen soll. Der Akzent liegt dabei auf der Erfahrung des Miteinander, auf Information und Diskussion. Der Dialog zwischen den Religionen erweist sich gerade im Hinblick auf die Ebene gelebter Erfahrung und spiritueller Theologie als die Aufgabe spiritueller und kontemplativer Menschen. Klöster sind bevorzugte Stätten eines religiösen Dialogs, Mönche sind die berufenen Repräsentanten eines Lebens des Gebetes, der Entsagung und Beschauung inmitten einer friedlosen und säkularisierten Welt. Man spricht von einer spirituellen Gastfreundschaft zwischen christlichen und nicht-christlichen Mönchen. In ihrem Schatten beginnen monastische Traditionen, die jahrhundertelang nebeneinander hergelebt haben, zu entdecken, daß auf der anderen Seite unserer Erde Menschen in vieler Hinsicht ähnlich wie sie lebten und leben. So könnte eine neue Solidarität der Betenden entstehen. Menschen, die gemeinsam beten, sind einander nicht fremd, sondern gehen miteinander auf Gott zu. Solches Beten stellt eine Hochform des interreligiösen Dialogs dar.

Die Begegnung des Christentums mit anderen Religionen auf der Ebene oder Plattform des Mönchtums entbehrt gewiß nicht des Risikos und der Schwierigkeiten. Dazu aber gibt es keine echte Alternative. Benediktinisches Mönchtum darf es nicht unterlassen, sich den anderen Formen des monastischen Lebens in seinem Innersten zu stellen und ihnen zu begegnen. Es hat viel zu geben und zugleich zu empfangen. Daran hängt nicht zuletzt die Fruchtbarkeit eines kontemplativen Lebens für die Welt und für sich selber. Diese Begegnung ist auch ein Testfall unseres Glaubens an die Gegenwart und Wirksamkeit des Geistes Gottes sowohl bei uns wie bei den anderen.

5. „Nach innen ein Mönch, nach außen ein Apostel": Die Benediktinerinnen von der hl. Lioba
Sr. Electa Waibel OSB

„Intus monachus – foris apostolus" (Nach innen ein Mönch – nach außen ein Apostel). Diese Worte des hl. Ansgar können als geistig-geistliches Fundament der Kongregation der Benediktinerinnen von der hl. Lioba betrachtet werden. Die Verbindung kontemplativen Lebens mit apostolischer und sozial-caritativer Tätigkeit stand von Anfang an im Mittelpunkt der Gemeinschaft, deren Ursprung zurückgeht auf die Zeit unmittelbar nach dem Ersten Weltkrieg. Damals herrschte große Not in Deutschland. Im Anruf dieser Not erwachte damals in der Leiterin des Kinderkrankenhauses St. Hedwig in Freiburg, Maria Benedicta Föhrenbach (1883–1961), der Gedanke, eine Gemeinschaft gleichgesinnter Frauen zu gründen, die Gotteslob und apostolischen Dienst miteinander zu verbinden suchten. Nach langem Ringen um die Gestalt einer solchen Gemeinschaft wurde ihr am Epiphaniefest 1920 in der Benediktinerabtei Beuron mit einem Mal deutlich, daß ihr Werk die benediktinische Lebensform mit sozialer und pastoraler Tätigkeit vereinen und so dem „ora et labora" eine der Zeit entsprechende Ausprägung geben sollte. Der Einsatz in der Welt sollte getragen sein vom feierlichen Gotteslob, und die erfahrene Not vor Gott gebracht werden in den festen Zeiten des gemeinsamen Gebets. Neben dem hl. Benedikt wählte sich die junge Gemeinschaft die hl. Lioba zur Patronin. Diese war im 8. Jahrhundert als Benediktinerin von Angelsachsen aus nach Germanien gerufen worden, um ihren Verwandten, den hl. Bonifatius, bei seiner Mission in Deutschland zu unterstützen, und hatte besonders segensreich unter den Frauen und in Familien gewirkt.

Der Anfang der neuen Kongregation war nicht leicht, zumal er in einer Zeit großer materieller Not zu realisieren war. Im September 1920 begannen zunächst drei Frauen, miteinander eine kleine Gemeinschaft zu konstituieren. Sieben Jahre später, am 21.3.1927, überreichte der damalige Freiburger Erzbischof Karl Fritz der inzwischen gewachsenen Gemeinschaft die Errichtungsurkunde und nahm die Profeß von 23 Schwestern entgegen. Danach wuchs das Werk kontinuierlich, und die Zahl der Schwestern stieg rasch an. Noch im Jahr 1927 übersiedelte die Gemeinschaft nach Günterstal bei Freiburg und bezog dort die Florentinische Villa Wohlgemut, in der bis heute das Mutterhaus der Lioba-Schwestern beheimatet ist. Das

Atrium der Villa wurde Oratorium, in dem zu festgesetzten Zeiten das Gotteslob gesungen und Eucharistie gefeiert wird.

Gemäß dem geistlichen Auftrag der Gründerin, die sich ausdrücklich gewünscht hat, „daß die Gemeinschaft nicht einroste, sondern immer da sei für die Notstände und die dringlichsten Bedürfnisse der Kirche, wo und wie sie sich auch immer zeigen", wuchsen den Schwestern mit der Zeit immer neue Aufgaben zu. Der Schwerpunkt lag zunächst in den damals neu erschlossenen Diensten als Seelsorgehelferinnen, Katechetinnen und auf dem Konvertitenunterricht. Die Schwestern übernahmen Dienste beim Caritas-Verband, in der Apostolischen Nuntiatur, an der Sozialen Frauenschule, in Krankenhäusern, in der ambulanten Krankenpflege, in Kindergärten, in Kinder-, Mädchen- und Altenheimen. Während des Zweiten Weltkrieges waren die meisten Schwestern in Lazaretten eingesetzt, ein Teil des Mutterhauses wurde Hilfskrankenhaus. Einige Schwestern wurden verhaftet und in Lagern und Gefängnissen festgehalten.

Schon früh begann die Tätigkeit der Lioba-Schwestern im Ausland. 1929 folgte Sr. Hildegardis Wulff einem Ruf des Bischofs Pacha nach Temesvar / Rumänien und begann unter der Frauenjugend der Banater Schwaben eine religiös-kulturelle Aufbau- und Bildungsarbeit. Das seit 1936 selbständige Priorat in Temesvar wurde aber bereits kurz nach seiner Begründung von den Nationalsozialisten in seiner Arbeit stark behindert und nach dem Krieg im Jahr 1949 schließlich, diesmal von den Kommunisten, gänzlich aufgehoben. Die zur Priorin gewählte Sr. Hildegardis wurde zusammen mit einer Mitschwester verhaftet und zu 18 Jahren Zuchthaus verurteilt, doch 1959 im Austausch gegen in Deutschland inhaftierte Spione freigelassen. Die übrigen Schwestern haben zunächst im Untergrund, in Spitälern und Pfarreien, weiterhin seelsorglich gearbeitet und fanden später im Freiburger Gründungspriorat eine neue Heimat. Eine zweite Neugründung im Ausland entstand ebenfalls auf Druck der politischen Verhältnisse. 1936 ließen es die Verhältnisse im damaligen Deutschland ratsam erscheinen, daß Sr. Marie Josephine, verwitwete Fürstin von Hohenzollern und geborene Prinzessin von Belgien, in ihr Heimatland zurückkehrte. So entstand in Namur/Belgien eine Niederlassung, von der aus die Schwestern seelsorgliche und caritative Aufgaben in Stadt und Diözese übernahmen. Eine dritte Gründung erfolgte schließlich 1937 in Kopenhagen. In der dortigen Diaspora sind die Schwestern bis heute ganz in die pfarrliche Seelsorge eingebunden. Ihre Klosterkirche ist zugleich Pfarrkirche. Ferner betreuen sie ein Pflegeheim für alte Menschen. Seit 1955 sind sowohl die Niederlassung in Belgien wie auch die in Dänemark selbständige Priorate.

Während die Mitgliederzahlen in den ausländischen, europäischen Prioraten seit Ende der 60er Jahre stark zurückgingen, wuchs eine Neugründung in Indien in kürzester Zeit. 1962 kamen junge Inderinnen nach Freiburg, um in das klösterliche Leben eingeführt zu werden und später eine soziale oder pastorale Ausbildung zu absolvieren. 1973/74 kehrten sie nach Indien zurück und gründeten in Begumganj (nahe Bhopal) ein Kloster mit einer Schule, an der heute 1000 SchülerInnen unterrichtet werden. Der Gemeinschaft, die inzwischen ihrerseits mehrere Niederlassungen gegründet hat, gehören heute fast 100 Schwestern an, die sich vornehmlich als Mittler zwischen dem christlichen Glauben und der religiösen und kulturellen Tradition ihres Landes verstehen.

Als die Gründerin der Benediktinerinnen von der hl. Lioba 1961 starb, konnte sie auf ein reiches Werk zurückschauen. In 44 Häusern lebten und wirkten 370 Schwestern. Heute bestehen noch 11 Niederlassungen. Immer mehr versteht sich das Freiburger Prioratshaus als „Kloster am Rande der Stadt", als ein Zufluchtsort für Menschen in seelischer und leiblicher Not. Dem Anliegen des hl. Benedikt, gemeinsam „unter der Führung des Evangeliums die Wege zu gehen, die der Herr uns zeigt", wollen die Benediktinerinnen von der hl. Lioba einen jeweils der Zeit gemäßen Ausdruck geben. In der Einheit von monastischem Leben und apostolischem, sozialen Dienst sehen sie auch heute eine notwendige christliche Alternative.

6. Monastische Spiritualität in der Welt: Die Benediktiner-Oblaten
Sr. Caecilia Bonn OSB

In wachsender Zahl suchen Menschen aller Altersstufen heute Verbindung mit benediktinischen Klöstern. Das geschieht auf ganz unterschiedliche Weise: als Gottesdienstbesucher, als Einzelgäste, als Teilnehmer an Besinnungstagen und Exerzitien oder durch stille Tage im Kloster. Sie alle gelangen dadurch in das Kraftfeld benediktinischen Lebens und spüren, daß die menschliche und geistliche Erfahrung des Mönchtums auch für ihr Leben in der Welt Wegweisung, Ordnung und Hilfe sein kann. Ihr Ziel ist es, an dem Platz, an den sie gestellt sind, „wahrhaft Gott zu suchen" und ihr Leben nach Seinem Wort auszurichten. Durch häufigere Kontakte lernen sie die Regel des hl. Benedikt näher kennen und dringen so immer tiefer in die benediktinische Spiritualität ein. Schließlich kann dieser Weg am Ende dazu führen, daß sie ihrer geistlichen Verbundenheit mit einem Kloster die Form der Oblation geben möchten.

Grundwerte der Regula Benedicti für ein Leben in der Welt

Die Benediktusregel ist sichtbarer und gelebter Ausdruck einer Mönchsspiritualität. Dennoch wurde sie im christlichen Abendland in ihren Grundhaltungen schon sehr früh auch als richtungweisend für eine Laien- bzw. Weltspiritualität erkannt. Unverwechselbares Zeichen dafür sind die Oblaten der Klöster.

Ein Oblate versucht, mit Hilfe und in Verbundenheit mit seinem Kloster die Elemente der Mönchsspiritualität, wie sie in der Benediktusregel grundgelegt sind, schöpferisch auf seine konkrete Lebenssituation hin zu übersetzen. Seine Berufung in der Welt läßt ihm einen gewissen freien, charismatischen Raum, der z. B. gerade auch verheirateten Menschen die Möglichkeit eines öffentlichen kirchlichen Aktes der Hingabe an Gott gibt.

Wie vom Klosterkandidaten, so wird auch vom Oblaten als Grundvoraussetzung erwartet, daß er bereit ist, in allen Dingen „wahrhaft Gott zu suchen" (RB 58,7), d. h. daß er überall und in jeder Lage Gott auf der Spur bleiben muß. Der Novizenmeister bzw. der Oblatenrektor/die Oblatenrektorin wird prüfen, ob der Kandidat Eifer für den Gottesdienst hat, für den Gehorsam und für das „Widerwärtige", was ihm auf seinem Weg begegnet (RB 58,7). Ein Oblate stellt sich vor allem die Frage, ob er dem Gebet und der Teilnahme am kirchlichen, sakramentalen Leben Priorität einräumen und so dem Gottes-Dienst nichts vorziehen will (RB 43,3). Er verlangt danach, ein hörender Mensch zu werden, um in allen Geschehnissen und Wechselfällen des täglichen Lebens das einladende und einfordernde Wort Gottes vernehmen zu können und sich im Gehorsam daran zu binden. Dabei hilft ihm die Kraft innerer und äußerer Schweigsamkeit, die ihn hör- und empfangsbereit macht und auch zu einer Kultur des rechten Redens führt. Schließlich sollte er sich auch prüfen, ob er im Vertrauen auf die Hilfe Gottes das Kreuz Christi in die Mitte seines Lebens setzen möchte, d. h. ob er Schmerz, Verzicht, Verlust, Loslösung und alles Widrige im Leben in der Nachfolge seines Meisters Jesus Christus anzunehmen und womöglich lieben zu lernen bereit ist.

Da die Mönchsgelübde nichts anderes darstellen wollen als die gelebte Ganzheit des Evangeliums, können die benediktinischen Gelübde der Stabilitas (Beständigkeit), der Conversatio morum (Umkehr) und der Oboedientia (Gehorsam) auch für ein konsequentes christliches Leben in der Welt richtungweisend sein. Dem Oblaten ist es deshalb zunächst ein Anliegen, aus diesem Geist heraus die *Beständigkeit*, die alle Kräfte der Hingabe und Treue in Bewegung setzt, zum Fundament seines Lebens zu machen. Er weiß, daß er eine Erdung braucht, eine Heimat, Wurzeln, ohne die er sich den Grundfragen des Lebens nicht stellen kann. Er möchte fähig werden, sich mit sich selbst zu konfrontieren, nicht auszuweichen oder seine Lebenserfüllung in dauernder Abwechslung oder Flucht vor sich selbst zu suchen. So lernt er, das tägliche Einerlei anzunehmen und seine Durchhaltekraft in den Anstrengungen und Einforderungen des Alltags unter Beweis zu stellen. Entscheidend für seinen Weg ist es, seinen zentralen Angelpunkt zu finden, um von dort ausgehend ganz bei sich und bei Gott zu wohnen. Dies alles ist Sache des Herzens und damit nicht an einen bestimmten Ort oder ein bestimmtes Kloster gebunden.

Wenn ein Oblate das Gelübde der *beständigen Umkehr* in sein Leben integrieren möchte, dann wird er darüber hinaus nach und nach in der Flexibilität des *Gehorsams* die Bereitschaft zu ständigem Wandel und ständigem Neubeginn entwickeln – als Gegengewicht zu einer falsch verstandenen Stabilität, die zur Erstarrung und zum Beharren verführen kann. Er bleibt beständig auf dem Weg und stellt sich so in der „Gymnastik des Augenblicks" den Forderungen von Wachstum und Reifung. Das schließt Korrekturen, Einsicht in das eigene Fehlverhalten und eine Kultur der Buße mit ein.

Benediktinische (Welt)-Spiritualität führt in ganz besonderer Weise zur Haltung der Ehrfurcht allem und jedem gegenüber. Darin liegt die Schönheit und Einzigartigkeit, aber auch die bleibende und allgemeingültige Aktualität der Benediktusregel. Es geht dabei nicht nur um das rechte Verhältnis zum Mitmenschen, sondern auch um den ehrfürchtigen Umgang mit den Dingen der Schöpfung und der Welt. Alles soll – so der hl. Benedikt – wie heiliges Altargerät betrachtet (RB 31,10) und mit Ehrfurcht, Liebe und Güte behandelt werden. Eine andere geistliche Grundhaltung, die der Benediktusregel über Jahrhunderte hinweg ihre Vitalität bewahrt hat, ist die weise Maßhaltung. Sie befähigt den Menschen, in allen Situationen das rechte Augenmaß zu bewahren und durch die Prüfung und Unterscheidung der Geister in der Komplexität des Lebens die richtigen Entscheidungen zu treffen. Schließlich betont der hl. Benedikt die Demut als grundlegende Geisteshaltung, um die sich der gottsuchende Mensch bemüht, und in der er auch die ganz gewöhnlichen Dinge des Alltags gesammelt und aufmerksam zur Ehre Gottes verrichtet. So wird auch der Oblate auf vielfältige Weise bereitet, sein Leben in die eigenen Hände zu nehmen und vertrauensvoll in die Hände Gottes zu legen. Die Ordensregel, nach der er sein Leben ausrichten möchte, vermittelt ihm dabei nicht so sehr ein Wissen als vielmehr eine Kraft, die aus dem Gebet und dem Schweigen unserer Vorväter und Altväter erwachsen ist.

Jede Laienspiritualität ist eine Sendung in sich. Der Oblate erfährt sich als Gerufener und legt Zeugnis von seinem Glauben ab, wohin immer er gestellt ist. Er wird seine Kräfte vor allem in den Dienst der Kirche stellen, der er sich zutiefst verbunden fühlt und die er als die eigentliche Mater et Magistra erfährt.

Der Weg zum Benediktiner-Oblaten / zur Benediktiner-Oblatin

Der Name Oblate stammt vom lateinischen Wort *oblatus*, d.h. der Hingegebene, der Aufgeopferte, der Dargebrachte, der An-Gott-Verschenkte. Schon in diesem Namen liegt also ein grundlegendes christliches Programm. Der Christ möchte seine Taufgelübde in der Nachfolge Christi bewußt leben, um so zur immer volleren Einheit mit Gott zu gelangen, auf daß Er, Gott, schließlich alles in allem werde.

Benediktineroblaten / Benediktineroblatinnen gehen den

Weg der Nachfolge in bewußter Bindung an ein bestimmtes Kloster und lassen sich dabei von der Benediktusregel führen und prägen. Sie verstehen sich als eine Ausweitung der klösterlichen Gemeinschaft und setzen ihrerseits in ihrem jeweiligen Lebensbereich die Sendung des Klosters in die Welt hinein fort. Untereinander sind sie aufgrund der gleichen Berufung durch Bande der Freundschaft und Geschwisterlichkeit verbunden, ohne daß sich dies in vereinsrechtlichen Strukturen niederschlagen würde.

Die Berufung zum Oblaten darf jedoch nicht als ein verkürztes Mönchsleben oder als Mönchtum mit weniger Verpflichtungen, sondern muß als eigenständige Form der Berufung betrachtet werden. Der Oblate bindet sich in der Oblation nicht so sehr an den Gesamtorden, sondern an „seine Abtei"; die Oblation ist dabei ein öffentlicher kirchlicher Akt. Die Verbundenheit zwischen dem Oblaten und „seinem" Kloster besteht vor allem in der Gebetsgemeinschaft, wobei der Oblate nach Maßgabe seiner Lebensumstände einen Teil des kirchlichen oder monastischen Stundengebetes mitvollzieht. Das Kloster seinerseits bietet durch den/die OblatenrektorIn und andere Mitbrüder/-schwestern Einkehrtage, regelmäßige Kontakte durch Rundschreiben und eine kontinuierliche geistliche Begleitung an und wird seinerseits durch die Verbundenheit mit seinen Oblaten auf vielfältige Weise beschenkt.

Wer kann Benediktineroblate werden? Grundsätzlich besteht dieses Angebot für alle katholischen Christen, Verheiratete und Unverheiratete, Priester oder Diakone. Die Hinführung zur Oblation erfolgt in verschiedenen Schritten: Wer Oblate oder Oblatin werden möchte, sucht zunächst die Möglichkeit, mit dem Oblatenrektor Kontakt aufzunehmen. Zur gegebenen Zeit kann mit Zustimmung des Abtes/der Äbtissin durch einen kurzen Aufnahmeritus eine Probezeit von etwa einem Jahr beginnen. In diesem „Noviziatsjahr" wird der Kandidat mit der Regel des hl. Benedikt und mit den Grundzügen der monastischen Spiritualität vertraut gemacht. Stimmt der Abt nach Rücksprache mit dem Oblatenrektor dann der Bitte des Kandidaten zu, kann die Oblation stattfinden. Die Oblation ist also eine Berufung durch Gott, die beiderseitig geprüft wird. Sie wird so zur ganz persönlichen Lebensentscheidung und bedeutet nicht nur die Aufnahme in den „Freundeskreis" einer Benediktinerabtei.

Benedikt hat keine Regel für einen „Dritten Orden" geschrieben. Das Oblatentum hat sich aus dem Text des 59. Kapitels der Regel entwickelt und ist damit eine in der Benediktusregel selbst verankerte Lebensweise. Gerade heute, in einer Zeit allgemeiner Orientierungslosigkeit, kann ein Leben als Oblate allen, die nach der Benediktusregel fragen und in ihr eine erprobte Schule des Glaubens suchen, Weisung, Halt und ein Zuhause bei Gott schenken.

7. Benediktinische Weltgemeinschaft: Das Säkularinstitut St. Bonifatius
Christa von Gleichenstein

Säkularinstitute, Weltgemeinschaften – das sind weithin unbekannte Begriffe, die wenig aussagen von der Sprengkraft einer neuen, geistlichen Lebensform, die Hans Urs von Balthasar einmal als „größte Ausstrahlung in die Welt durch unmittelbarste Nachfolge Jesu Christi" bezeichnet hat. Dieser Weg zu Gott mitten „in der Welt, aber nicht von der Welt" ist einer Gratwanderung zu vergleichen. „Ihr schreitet über den Hang einer schiefen Ebene, der den Schritt zur Leichtigkeit des Abstiegs verführt und der ihn zur Mühe des Aufstiegs anreizt." Mit diesen Worten wandte sich Papst Paul VI. im Jahr 1970 an jene Frauen und Männer, die sich damals zum ersten Weltkongreß der Säkularinstitute in Rom versammelt hatten.

Wer sind die ca. 50.000 Frauen und Männer, die aufgrund einer persönlichen Berufung weltweit 157 Säkularinstituten angehören und eine Lebensform wagen, deren Grundkomponenten jahrhundertelang als unvereinbar galten: Ganzhingabe an Gott – und doch als Laien ganz in der Welt; die volle Weihe des Lebens nach den evangelischen Räten und zugleich die volle Verantwortung für eine Präsenz und einen verwandelnden Einsatz mitten in einer gottfernen, säkularisierten Welt. „Geweihte Welthaftigkeit" bezeichnet das Neue dieser Berufung. Es ist ein spannungsvoller, ja kühner Brückenschlag zwischen Weihe und Welthaftigkeit, zwischen Bindung an Gott und Einsatz in der Welt, der 1947 mit der Konstitution „Provida Mater" von Papst Pius XII. kirchlich anerkannt wurde. 1983 dann wurden die Säkularinstitute im neuen Kirchenrecht verankert. Es wurde ihnen dort in ihrer je konkreten Gestalt ein legitimer Pluralismus zuerkannt, der so vielgestaltig ist wie die Welt, in der sie leben, und so phantasievoll wie der Gottesgeist, der sie ins Leben rief. Weil es also *das* Säkularinstitut nicht gibt, soll in diesem Buch exemplarisch eine Weltgemeinschaft, das Institut St. Bonifatius, vorgestellt werden.

Ursprung und Charisma

Das Institut St. Bonifatius ist eine Weltgemeinschaft mit missionsbenediktinischer Spiritualität. Ein gelebtes Paradox, wie jede urchristliche Existenz, die berufen ist, „in der Welt, aber nicht von der Welt" zu leben. Durch den Gründer der Gemeinschaft, Pater Cyprian Mayr OSB (geb. 1907), Mönch der Abtei Schweiklberg bei Passau, sind die Wurzeln der Gemeinschaft tief im benediktinischen Erdreich verankert. Der erste Vers der Benediktregel läßt bereits einen Weg für die Synthese von Aktion und Kontemplation, eines „Lebens ganz für Gott und ganz für die Welt", anklingen: „Höre, mein Sohn,... und erfülle durch die Tat!"
Der millionenfache Notschrei aus dem Chaos der Nachkriegsjahre und der Flüchtlingstrecks sowie der Appell Papst Pius XII., „neue Wege auszuprobieren in dieser

furchtbaren Zeitenwende", trafen das hörende Herz Pater Cyprians: „In der Matutin die Idee einer neuen Schwesternschaft", schrieb er am Fest „Peter und Paul" 1946 in sein Notizbuch und empfing so keimhaft, als Gabe des Geistes für die Welt, das Charisma, das wir heute mit der Kurzformel umschreiben können: „Missionsbenediktinisches Säkularinstitut für Notstandsgebiete".

Heute, 45 Jahre nach dem Gründungstag am Ostermontag 1949 in der Krypta der Abtei Schweiklberg und zwei Jahre nach dem Tod des Gründers, besteht eine lebendige Gemeinschaft von ca. 250 Frauen verschiedener Nationalitäten, die nach der Regel des hl. Benedikt mitten in der Welt leben. Sie möchten Zellen der Kirche sein, „kleine Strahlungszentren, die wie Lichter in der Nacht" über drei Kontinente zerstreut sind (Hans Urs von Balthasar) – immer bereit zu neuen Aufbrüchen, wenn die Kirche ruft und der Geist solche Schritte vorzeichnet. In den Konstitutionen sind die wesentlichen Elemente des Charismas fixiert, vor allem die immer gültige Grundidee Benedikts, die auch der Patron der Gemeinschaft, der hl. Bonifatius, in seinem Missionswerk verwirklichte: „Gott verherrlichen und den Menschen dienen", „besonders den Armen und Bedrängten" (Konstitutionen Institut St. Bonifatius, Art. 2 und 4). Das Säkularinstitut ist dabei fest in die Kirche eingegliedert, und alles Tun und Sein wird durch das „Sentire cum Ecclesia" – „Dienst an der Kirche durch ein Leben aus der Kirche" bestimmt.

Ganz bei Gott und ganz bei den Menschen

Auch Nachfolge Jesu Christi mitten in der Welt ist Antwort der Liebe auf den Ruf zum inneren Alles-Verlassen. Wer die Welt mit dem Sauerteig des Evangeliums durchdringen will, muß zunächst selbst „durchsäuert" und verwandelt werden. Nur so kann es den Frauen der Gemeinschaft gelingen, „aus der Fülle ihrer Freude und ihres Friedens in Christus der Welt, d. h. der ‚ganzen Schöpfung, die seufzt und in Geburtswehen liegt', die Frohbotschaft der Liebe Gottes zu verkünden" (Konst. Art. 3). Zunächst verlangte auch Jesus von seinen Jüngern „radikales Heraus aus der Welt, um alles auf Seine Karte zu setzen und um desto radikaler mit der neuen Botschaft in die Welt hinein" und hinaus in alle Welt gesendet zu werden (Hans Urs von Balthasar).

So ist für die jungen Bewerberinnen die zweijährige geistliche Formungszeit in den Zentren und Gruppen des In- und Auslands zunächst ein leibhaftiges „Heraus" aus Studium, Beruf und gewohntem Lebensraum, um „wie eine Art Sammelbatterie mit einem Leben geladen zu werden, das ihnen von Gott für die Welt geschenkt wird" (Madeleine Delbrêl). Gebet und gemeinsames Gotteslob, die Feier der Eucharistie und der Versöhnung, Schriftlesung und Meditation, Arbeit und Fest, Schweigen und Gespräch – in allem wächst die Bindung an Gott und an die Gemeinschaft, die in den zeitlichen Gelübden und in der Lebensweihe dann endgültig zur Lebenshingabe wird.

Apostolat bedeutet für uns Teilnahme an der Heilssendung Jesu Christi, „an Gottes eigener Grundbewegung in die Welt, die Inkarnation heißt". Jede an ihrem Platz ist gesandt, ist missionarisch, wenn sie nur „mit ihrem Mund an der Quelle bleibt, die der Mund Gottes ist" (Hans Urs von Balthasar). Dann wird „durch ihr gläubiges, gottgeeintes Sein ihr ganzes Leben zum Apostolat" (Konst. Art. 3). Schwerpunkte unserer Apostolatsarbeit waren seit Beginn Diaspora und Mission mit ihren vordringlichen seelsorglichen Problemen, immer mit der „Option für die Armen" und dem Bemühen um ein ausgewogenes Gleichgewicht von praktischer Arbeit und Geistesarbeit. Sodann ganzheitlicher Dienst an jenen Menschen, die als Ausländer, als Flüchtlinge oder aufgrund persönlicher Lebensumstände entwurzelt, verachtet oder ausgegrenzt sind.

Diese Prioritäten spiegeln sich auch heute in den konkreten Apostolatsaufgaben des Instituts, zum Beispiel im Einsatz

- für kranke, behinderte und verhaltensgestörte Kinder im Kinderkurheim Haus Nordmark / Westerland-Sylt und im Centro Diocesano de Educación Especial, Talavera de la Reina / Spanien,
- für alte und desorientierte Menschen in Bremen und Bad Langensalza / Thüringen,
- in der Diaspora-Seelsorge in Winterstein / Diözese Erfurt und in Levanger, Diözese Trondheim / Norwegen,
- als Sozialarbeiterin in der kirchlichen Beratungsstelle für Frauen in Not- und Konfliktsituationen / Gummersbach,
- in den Zentren Foyer Porta / Paris und German Centre / London für junge Erwachsene aus Deutschland u. a. Ländern,
- als Krankenschwester und Katechetin im atheistischen Milieu in Liberec / Tschechische Republik u. a. m.

Die Gruppe ist für uns Instrument des Apostolats. Eine „Spezialität" des Säkularinstituts St. Bonifatius ist das Leben in kleinen Gruppen. Jedes einzelne Mitglied, vor allem aber die Gruppe als Ganze soll Ferment christlichen Lebens sein. So wird sie für andere zum einladenden Ort des Gebets, der Begegnung und Orientierung, Ort der Geborgenheit in einer Gesellschaft, deren „gefährlichste Krankheit Entwurzelung und deren größtes Bedürfnis Verwurzelung heißt" (Simone Weil).

Mission: Option für die Armen

„Als Vorhut der Kirche in der Welt" (Papst Paul VI.) gehören Mission und Entwicklungshilfe als Einheit zum Wesen unserer Sendung. Es geht dabei um die Befreiung und Erneuerung des Menschen im Licht des Evangeliums. Die Aussendung von Mitgliedern des Instituts nach Zentralamerika auf den dringenden Notruf eines Diözesanbischofs aus Guatemala hin wurde 1965 zum Auftakt und Zeichen für die universale Dimension des „Sentire cum

Ecclesia". Angesichts der Strukturen von Ungerechtigkeit, Unterdrückung und Gewalt in Guatemala war von Anfang an unser Ziel, christliche Führungspersönlichkeiten auszubilden, damit sie durch Hilfe zur Selbsthilfe „Baumeister ihres eigenen Fortschritts werden" (Populorum progressio 77). Die konkrete Antwort auf die vielfältige Not vor allem der Indígenas (Nachkommen der Maya-Indianer) ist die Streuung internationaler und „interkultureller Keimzellen" vom Zentrum der Gemeinschaft – María del Camino – aus. Heute wirken zehn kleine Gruppen in vier verschiedenen Diözesen mit insgesamt 57 Mitgliedern (davon 43 einheimische Berufe/Guatemaltekinnen) vor allem in der Mädchen- und Frauenbildung sowie als „Mütter" in einem Kinderdorf, in Dispensarien, in der Gesundheitspastoral, in der Jugendarbeit und in priesterlosen Pfarreien. Dahinter steht die Überzeugung, daß die im Volk inkarnierte Equipe Voraussetzung ist für alle Inkulturation.

1966 erfolgte der Ruf und der Aufbruch in den Schwarzen Kontinent, zunächst nach Rwanda, im Herzen Afrikas; von dort aus 1988 nach Zaire. Nahe der ältesten Missionsstation Rwandas, in Save, ist heute das geistliche Zuhause der 27 Mitglieder (16 einheimische Berufe) unserer Weltgemeinschaft, außerdem ein Zentrum für die integrale Ausbildung und Entfaltung junger Mädchen als Multiplikatorinnen auf den Hügeln. Ein Schwerpunkt in dem armen Land mit der höchsten Geburtenzuwachsrate ist die Mitarbeit in der kirchlichen Familienpastoral mit Natürlicher Familienplanung (NFP). Pflegerische und soziale Dienste an den Kranken, Notleidenden und unterernährten Kindern und heute auch immer mehr an den Aidskranken in einem Buschkrankenhaus sind für uns das evangelische Zeugnis, das die Welt am meisten wahrnimmt.

Das kostbarste Zeugnis jedoch ist glaubwürdig gelebte Einheit. Wenn es in den Gruppen gelingt, „ohne Ansehen der Person" in der Vielfalt der Kulturen, der Hautfarben und Ethnien, der Mentalität, der Charaktere und des Bil-

dungsgrades Spaltung zu überwinden und Einheit zu leben, weil Jesus Christus die Mitte und das einende Band
ist, dann wird dies die wirksamste Entwicklungshilfe sein,
die wir Rwanda und Zaire auf ihrem blutigen und steini-
gen Demokratisierungsweg schenken können. Hier und
überall ist der Apostolatseinsatz getragen durch ein Leben
aus dem Gebet und einer tiefen Christusverbundenheit.
Die Welt braucht betende Menschen, die ihre Verantwortung für eine Verwandlung der Gesellschaft in eine „Zivilisation der Liebe" ernst nehmen. Benedikts „Ora et labora"
– Leben aus der Kontemplation – ist ein gutes Programm
für die Nachfolge Christi mitten in der Welt.

8. „In Christus sind wir alle eins": Die ökumenische Bedeutung des benediktinischen Mönchtums
P. Gerhard Voss OSB

Gewöhnlich wird für die ökumenischen Bemühungen in
den Kirchen ein dreifacher „Sitz im Leben" angegeben,
dem je eine spezifische Weise entspricht, die Gespaltenheit
der Christenheit zu erfahren und Möglichkeiten ihrer
Überwindung ins Auge zu fassen: das geistliche Leitungs-
amt, die Theologie und das Miteinander von Christen unterschiedlicher Konfession je an ihrem Ort. Das römische
„Direktorium zur Ausführung der Prinzipien und Nor-
men über den Ökumenismus" vom 25.3.1993 sieht (in
Nr. 50) darüber hinaus in den Orden und geistlichen Gemeinschaften „ganz besondere Möglichkeiten zur Förde-
rung des ökumenischen Denkens und Handelns". In der
Tat waren sie in besonderer Weise der Wurzelboden, dem
katholischerseits in der ersten Hälfte dieses Jahrhunderts
die ökumenischen Pioniere entstammten, die sich angesichts der außerhalb der katholischen Kirche aufgebroche-
nen Ökumenischen Bewegung nicht damit begnügten, die
getrennten Christen zur Heimkehr in die katholische Kirche als den einzigen „unfehlbar sicheren Hort der ganzen

Wahrheit und der Fülle der Gnade" (Pius XII.) einzuladen. Schon vor dem II. Vatikanischen Konzil erkannten sie auch in den anderen Konfessionen des Ostens wie des Westens etwas von der Wirklichkeit der *Una Sancta*, der einen heiligen Kirche, und zugleich nahmen sie in der eigenen Kirche Einengungen des Katholischen wahr. Das genannte Direktorium ermutigt nun die geistlichen Gemeinschaften, „entsprechend ihren besonderen Charismen und Konstitutionen" – von denen einige, wie eigens gesagt wird, „älter als die Trennungen unter den Christen" sind – zu ökumenischen „Haltungen und Tätigkeiten", auf die ich mit Betonung der konkreten Möglichkeiten der Benediktinerklöster hier näher eingehen möchte. Wichtig ist mir, daß das Direktorium zuerst von ökumenischen „Haltungen" spricht, diesen also eine Priorität gegenüber besonderen Tätigkeiten zuerkennt.

Das Benediktinerkloster – ein Ort gelebter Ökumene

Als erstes ermutigt das Direktorium die geistlichen Gemeinschaften dazu, „das Bewußtsein der ökumenischen Bedeutung ihrer besonderen Lebensform zu pflegen". Was das bedeuten kann, zeigen die autobiographischen Notizen eines katholischen Ökumenikers der ersten Stunde, des Niederaltaicher Abtes Emmanuel Maria Heufelder (1898–1982): „Die ersten Anfänge der ökumenischen Arbeit Niederaltaichs liegen, ohne daß ich es ahnen konnte, in meinem Noviziatsjahr... Ich beschäftigte mich damals sehr mit dem Johannesevangelium und war stark beeindruckt von der Bitte des Herrn im Hohenpriesterlichen Gebet, daß seine Jünger ‚eins sein möchten' (Joh 17,11). Zunächst bezog ich die Bitte auf die klösterliche Gemeinschaft. Es erschien mir als Sinn des klösterlichen Lebens, wie es der hl. Benedikt in seiner Regel lehrt, zu versuchen, christliche Gemeinschaft zu verwirklichen. ‚In Christus sind wir alle eins': Dieses Wort aus Gal 3,28 im 2. Regelkapitel über den Abt prägte sich mir besonders ein...

Bald weitete sich der Gemeinschaftsgedanke über den klösterlichen Bereich hinaus. Die Bitte des Herrn, ‚daß alle eins sein möchten‘, erschien mir als unmittelbarster Ausdruck des Zieles der Schöpfung und Erlösung, die Menschheit zu einer Einheit zusammenzufassen, die ein Abbild der Einheit der göttlichen Personen in der Trinität sein sollte: ‚sie sollen eins sein, wie wir eins sind‘.“

Gemäß der westlichen wie der östlichen mönchischen Tradition, in der Benedikt mit seiner Regel steht, will das benediktinische Kloster als eine *ecclesiola*, eine „Kirche im Kleinen“, in prophetisch-zeichenhafter Weise in der Kirche so leben, wie es der Kirche insgesamt von ihrem Ursprung her entspricht und wie es idealtypisch in der Apostelgeschichte (Apg 2,44–47; 4,32–35) dargestellt ist.

Programmatisch lautet das erste Wort der Regel Benedikts (= RB): Ausculta – Horche! Der „Gehorsam“, den Benedikt fordert, ist im Lateinischen *(oboedientia)* wie im Griechischen des Neuen Testamentes, aber auch im Althochdeutschen *(gehorsami)* ein weiblicher Begriff. Gemeint ist nicht ein uniformistischer Drill. Gemeint ist eine Haltung der Bereitschaft, mit dem „Ohr des Herzens“ sich einzulassen auf das Wort Gottes in seinen vielfältigen Konkretionen, nicht nur in der Heiligen Schrift und in der Weisung des Abtes, sondern insgesamt in dem, „was der Geist den Gemeinden sagt“ (Offb 2,7 = RB Prol. 11), nicht zuletzt durch die Brüder und die Gäste im Kloster. Benedikt nimmt das Wort des Evangeliums ernst, daß der Mönch in ihnen Christus selbst begegnet (RB 36,1–3; vgl. Mt 25,36.40; RB 53,1.7; vgl. Mt 25,35).

Zugleich erfährt der einzelne Mönch in seinen Brüdern und den Gästen Andersartigkeit – nicht nur der Eigenarten, sondern auch der Geistesgaben. Darum mahnt Benedikt ausdrücklich den Abt, beim Einholen des Rates der Brüder zu bedenken, daß „der Herr oft einem Jüngeren offenbart, was das Bessere ist“, und auch, falls ein fremder Mönch, der als Gast im Kloster weilt, Kritik anmeldet, zu überlegen, „ob ihn der Herr nicht gerade deswegen geschickt hat" (RB 61). Solche „Gehorsamkeit" (wie man im Deutschen vielleicht sagen könnte) ist die Frucht der „Demut", wie sie Benedikt im Neuen Testament in der Gestalt des Zöllners vorgebildet sieht (Lk 18,13 = RB 7,65) im Unterschied zur selbstsicheren Überheblichkeit des „Pharisäers". Sie ist für Benedikt aufs engste verbunden mit seinem Verständnis des Mönchslebens als einer fortschreitenden Bekehrung *(conversatio)*, als eines beharrlichen Ernstnehmens der in der Taufe grundgelegten Hinwendung zu Christus. Die Fähigkeit, mit dem Ohr des Herzens wirklich zuzuhören, und die Ausrichtung auf Christus sind die wichtigsten Voraussetzungen für einen wahrhaft ökumenischen Dialog, der von der Bereitschaft lebt, auch in anderen Ausdrucksformen des Glaubens und des kirchlichen Lebens von der Gnade des Heiligen Geistes gewirkte „Reichtümer Christi" anzunehmen, die zur eigenen Auferbauung beitragen können (Ökumenismusdekret des II. Vatikanischen Konzils, Nr. 4).

Wenn Benedikt vom Abt verlangt, „der Eigenart vieler zu dienen" (RB 2,31), die je eigenen Gaben jedes einzelnen zu berücksichtigen (RB 40,1 f) und jedem – ohne Ansehen der Person – zukommen zu lassen, was er nötig hat (RB 34,1; 55,20 = Apg 4,32), gegebenenfalls auch überlieferte Ordnungen zu ändern (RB 18,22; 40,6), dann ist das Gehorsamkeit aufgrund eines weit gewordenen Herzens (RB, Prol. 49), das letztlich eine Frucht des Heiligen Geistes ist (RB 7,70) und das stets danach trachtet, daß „im Haus Gottes niemand verwirrt" wird (RB 31,19), vielmehr „alle Glieder in Frieden bleiben" (RB 34,5).

Solches Horchen aufeinander – in „gegenseitiger Achtung", „größter Geduld" und „brüderlicher Liebe" (RB 72) – macht das Kloster als „Haus Gottes" für alle dort trotz ihrer Verschiedenheit zu einem „Zuhause", zu einem Ort der Erfahrung wahrer „Ökumene" („Ökumene" läßt sich mit „Zuhause" übersetzen; vgl. auch Ökumene-Beschluß der Gemeinsamen Synode der Bistümer in der Bundesrepublik Deutschland, 2.3.3). Wenn Benediktinerklöster heute suchenden Menschen die Möglichkeit anbieten, eine Zeitlang gemeinsam mit den Mönchen zu leben und an ihren Gottesdiensten, an ihrem Lobpreis Gottes, teilzunehmen („Kloster auf Zeit"), dann ist das wohl nur möglich in einer solchen ökumenischen Weitherzigkeit, die nicht gleich das Gefühl aufkommen läßt, vereinnahmt zu werden. Und es entspricht zugleich der zweiten Ermutigung des Ökumenischen Direktoriums für geistliche Gemeinschaften, nämlich „beizutragen zum Verständnis der ökumenischen Dimension der Berufung aller Christen zur Heiligkeit des Lebens, indem sie Gelegenheiten anbieten, die geistliche Bildung, die Kontemplation, die Anbetung und den Lobpreis Gottes sowie den Dienst am Nächsten zu fördern".

Das Erbe der ungeteilten Christenheit

Nicht immer bieten Benediktinerklöster ein Bild ökumenischer Weite. Aber immerhin suchte Papst Pius XI. im Jahre 1924 mit seinem Brief *Equidem verba* gerade die Benediktiner dafür zu gewinnen, daß in einzelnen ihrer Klöster Gruppen von Mönchen, „ausgebildet in Sprache, Geschichte, Charakter und Geistesart, besonders aber Theologie und Liturgie" der Völker ostkirchlicher Tradition, zu Brückenbauern zwischen diesen und der abendländischen Christenheit würden. Die belgische Abtei Chevetogne, in der neben der römischen auch die byzantinische Liturgietradition beheimatet ist, verdankt dieser päpstlichen Anregung ihre Gründung. Und als Emmanuel Maria Heufelder 1934 die Leitung des Klosters Niederaltaich übernahm, war auch ihm dieser Papstbrief die entscheidende Anregung und Legitimation für seine ökumenischen Initiativen, die dazu führten, daß es dort ebenfalls innerhalb der einen klösterlichen Gemeinschaft neben den Mönchen abendländischer Tradition eine „Dekanie" von Mönchen gibt, die sich in die byzantinische Tradition hineingelebt haben und ihre Gottesdienste in diesem Ritus feiern. Es wäre ein Mißverständnis, darin einen missionarischen Trick zu sehen. Voraussetzung ist freilich, daß eine ernsthaft als Aufgabe übernommene und gelebte Vermittlung intendiert ist und nicht bloß eine attraktivere „Gestaltung" der Gottesdienste.

Der Papst hielt das benediktinische Mönchtum deshalb für geeignet, seine Anregung aufzugreifen, weil es im Erbe der noch ungeteilten Christenheit wurzelt und mit großem Eifer eine genuin kirchliche Liturgie pflegt. Sofern das zutrifft, bedeutet dies, daß sich das benediktinische Mönchtum im säkularisierten Abendland ein Verständnis für die biblische und frühkirchliche Weise bildhaften, symbolischen Denkens bewahrt hat, das der Ostkirche bis heute eigen ist. Im Abendland ist es seit dem Hochmittelalter fortschreitend von einem scholastisch-begrifflichen Denken verdrängt worden, zu dessen Folgen auch der Säkularisierungsprozeß gehört, von dem heute alle Kirchen in Ost und West – wenn auch auf sehr unterschiedliche Weise – betroffen und verunsichert sind, auch in ihren ökumenischen Bemühungen bedroht vom Liberalismus totaler Entsakralisierung einerseits und von der Unfreiheit und Enge eines reaktionären, pseudokonservativen Fundamentalismus andererseits. Grundsätzlich die abendländische Freiheitsgeschichte zu bejahen, diese Bejahung aber zu verankern in der überlieferten Kultur des Herzens, könnte heute ein notwendiger ökumenischer Dienst gerade der Benediktinerklöster sein. Die Begegnung mit dem Reichtum der byzantinischen Liturgie kann dazu beitragen, auch die Schätze der abendländischen Tradition neu zu entdecken.

Selbstzeugnis des Heiligen Geistes in der Begegnung

Das Niederaltaicher Modell läßt sich nicht einfach übertragen. Wohl aber besteht auf irgendeine Weise in jedem Kloster die drittens vom Ökumenischen Direktorium ins Auge gefaßte Möglichkeit, „Begegnungen zwischen Christen unterschiedlicher Kirchen und kirchlicher Gemeinschaften zu veranstalten, um das liturgische Gebet, die geistliche Besinnung, Exerzitien und ein tieferes Verständnis der christlichen geistlichen Überlieferungen zu pflegen". Wenn es wahr ist, daß niemand von Herzen „Jesus ist der Herr" oder „Vater unser" sagen kann, wenn er nicht aus dem Heiligen Geist redet (1 Kor 12,3; vgl. Röm 8,15 f), dann bietet sich gerade in solchen die Konfessionsgrenzen übergreifenden geistlichen Begegnungen die Möglichkeit einer jeder theologischen Reflexion vorausliegenden unmittelbaren Erfahrung des Geistes Gottes auch in den getrennten Brüdern und Schwestern. Neben der Bitte Christi, daß alle, die an Ihn glauben, eins sein sollen (Joh 17,21), war und ist diese Erfahrung der Selbstbezeugung des Heiligen Geistes die wirksamste ökumenische Motivation.

Das Direktorium regt viertens (und dann nochmals in Nr. 85) an, „Beziehungen zu Klöstern und Kommunitäten des gemeinsamen Lebens in anderen christlichen Gemeinschaften zu unterhalten". Das Verständnis des Klosters als *ecclesiola* hat Parallelen auch in der Geschichte und im Raum der evangelischen Christenheit, nicht erst in den neueren evangelischen Ordensgemeinschaften, sondern auch etwa in den Hauskreisen und Konventikeln des protestantischen Pietismus und überall da, wo eine Wiederbelebung des urkirchlichen Enthusiasmus versucht wurde. Es gibt auch eine Ökumene der Mystik, Begegnungen, in denen der gemeinsame Tiefenstrom geistlichen Lebens bewußt wird. Das Direktorium nennt als Ziel solcher Begegnungen den geistlichen Austausch: „Denn das Wachsen religiöser Charismen in diesen (nichtkatholischen) Gemeinschaften kann ein echter Beitrag für die ganze ökumenische Bewegung sein." Es wäre der Mühe wert, die Erneuerung des mönchischen Lebens nach dem II. Vatikanischen Konzil einmal daraufhin zu bedenken, wieweit hier – wie in der katholischen Kirche überhaupt – Anregungen aus christlichen Gemeinschaften außerhalb der katholischen Kirche fruchtbar geworden sind.

Schließlich ermutigt das Direktorium die Klöster und Orden zu einer ökumenischen Ausrichtung ihrer Erziehungseinrichtungen sowie zur Zusammenarbeit mit anderen Christen für Gerechtigkeit, Frieden und Bewahrung der Schöpfung. Hier werden die konkreten Gegebenheiten sehr verschieden sein, und manches betrifft wohl mehr andere Orden und ihre Möglichkeiten, obwohl soziale und ökologische Verantwortung, und sei es auch nur in der Gestaltung des eigenen Lebensbereiches, heute immer auch ein Beitrag zum gesamtchristlichen Zeugnis ist. Gerade die geistlichen Gemeinschaften müssen jedoch deutlich machen, daß der Grund ihrer ökumenischen Zusammenarbeit nicht bloß strategischer Art ist. Das Direktorium sagt: „Der Grund für diese Zusammenarbeit sei vor allem Christus, ihr gemeinsamer Herr. Sein Name möge sie zusammenbringen."

9. Gemeinsam unterwegs: Evangelische Kommunitäten im Wirkkreis benediktinischer Spiritualität
Pfr. Johannes Halkenhäuser

„Ein protestantisches Tabu zerbröckelt. Evangelische Orden? Noch vor nicht langer Zeit war dies für viele ein undenkbarer Gedanke, ein Widerspruch in sich. Nun sind sie wieder da, und man kann davon sprechen: es gibt Orden, Bruderschaften, sogar Klöster in den Kirchen der Reformation." In der Tat: Wer die kirchliche Szene im gegenwärtigen Protestantismus einigermaßen umfassend beschreiben will, kann – wie S. von Kortzfleisch schon 1963 aufmerksam-verwundert feststellte – an der Wiederentdeckung und Erneuerung kommunitären Lebens nicht mehr vorbeigehen.

30 Jahre sind seither vergangen. Die Nüchternheit gebietet

es festzuhalten: Ein „monastischer Frühling" ist in den evangelischen Kirchen nicht ausgebrochen. Im deutschen Sprachraum gibt es etwa 25 Kommunitäten mit einigen hundert Mitgliedern, davon ⅘ Frauen und ⅕ Männer – im Vergleich zur Ordensstatistik der katholischen Kirche eine relativ kleine Zahl. Dennoch bedeutet das Wiedererstehen ordensmäßigen Lebens in den evangelischen Kirchen eine nicht zu übersehende Kurskorrektur gegenüber der Klosterkritik der Reformatoren, die zum Verlust des monastischen Lebens und – in deren 450jähriger Wirkungsgeschichte – faktisch auch zur „Klostervergessenheit" im Protestantismus geführt hatte.

Bei aller Vielfalt im einzelnen haben sich zwei Grundmodelle kommunitärer Gemeinschaften entwickelt: der mehr pietistische, von Impulsen des Erweckungschristentums geprägte Typ (z. B. die Marienschwestern Darmstadt, die Kommunität Adelshofen) und der stärker an der Kirche und ihren Sakramenten, also ekklesial orientierte Typ (neben Taizé z. B. die Kommunität Imshausen, die Communität Casteller Ring). Der jeweilige theologie- und frömmigkeitsgeschichtliche Hintergrund – meist bedingt durch die geistliche Biographie der Gründergestalten – formt die unterschiedlichen Spiritualitäten. Es verbindet sie ihr gemeinsames Selbstverständnis als Stätten verbindlichen geistlichen Lebens, gelebter Geschwisterschaft im Glauben und engagierten Dienstes in Kirche und Gesellschaft. Bemerkenswert ist, daß – nicht zuletzt durch regelmäßige Treffen der Kommunitäten auch im ökumenischen Umfeld – eine wachsende Konvergenz beider Traditionsströme festzustellen ist. Dabei führt der wechselseitig bereichernde und ergänzende Austausch spiritueller Erfahrungen immer mehr dazu, das gesamtkirchliche Erbe des Mönchtums und Ordenslebens fruchtbar zu machen. Dieser Prozeß hat schließlich auch den Boden dafür bereitet, daß das Verständnis für die Legitimität und den kirchlichen „Wert" des kommunitären Lebensentwurfs in den Kirchenleitungen und Gemeinden erkennbar gewachsen ist. Vielleicht bedurfte es auch unseres ökumenischen Jahrhunderts, daß die evangelischen Kommunitäten über den eigenkirchlichen Raum hinaus im geistlichen Gesamthaushalt der Ökumene (auch der „Ordens-Ökumene") nun ihren Platz gefunden haben.

Lutherische Kirchlichkeit und benediktinisches Erbe

In der Begegnung mit dem gelebten Leben der Kommunitäten – vielleicht mehr noch als in ihren Publikationen – läßt sich unschwer der Einfluß benediktinischer Spiritualität auf die Ausformung und Gestaltung ihres Lebensentwurfs als „konsequente Nachfolgegruppen" (Jürgen Moltmann) erkennen. Selbst ein kurzer Verweis auf die Renaissance des Ordenslebens im ökumenischen Umfeld zeigt, wie stark der Einfluß Benedikts, des Heiligen der ungeteilten Christenheit, und seiner Regel ist. Schon in der Wiedergeburt des monastischen Lebens in der Anglikanischen Kirche im England des 19. Jahrhunderts kamen entscheidende Impulse aus dem geistlich-geistigen Erbe Benedikts nachhaltig zum Tragen. Wenn man schließlich für unser Jahrhundert die exemplarische Bedeutung der Regel von Taizé für fast alle evangelischen Kommunitäten bedenkt, so ist es durchaus kein Zufall, daß Roger Schutz seine theologischen Studien mit einer Arbeit über die biblischen Elemente in der Regel des hl. Benedikt abgeschlossen hat, ehe er sich auf das epochale kommunitäre „Abenteuer" von Taizé einließ.

Hierzulande ist es vor allem die Communität Casteller Ring (= CCR), die sich besonders intensiv darum bemüht, lutherische Kirchlichkeit und benediktinische Spiritualität in einer lebendigen, durchaus eigenständigen Synthese miteinander zu verbinden. Nicht umsonst hat ihr das den Ruf „evangelischer Benediktinerinnen" eingetragen. In der Tat nennt die CCR ohne Scheu unter den sie tragenden und sie bestimmenden geistlichen Wurzeln ihres Lebensentwurfs „…nicht zuletzt die Begegnung mit dem Benediktinertum", wobei vor allem in den Anfängen seit 1950 Begegnung, spiritueller Austausch und theologische Reflexion mit den Abteien Frauenchiemsee, Herstelle und Münsterschwarzach zur „Übersetzung" in die Situation des eigenen Lebens hilfreich waren.

Frucht der Begegnung

Was hat diese – heute 50 Frauen zählende – Gemeinschaft auf dem unterfränkischen Schwanberg und in vier Außenstationen (Nürnberg, Augsburg, Würzburg, Hildesheim) bewogen, ihren Weg des Freiseins für Gott und die Menschen im Wirkfeld benediktinischer Spiritualität zu gehen? Maria Pfister, Mitbegründerin und langjährige Priorin der CCR, nennt in Anlehnung an das Buber-Wort „Alles wirkliche Leben ist Begegnung" zunächst drei Erfahrungen, die für diesen Weg „unter der Führung des Evangeliums" (RB Prol. 21) wichtig und ausschlaggebend waren:

– „Wir erlebten in Münsterschwarzach die ‚schönen Gottesdienste des Herrn' (Ps 27,4). Ein überwältigendes Erlebnis war dabei die Feier der Kar- und Ostertage. Viele von uns gewannen dadurch einen neuen Zugang zu diesem zentralen Mysterium unseres Glaubens.

– Das andere, was mich tief berührte, war das absichtslose Leben für Gott. Wenn wir die Benediktiner nach dem ‚Zweck' ihrer Gemeinschaft fragten, dann war die Rede von Anbetung und Verherrlichung Gottes, von Absichtslosigkeit und davon, daß dem Gottesdienst nichts vorzuziehen sei.

– Was mir dabei wichtig wurde, war die Begegnung mit einem freien und frohen Menschsein inmitten aller Bindung. Damals begann ich zu begreifen, daß Bindung an Gott nicht zuerst Beengung, sondern Freisetzung des tiefsten Menschseins bedeutet."

Diese unmittelbare Begegnung mit der benediktinischen Spiritualität – durchaus in kritischer Reflexion mit dem reformatorischen Erbe – führte schließlich dazu, die Regel Benedikts als lebensgestaltende Kraft für die Formung des eigenen kommunitären Lebens zu übernehmen. Auf die Frage: Welche benediktinischen Züge trägt heute die CCR?, verweist M. Pfister u. a. auf folgende Elemente: „Ora et labora", dieses benediktinische Leitwort steht über unserer Gemeinschaft. Es geht dabei um die Einheit des ganzen Lebens, das auf Christus hin zentriert sein soll. Es soll in unserem Leben keinen Bruch geben zwischen geistlichem und profanem Bereich (vgl. RB 31). „Dem Gotteslob ist nichts vorzuziehen" (RB 43): Unser eigentlicher Auftrag ist der Dienst vor Gott, ist Gottesdienst und Gebet. Dazu sind wir zusammen, und deshalb bleiben wir beisammen. Die St. Michaelskirche auf dem Schwanberg ist der eigentliche Mittelpunkt unseres Lebens.

Wir denken hoch von der Gemeinschaft – beim Mahl, in der Begegnung, im Dienst aneinander und miteinander, am Altar des Herrn. Wir meinen damit: Wir sind uns einander gegeben mit unseren Gaben und Grenzen, mit unseren Möglichkeiten und mit unserem Versagen. Ein so verbindliches Leben in einer Gemeinschaft ist eine große Gabe, aber auch eine beständige Aufgabe (,Stabilitas' und ,Pax').

Die Aussagen der CCR „zur Sache" gelten – wenn auch nicht in gleich ausdrücklicher Weise – für die meisten evangelischen Kommunitäten. Was haben „wir" im Umfeld benediktinischer Spiritualität „gelernt"? Begegnung mit Benedikt, seiner Regel und deren Aktualisierung in der benediktinischen Welt ist Begegnung mit dem gelebten Evangelium. Benediktinisch-monastisches Leben ist *eine* Weise der legitimen Einlösung des Nachfolge-Rufs Jesu, das Evangelium in Gemeinschaft zu leben. Ein faszinierendes Lebensprogramm.

Es gehört offensichtlich zur Aktualität des benediktinischen Lebensentwurfs, daß er sich bei aller Kontinuität zum Charisma des Ursprungs immer wieder als zeitgemäße, weil zukunftsoffene Form des Christseins erweist. Für diese Erkenntnis stehen die Kommunitäten ein, wenn sie ihren Weg der Gottsuche (RB 58) im Hören auf Gottes Wort, unter dem Drängen des Geistes, gehen und dabei dynamische Kraft und inspirierende Impulse aus der Regula Benedicti erfahren. In biblisch-realistischer Einschätzung ihrer Möglichkeiten und Grenzen wollen die Kommunitäten mit der ganzen Kraft ihres Daseins, mit dem Zeugnis für das Evangelium und dem Dienst an den Menschen „unter der Führung des Evangeliums" (RB Prol. 21) im Erwartungshorizont des Reiches Gottes (RB 73) leben und im Wissen um die „Dynamik des Vorläufigen" (Taizé) ihren Gottes-Dienst und Welt-Dienst einbringen in das Ganze der Kirche.

VI. Die benediktinischen Reformbewegungen

1. Zurück zu den Quellen: Geschichte und Spiritualität der Zisterzienser
P. Alberich Martin Altermatt O. Cist.

Von seinen Ursprüngen und Zielsetzungen her weiß sich der Zisterzienserorden ganz entschieden dem benediktinischen Mönchtum verpflichtet. Ein Fresko des 17. Jahrhunderts in der mailändischen Zisterzienserabtei Chiaravalle veranschaulicht das im „Stammbaum der Zisterzienser" sehr überzeugend: Die Wurzeln des ausladenden „Zisterzienserbaumes" gründen im heiligen Mönchsvater Benedikt. Über dem Stamm, zu Beginn der Baumkrone, deren Äste die namhaftesten Männer- und Frauengestalten des Ordens zieren, thronen die drei heiligen Gründeräbte von Cîteaux, angetan mit der schwarzen Benediktinerkukulle: Robert, Alberich und Stephan.

Ursprung und Geschichte der Zisterzienser

Am Anfang von Cîteaux steht Heimweh – Heimweh nach den Idealen der Urkirche, wie sie in der Apostelgeschichte geschildert werden, Heimweh nach dem „reinen" Evangelium und den „reinen" Quellen des christlichen Mönchtums, unter denen die Regel des heiligen Benedikt hervorragt. Diese Sehnsüchte lagen damals „in der Luft", geweckt von einer mächtigen religiösen Erneuerungsbewegung, die seit etwa der Mitte des 11. Jahrhunderts von der Basis her neues Leben in das erstarrende Christentum brachte. Man nennt sie gewöhnlich die „vita evangelica et apostolica-Bewegung". Sie löste im traditionellen, etablierten Benediktinertum eine Krise aus und führte zur Bildung neuer Mönchsorden. Diese religiösen Umwälzungen spielten sich auch im kleineren Rahmen des Stammklosters von Cîteaux, Molesme, ab und gaben den unmittelbaren Anlaß zur Gründung des „Neuklosters".

Die Gestalt, die hier in den Blickpunkt tritt, ist Robert, genannt der heilige Robert von Molesme (†1111). Als junger französischer Adelsherr trat Robert um 1043/1044 in die angesehene Benediktinerabtei Montier-la-Celle bei Troyes ein. Etwa 25 Jahre später wurde er zum Abt von St-Michel in Tonnerre gewählt. Das Verlangen nach einem einfacheren und eremitischen Leben muß ihn veranlaßt haben, um 1073/1074 die geistliche Leitung einer Gruppe von Einsiedlern zu übernehmen. Dieses Ideal des einsamen Lebens, dem das Mönchtum ursprünglich entwachsen ist, war damals eben auch eines der großen Anliegen der Reformbewegungen. Mit diesen Eremiten gründete Abt Robert im Jahre 1075 die Abtei Molesme, an der Grenze zwischen der Champagne und Burgund gelegen. Die Entwicklung dieser Abtei nahm jedoch einen ganz anderen Lauf, als von den Gründern beabsichtigt. Durch reiche Schenkungen und das Wohlwollen des Lokaladels wurde Molesme nicht nur eine einflußreiche Abtei, die sich immer mehr in die feudalistische Gesellschaft integrierte, sondern mit der Zeit auch das Zentrum einer eigenen monastischen Kongregation. Angesichts dieser Entwicklung tat sich eine Schar von Mönchen zusammen, die, unzufrieden mit dem tatsächlichen Klosterleben, sich nach einer konsequenteren und regelkonformeren Verwirklichung der Ordensprofeß sehnte und beschloß, von Molesme wegzugehen.

Im Frühjahr 1098 zogen Abt Robert und 21 Mönche von Molesme aus und ließen sich, nach der Überlieferung, am 21. März, am Fest des heiligen Benedikt, in der „Einöde" von Cîteaux nieder, wo sie ihr Reformprogramm in die Tat umsetzen wollten. Cîteaux, lateinisch „Cistercium" – von da der Name „Zisterzienser" – liegt 24 Kilometer südlich von Dijon und somit, wie Cluny und andere Reformzentren, in Burgund. Laut den Berichten hatten die Gründer für ihr außergewöhnliches Vorhaben von den kirchlichen Instanzen die nötige Erlaubnis erhalten. Sie nannten ihre Niederlassung zunächst „Neukloster" (novum monasterium), wohl um so das Neue ihres Programmes zum Ausdruck zu bringen. Doch die Mönche von Molesme wollten ihren Abt zurückhaben und wandten sich deshalb an Papst Urban II. In der Tat mußte Abt Robert bereits im Sommer 1099 auf Geheiß der kirchlichen Oberen nach Molesme zurückkehren, wo er bis zu seinem Tod (1111) als Abt das Kloster leitete.

Die Mönche des „Neuklosters" wählten den Prior Alberich zu ihrem Abt. Er war schon unter den Eremiten, die Molesme gründeten, und kam von dort nach Cîteaux. In beiden Klöstern hatte er das Amt des Priors inne. Er baute die Neugründung materiell und geistig aus und sicherte ihr 1100 den päpstlichen Schutz. Nach der Legende soll Abt Alberich aus den Händen der Gottesmutter Maria das weiße Ordensgewand empfangen haben. Es ist durchaus möglich, daß damals die Zisterzienser das schwarze Benediktinergewand mit dem „weißen" Mönchshabit vertauschten, der überhaupt in jener Zeit die neuen Reformorden charakterisierte. Er bestand ganz einfach aus ungebleichter Schafwolle von einer grau-braunen Tönung, die beim Waschen immer bleicher wurde. Darum nannte man die Zisterzienser die „grauen" oder auch die „weißen" Mönche. Der verdiente Abt Alberich starb im Jahre 1108.

Zu seinem Nachfolger wurde der Engländer Stephan Harding († 1134) erkoren. Anläßlich seiner Studien in Frankreich lernte er die Abtei Molesme kennen und trat dort nach einer Romreise ein. Auch er gehörte zu den Gründerpionieren von Cîteaux. Er besaß außerordentliche Organisationstalente und brachte das intellektuelle Leben des jungen Klosters zur Blüte. Zeuge stehen dafür seine berühmte Bibelkorrektur, für die er auch jüdische Gelehrte herbeizog, die herrlichen Buchmalereien seines Skriptoriums und die von ihm durchgeführte Liturgiereform. Das größte Ereignis in jenen Jahren war 1113 der Eintritt des adeligen Bernhard von Fontaine-lès-Dijon und seiner dreißig Gefährten ins Kloster Cîteaux. Diese ganze Schar, zu der sogar sein Vater Teszelin, seine Brüder, Verwandte und Freunde zählten, hatte sich unter der Führung Bernhards über längere Zeit intensiv auf das Klosterleben vorbereitet. Ohne diesen Masseneintritt wäre wohl Cîteaux das gleiche Los beschieden gewesen wie vielen Neugründungen jener Zeit: Es wäre mit dem Tod der Gründer erloschen. Dank dieses unerwarteten Zuwachses wurde nun aus Cîteaux ein eigener Orden.

Bereits 1113 konnte Abt Stephan die erste Gründerkolonie nach La Ferté entsenden. Ein Jahr später erfolgte dann die Gründung von Pontigny und 1115 jene von Clairvaux und Morimond. Man nennt diese vier ersten Tochterklöster von Cîteaux die Primarabteien. Im zisterziensischen Rechtssystem hatten diese eine privilegierte Stellung. Die zisterziensische Verfassung wurde durch diese Tochtergründungen veranlaßt. Das geschah in der bekannten „Carta caritatis", die Papst Kalixt II. († 1124) im Jahre 1119 bestätigte und die das 4. Laterankonzil (1215) den alten und neuen Orden als Modell empfahl. Die in ihr grundgelegte Organisation und Verfassung des Ordens kennzeichnete das Verhältnis von Mutter- und Tochterkloster und überhaupt der Klöster untereinander, die in sich jeweils autonome Abteien sind, als Liebesbund. Ein Kenner der Europäischen Rechtsgeschichte, Léon Pressouyre, beurteilt die zisterziensische Grundverfassung als „eine der revolutionärsten Strukturen des Mittelalters", da sie es verstanden habe, „die Fallen des Zentralismus zu umgehen und den Risiken des Dirigismus und der Anarchie vorzubeugen".

Trotz des klaren Rechtsgefüges mit Cîteaux, seinem Abt und dem jährlichen Generalkapitel als dessen Zentrum, bekam im Orden immer mehr eine charismatische Gestalt die Oberhand: Bernhard, der Abt von Clairvaux. Er ist keineswegs der Gründer des Zisterzienserordens, wie das immer wieder behauptet wird, aber er hat ihn durch seine Person und sein Wirken maßgebend geprägt, war er doch der Wortführer der Zisterzienser in den Auseinandersetzungen des „alten", cluniazensischen Mönchtums mit dem neuen Orden, der sich rasant schnell ausbreitete. Diesem Streit zwischen Benediktinern und Zisterziensern hat man jedoch insofern zuviel Bedeutung beigemessen, als man heute weiß, daß die Streitschriften nicht nur ein literarischer Topos waren (schon in der Antike), sondern sich genauso zwischen verschiedenen Reformrichtungen innerhalb des Benediktinertums nachweisen lassen. 1118 gründete Abt Bernhard von Clairvaux das erste Tochterkloster aller vier Primarabteien: Trois-Fontaines – und eröffnete damit die erstaunliche Expansion des Zisterzienserordens, die weitgehend ihm zu verdanken ist. Bestanden 1115 fünf Zisterzienserklöster, so waren es im Todesjahr des heiligen Bernhard (1153) bereits 344 Klöster, von denen allein 166 zur Filiation von Clairvaux gehörten. Bernhard selber hat 68 direkte Gründungen vorgenommen, die ihm als Vaterabt unterstellt waren. Ab 1130 trat der Abt von Clairvaux immer mehr in der kirchenpolitischen Öffentlichkeit auf, vor allem durch seine Intervention zugunsten von Innozenz II. († 1143) im Papstschisma. Er wurde zum Ratgeber der Päpste, Kaiser und Fürsten, zum „Schiedsrichter Europas". Höhepunkt seines Lebens war wohl 1145 die Erhebung seines ehemaligen „Schülers", des Zisterzienserabtes Bernardo Paganelli, auf den Papstthron unter dem Namen Eugen III. († 1153). Dieser beauftragte den heiligen Bernhard 1146 mit der Predigt des 2. Kreuzzugs, zu dem er erfolgreich in Frankreich, Flandern und Deutschland aufrief. Das ganze Kreuzzugunternehmen endete jedoch in einer Katastrophe. Beide, Papst Eugen III. und Bernhard von Clairvaux, starben im selben Jahr 1153.

Noch unter Abt Stephan Harding kam es um 1120 zur Gründung eines ersten Zisterzienserinnenklosters, nämlich der Abtei Tart, 12 Kilometer nordöstlich von Cîteaux gelegen. Seither besteht der eine Zisterzienserorden aus Männer- und Frauenklöstern. Der weitere Verlauf der Ordensgeschichte durch die Jahrhunderte war ein bewegtes Schwanken zwischen „Ideal" und „Wirklichkeit", ein ständiges Anpassen an immer neue geschichtliche Situationen. Ab dem 13./14. Jahrhundert zeichnete sich ein zunehmendes Angleichen an die benediktinischen Lebensformen ab. 1245 entstand in Paris das Bernhardkolleg, das die Gründung einer Reihe von Studienhäusern quer durch Europa eröffnete. Dadurch erfuhr das intellektuelle Leben im Orden einen Aufschwung. Innere und äußere Schwierigkeiten sowie das Aufblühen der Bettelorden ließen den Orden jedoch erlahmen, obschon die Anzahl der Klöster noch immer recht beeindruckend war: in der Mitte des 13. Jahrhunderts gab es 647, im Jahre 1675 742 Zisterzienserklöster.

Im 15. Jahrhundert begannen sich die Klöster einzelner Regionen zu gruppieren und schlossen sich – nach dem Vorbild der Benediktiner – zu Kongregationen zusammen, die aber dem Orden einverleibt waren. Die erste dieser Zisterzienserkongregationen war die kastilische (1425 gegründet). Stark in Mitleidenschaft gezogen durch die verschiedenen Kriegsperioden und vor allem durch die Reformation, bemühte sich der Orden nach dem Konzil von Trient (1545–1563) um eine innere Reform des Klosterlebens. Aus diesem Bestreben entstanden verschiedene Reformbewegungen, vor allem die Reform des Abtes von La Trappe, Armand-Jean le Bouthillier de Rancé (†1700). Verheerend für die Existenz des Ordens wirkte sich die Französische Revolution (1789) aus. 1791 wurden die Mutterabtei Cîteaux aufgehoben und die Mönche vertrieben. Damit brachen die Rechtsstrukturen des Ordens zusammen. Das Generalkapitel, das schon vorher nicht mehr regelmäßig zusammenkam, konnte nicht mehr stattfinden. Im 18. und 19. Jahrhundert erlosch die Großzahl der Klöster. Das erste eigentliche Generalkapitel seit 1786 trat erst wieder 1880 in Wien zusammen. Im 19. und 20. Jahr-

hundert entstanden mehrere neue Zisterzienserkongregationen. 1892 schlossen sich die im 17. Jahrhundert aufge-
kommenen Reformkongregationen, darunter jene von La
Trappe, zu einem eigenen Orden zusammen, zum „Orden
der Zisterzienser der Strengen Observanz" oder „Trappi-
stenorden" genannt. Seither existieren zwei autonome Zisterzienserorden mit eigenem Generalabt, der in Rom residiert, und mit eigenem Generalkapitel.

Das Ideal der Zisterzienser

Drei historische Berichte über die Anfänge von Cîteaux
und des Ordens aus dem 12./13. Jahrhundert, aber auch
viele zeitgenössische Geschichtsquellen sowie die Schriften der frühen Zisterzienserautoren geben uns Aufschluß
über das Ideal der Zisterzienser. Wie die Grundverfassung, so hat auch das zisterziensische Reformprogramm
bis zu seiner Endfassung verschiedene Stadien durchlau-
fen, welche die Forschung von heute nicht ohne Schwierigkeiten zu verfolgen sucht. Während man früher die
Ausformulierung der zisterziensischen Ideale ausschließlich den drei Gründeräbten, namentlich Alberich und Stephan Harding, zuschrieb, geht die Tendenz der Speziali-
sten heute dahin, auf den wachsenden Einfluß und die füh-
rende Rolle des heiligen Bernhard zu verweisen. Einige
vertreten bereits die Meinung, man müsse eher von einem
„bernhardinischen" als von einem zisterziensischen Ideal
sprechen, besonders im Bereich von Kunst und Architektur. Wie immer liegt die Wahrheit auch hier wohl in der
Mitte. Die Analyse zeigt tatsächlich, daß die Ordensge-
setzgebung allmählich das rezipierte, was in Clairvaux und
seiner Filiation gelebt wurde.
1. *Das Ideal der „reinen" Regel.* Alle frühen Quellen stimmen darin überein, daß das ausschlaggebende und tragende Motiv der Gründung von Cîteaux die radikale und
integrale Beobachtung der Benediktregel (puritas Regulae,
integritas Regulae) war. „So machten sie die Regel",

heißt es im ‚Exordium parvum‘, „zur Richtschnur ihres ganzen Lebens, folgten ihren Vorschriften sowohl in liturgischen als auch in allen übrigen Belangen und richteten sich ganz nach ihnen aus" (Kap. 15). Vor allem im liturgischen und innerklösterlichen Bereich hielten sich die ersten Zisterzienser so sehr an dieses Prinzip, daß sie mit den altbenediktinischen Consuetudines-Überlieferungen brachen und darum als „Neuerer" (novatores) hingestellt wurden, manchmal sogar als „Pharisäer", weil man ihnen eine wortwörtliche Einhaltung der Regel unterstellte.

2. Das Ideal der Authentizität. Von Anfang an haben die Zisterzienser darauf geachtet, in ihrem klösterlichen Leben möglichst authentische Textquellen (quod magis authenticum) zu verwenden. Das veranlaßte sie zu einer eigenen Bibelkorrektur (die „Stephansbibel") und zu einer Reform der Liturgie. Diese Arbeit wurde von Abt Alberich in Angriff genommen und von seinem Nachfolger, Abt Stephan Harding, weitgehend durchgeführt und abgeschlossen. Nach dem Tod von Abt Stephan im Jahre 1134 beauftragte der Orden, unter Berufung auf dasselbe Prinzip, Abt Bernhard von Clairvaux mit einer zweiten Liturgiereform. Sie war hauptsächlich eine Musikreform und kam 1147 zum Abschluß.

3. Das Ideal der Einfachheit und Armut. Angeregt durch die „vita evangelica et apostolica"-Bewegung wollten auch die Zisterzienser als „Arme dem armen Christus" nachfolgen. Dieses Verlangen nach wirklicher Armut und Einfachheit bewog sie zu sehr strengen Maßnahmen in der Gestaltung ihres monastischen Lebens, in Nahrung, Kleidung, Architektur, Kunst, ja bis hin zur liturgischen Feier. Jeglicher Überfluß (superfluitas) und jeglicher Prunk (superbia) waren verpönt. Konkret bedeutete das bezüglich Architektur und Kunst, daß Bilder und Skulpturen verboten waren; die Glasfenster durften nicht bemalt sein; die Kirchen durften keine Türme, sondern nur Dachreiter haben; die liturgischen Geräte durften weder aus Gold noch Silber sein, die Paramente nicht aus Seide; prunkvolle liturgische Gewänder waren nicht zugelassen; nur ein einziger Kerzenständer, aus Eisen, durfte aufgestellt werden. Auch in der Buchmalerei setzte sich das Prinzip der Einfachheit mit der Zeit durch: Die Anfangsbuchstaben (Initialen) durften nur einfarbig sein, auf Miniaturen mußte verzichtet werden. Es ist leicht einzusehen, daß sich alle diese Vorschriften in ihrer Absolutheit nicht „ewig" aufrechterhalten konnten, denn bereits ab dem 13. Jahrhundert begannen die Klöster Zugeständnisse an neue Kunstrichtungen zu machen, selbst wenn die Sorge um Einfachheit nie ganz aufgegeben wurde.

Das Armutsprinzip kam vor allem im wirtschaftlichen Sektor zum Tragen. Die Zisterzienser legten großen Wert auf die Handarbeit und damit auf Eigenbetrieb. Zu diesem Zweck schufen sie das Institut der Konversen (Laienmönche, Laienbrüder), denen Verwaltung und Wirtschaft des Klosters übertragen war. Zwar gab es die Konversbrüder schon vor Cîteaux, aber die Zisterzienser haben sie als feste Institution in ihre Ordensverfassung aufgenommen. Sie sollten es den Mönchen ermöglichen, ein regelkonformes und von weltlichen, feudalen Strukturen unabhängiges Leben zu führen. Die Zisterzienser entwickelten das System der Grangien, um das Kloster angelegte Wirtschaftsbetriebe, die von Konversen geleitet wurden. Mit eigener Arbeit und durch Verzicht auf jede „Ausbeutung" von Menschen sollten die Zisterzienser für ihren Unterhalt sorgen. Am Anfang des Ordens lebten sie gemäß ihrem Ideal von Ackerbau und Viehzucht, wo sie große Pionierarbeit geleistet haben, bis sie im Verlaufe der Zeit zu Markt, Handel und Industrie übergingen. Anfänglich waren auch die Bestimmungen über den Besitz und die Einkünfte des Klosters sehr streng. So war es den ersten Zisterziensern verwehrt, Zehnten und Zinsen entgegenzunehmen. In wirtschaftlicher Hinsicht haben die „weißen Mönche" Großes geleistet.

4. Das Ideal der Einsamkeit. Wie andere Reformbewegungen des 11./12. Jahrhunderts hatten die Gründermönche von Cîteaux eine Vorliebe für die Einsamkeit (eremus). Die frühen Ordensstatuten legten fest, daß in Städten, an festen Plätzen und in Dörfern keine Klöster errichtet werden dürfen, sondern nur an Orten, „die vom Verkehr der Menschen abgelegen sind". Wohl nach dem Beispiel des heiligen Bernhard und seinen Klostergründungen setzte sich langsam der Brauch durch, die Abteien in Tälern anzusiedeln, die typische Zisterzienserlage.

5. *Das Ideal der Einheit.* Die Einheit, ja sogar die Einförmigkeit (uniformitas) als Zeichen und Instrument der Liebe war ein wichtiges Grundanliegen der ersten Zisterzienser. Es kommt ganz klar in der „Carta caritatis" zum Ausdruck, wo geschrieben steht: „Wir wollen leben in der *einen* Liebe, unter der *einen* Regel und nach den gleichen Bräuchen" (Kap. 3). Die Bücher des täglichen Gebrauchs, also der Regeltext und die liturgischen Bücher, mußten mit jenen von Cîteaux übereinstimmen, nicht nur im Wortlaut, sondern auch in der Interpretation. Zwischen 1173 und 1191 entstand der Normalkodex (Dijon, Hs. 114 [82]), nach dem alle Zisterzienserklöster ihre liturgischen Bücher zu kopieren hatten.

Alle diese Grundprinzipien der zisterziensischen Reform machen das aus, was wir heute als Spiritualität, Kunst, Architektur, Liturgie und Wirtschaft der Zisterzienser bezeichnen und sind die Ausdrucksformen des ihnen zugrundeliegenden Zisterzienserideals. Dieses Ideal wurde vertieft und ausgeweitet durch das Schrifttum der Ordensautoren. Auch hier steht am Anfang der hl. Bernhard von Clairvaux, der als der Begründer der zisterziensischen Spiritualität betrachtet werden kann, um so mehr als die meisten Ordensschriftsteller in irgendeiner Weise von ihm abhängig sind. In außerordentlichem Maße war ihm die Gabe des Wortes und der Begeisterung zu eigen – man nennt ihn sogar den „honigfließenden Lehrer" („Doctor melifluus"). Seine geistlichen Werke, die in der christlichen Spiritualitätsgeschichte einen hohen Rang haben, füllen heute neun umfangreiche Bände. Dem Abt von

Clairvaux standen drei weitere bedeutende Zisterzienserautoren nahe, die mit ihm zusammen den Ehrentitel „die vier Evangelisten von Cîteaux" oder „die vier Lehrer von Cîteaux" teilen, nämlich die Äbte Wilhelm von St-Thierry († 1148), Guerric von Igny († 1157) und Aelred von Rievaulx († 1167). In ihren Schriften ist die Zisterzienserspiritualität bleibend verankert. Das Verzeichnis der Zisterzienserautoren vom Anfang des Ordens bis ins 19. Jahrhundert umfaßt 3000 Namen. Auch manche Zisterzienserklöster wurden zu regelrechten mystischen Zentren, wie etwa im 14. Jahrhundert die deutschen Abteien von Heilsbronn und Kaisheim und vor allem die böhmische Abtei Königsaal. Die zisterziensische Mystik kam besonders in der Frauenbewegung des 13. Jahrhunderts zur Entfaltung. Einer ihrer bekannten Mittelpunkte war die thüringische Abtei Helfta mit den Mystikerinnen Mechthild von Magdeburg († 1282), Mechthild von Hackeborn († 1294) und Gertrud von Helfta († 1302). In unserem Jahrhundert erlangte der amerikanische Trappist Thomas Merton († 1968) große Berühmtheit.

Die Zisterzienserspiritualität als eine eigene „Schule" innerhalb des Benediktinertums zeichnet sich aus durch eine einfache und affektbetonte Frömmigkeit, die sich nährt aus den lauteren Quellen der Bibel, der Kirchenväter, der Liturgie und der klösterlichen Alltagserfahrung. In ihren großen Linien ist sie Christus- und Marienfrömmigkeit, mit einem besonderen Akzent auf dem Weihnachts- und Passionsgeheimnis. Die Ordensvorschriften wollten von Anfang an, daß alle Zisterzienserkirchen „Maria, der Königin des Himmels und der Erde" geweiht seien. Als Themen der Zisterzienserliteratur kommen immer wieder zur Sprache: die Selbsterkenntnis, die dreigestaltige Liebe als Selbst-, Nächsten- und Gottesliebe und ihre verschiedenen Stufen, das Gemeinschaftsleben, die Freundschaft, der Weg des Menschen zu Gott, die asketische Lebensweise und die Gotteserfahrung.

Der „alte" Zisterzienserorden (O. Cist.) gehört heute mit seinen 12 Kongregationen und den 86 Männerklöstern (1327 Mitglieder) und 63 Frauenklöstern (1124 Mitglieder) zum Erscheinungsbild der Kirche mit ihrem Vielerlei an Orden und Kongregationen. Seit dem Jahre 1892 existiert ein zweiter Zisterzienserorden, der „Orden der Zisterzienser der Strengen Observanz" (O.C.S.O.). Die große Zisterzienserfamilie mit etwa 300 Frauen- und Männerklöstern umfaßt heute neben den genannten beiden Orden auch noch den Orden der Bernhardinerinnen von Esquermes (F), zwei weitere Bernhardinerinnenklöster, die auf eine Reform des 17. Jahrhunderts zurückgehen und die Zisterzienserschwestern von Anagni (I).

Die Klöster der Zisterzienserinnen und Zisterzienser von der Allgemeinen Observanz sind heute vorwiegend im deutschen Sprach- und Kulturraum angesiedelt sowie im Osten Europas: Ungarn, Polen, Tschechien und Slowenien. In den dreißiger und vierziger Jahren unseres Jahrhunderts unternahm der Orden die ersten außereuropäischen Gründungen: in Äthiopien (die italienische Kongregation von Casamari), in Brasilien (die Kongregation von Mehrerau und die Österreichische Kongregation), nachdem 1928 in Nordamerika (Wisconsin) das Kloster Spring Bank gegründet worden war. Erfreulich rasch entwickelte sich auch das zisterziensische Mönchtum in Vietnam, das dort 1918 von dem französischen Priester Henri Denis eingepflanzt worden war, aber in späteren Jahren sehr unter dem kommunistischen Regime zu leiden hatte.

Während die meisten Frauenklöster des Ordens sich dem kontemplativen Leben widmen, haben die Männerklöster im Verlaufe der Zeit – oft auf politischen Druck hin wie im Josephinismus – seelsorgerliche und erzieherische Aufgaben übernommen. Die meisten Zisterzienserabteien betreuen Pfarreien und Schulen. Von daher gesehen unterscheidet sich die Entwicklung der Zisterzienserklöster in unserem Jahrhundert nicht wesentlich von jener der Benediktinerklöster. Im Zuge des Zweiten Vatikanischen Konzils hat sich der Orden neu auf seine Ursprünge, seine Ideale und seine Sendung in der Welt von heute besonnen. Daraus entstand 1968/1969 ein grundlegendes Dokument, nämlich die „Erklärung des Generalkapitels über die wesentlichen Elemente des heutigen Zisterzienserlebens". Die vom Konzil vorgeschlagene Reform des klösterlichen Lebens wurde im Orden ohne Überstürzung und mit großer Umsicht durchgeführt. Sowohl der Orden als solcher als auch die einzelnen Kongregationen haben nach dem Konzil neue Konstitutionen erarbeitet, die 1981 von Rom definitiv approbiert wurden. Als einer der ganz wenigen Orden haben die Zisterzienser das Institut der Konversen prinzipiell beibehalten, wobei diese aber den Chormönchen rechtlich gleichgestellt sind. Probleme, denen der Zisterzienserorden sich heute stellen muß, sind: der akute Nachwuchsmangel (allerdings von Kloster zu Kloster verschieden), die Überalterung der Klöster sowie die Gleichberechtigung von Frauen- und Männerklöstern und die Partizipation der Frauen an der Leitung des Ordens. Ein neues Wirkungsfeld eröffnet sich dem Orden im früher kommunistischen Ostblock, wo ihm eine Reihe aufgehobener Abteien zurückgegeben wurden. Vermehrt tritt heute auch der Wunsch auf, daß sich die beiden Zisterzienserorden in irgendeiner Form wieder vereinigen. Dazu könnte das 900. Gründungsjubiläum von Cîteaux im Jahr 1998 der Anlaß sein.

2. Die Reform der Reform: Geschichte und Spiritualität der Trappisten
Sr. Magdalena Aust OCSO

„Die Trappisten sind auch nicht mehr das, was sie mal waren", stellte eine junge Frau einmal fest. Belustigt, ironisch, enttäuscht? Vielleicht von allem ein bißchen. Kaum ein anderer Orden muß sich mit so viel romantischer Legendenbildung auseinandersetzen: Trappisten dürften niemals sprechen – oder sie müßten sich mit „Memento mori" (Denk' an den Tod) begrüßen, schliefen in ihrem Sarg und schaufelten täglich an ihrem Grab... Manche Ordensmitglieder versuchen derartigen Vorurteilen auszuweichen, indem sie auf die Frage nach der Ordenszugehörigkeit einfach sagen „Zisterzienser", falls zu einem ausführlichen Gespräch keine Gelegenheit besteht. Doch gibt es viele Länder, in denen das Zisterzienserleben nur in der trappistischen Spielart bekannt ist. Die Frage nach der Identität des Ordens stellt sich also in unserer Zeit wieder neu: Welches Bild von den Trappisten ist heute gültig?

Die „Strenge Observanz"

In gewissem Sinne entstanden die Trappisten, wie man die Zisterzienser strengerer Observanz bis heute im Volksmund nennt, durch die Französische Revolution – wenn auch die Reform von La Trappe damals bereits über hundert Jahre alt war und andererseits nochmals hundert Jahre vergehen sollten, bis sie zu einem eigenen Orden führte. Die Zeit davor: Etwa um 1600 kam im Zisterzienserorden eine „Observanz"-Bewegung auf, die versuchte, zu strengerer Regel-„Beobachtung" (daher der Name) zurückzukehren, um sich von den Quellen her zu erneuern. Wie einst Mönche von Molesme ausgezogen waren und das „Neukloster" Cîteaux gegründet hatten, weil sie die Regel des hl. Benedikt wieder treu befolgen wollten, so auch die ersten Mönche der „Strengen Observanz": Sie suchten ein

Leben buchstäblich nach der Regel, mit gemeinsamem Schlafsaal und gemeinsamem Tisch, ohne Fleischspeisen – weshalb man sie spöttisch die „Abstinenten" hieß.

La Trappe – zurück zu den Ursprüngen

Jahrzehntelang erschütterte der „Kampf der Observanzen" den Zisterzienserorden. Eine der herausragenden Gestalten dieser Epoche war Jean-Armand de Rancé, 1664–1700 Abt von La Trappe. Enttäuscht von der Entwicklung im Orden, wollte er wenigstens in seinem eigenen Kloster eine wirkliche Reform durchführen. Dabei ließ er sich von den Schriften der alten Mönchsväter des Ostens inspirieren und legte besonderen Wert auf Einsamkeit und Abgeschiedenheit von der Welt durch strenge Klausur und Stillschweigen, auf körperliche Arbeit und bäuerlich einfache Nahrung, auf Demut und Selbstverleugnung. Das Ziel: Freiwerden für das immerwährende Gebet. Das Chorgebet, besonders das nächtliche Gebet, wurde wieder stärker betont. Bei aller Strenge wurde er aber nicht müde zu betonen, daß sämtliche äußeren Übungen ohne die Liebe keinen Wert haben, und er lebte dies auch selbst vor, „wie Christus unter den Brüdern". Schon zu seinen Lebzeiten wurde La Trappe so eine Legende. Seine Mönche verehrten und liebten Abt de Rancé, und er zog Scharen von Kandidaten an. Die Observanz von La Trappe blieb jedoch bis zur Französischen Revolution auf wenige Häuser beschränkt.

Als Folge der Revolution wurden 1791 die Klöster in Frankreich aufgehoben. Gerade noch rechtzeitig gelang es dem Novizenmeister von La Trappe, P. Augustin de Lestrange, von seinen Oberen die nötigen Vollmachten zu erhalten und mit 24 Mitbrüdern in der ehemaligen Schweizer Kartause La Valsainte unterzukommen. Damals belegte man sie erstmals mit dem Spitznamen „Trappisten". Cîteaux und La Trappe gingen 1792 unter, La Valsainte aber blühte rasch auf. 1794 wurde es zur Abtei und zum

„Haupt der ganzen Kongregation von La Trappe" erhoben, denn schon gab es erste Zweigniederlassungen. Weitere Gründungen wurden, je mehr der Zustrom verfolgter Ordensleute zunahm, in rascher Folge in mehreren europäischen Ländern unternommen. 1796 entstand in Sembrancher im Wallis ein Kloster für geflüchtete Ordensfrauen, die ersten Trappistinnen. Zu den in La Trappe üblichen Gebräuchen kamen nun weitere Härten hinzu. Teils waren sie durch die erbärmliche wirtschaftliche Lage entstanden, teils wurden sie in einem ungeheuren Sühnewillen auch bewußt gesucht. Diese Mönche und Nonnen wollten hochherzig Genugtuung leisten für alle Nachlässigkeiten in der Regelbeobachtung und zugleich stellvertretend büßen für die Entehrung des Altarsakraments und alle Gotteslästerungen ihrer Zeit. Die Greuel der Französischen Revolution forderten nach ihrer Meinung den Einsatz aller physischen und psychischen Kräfte zur Sühne und Wiedergutmachung.

Zum Jahresbeginn 1798 überschritten französische Truppen die Schweizer Grenze. Nun waren flüchtige Ordensleute auch hier nicht mehr sicher. In einer beispiellosen „monastischen Odyssee" durchwanderten die Trappisten-Mönche, Nonnen und Kinder, insgesamt 254 Personen, Süddeutschland, Österreich, Polen und Rußland auf der Suche nach einer Möglichkeit, das Klosterleben fortzusetzen. Man weiß nicht, worüber man bei diesem Unternehmen mehr staunen soll: über die Standhaftigkeit und den Leidensmut, womit sie alle Strapazen dieser Bettelfahrt ertrugen, oder über die Gewissenhaftigkeit, mit der sie die Ordensbräuche auch unterwegs in allen Einzelheiten zu beobachten suchten: Chorgebet, Stillschweigen, Fasten... Aus Rußland wurden die Mönche und Nonnen im Jahr 1800 ausgewiesen. Sie erreichten Hamburg und zogen von dort in Gruppen nach Westfalen, nach Flandern, zurück in die Schweiz, nach England und nach Amerika.

1815 konnten die französischen Trappisten in ihre Heimat zurückkehren. Etliche Klöster wurden neu besiedelt, darunter auch La Trappe. Beim Tod Dom Augustins 1827 gab es über 700 Trappistenmönche. Die deutschen Mönche und Schwestern, die sich um Darfeld in Westfalen zusammengefunden hatten, siedelten 1826 nach Oelenberg im Elsaß um. Von dort aus wurde 1860 Mariawald in der Eifel wiedererrichtet. Während des ganzen 19. Jahrhunderts breiteten sich die Trappisten stetig aus, bis nach Nordamerika, Afrika, Asien, Ozeanien. Nun wandelte sich das Bild: Aus einer bedürftigen, bettelnden Emigrantenschar waren einfache, seßhafte Landarbeiter und Handwerker geworden, die durch ihr frommes Beten und stilles Arbeiten schweigend missionierten. Der größere Teil der Klöster hielt zunächst an den sehr strengen Bräuchen von La Valsainte fest; um die Jahrhundertmitte aber setzte eine Rückbesinnung ein. Man wollte von der Überbetonung des Buß- und Sühnegedankens weg, zurück zu den ersten Gewohnheiten von Cîteaux und Rancés Gebräuchen von La Trappe.

Obwohl sich dies alles noch ganz innerhalb des einen Zisterzienser-Ordens vollzog, machte sich eine wachsende Entfremdung bemerkbar. Schon seit dem 17. Jahrhundert hatten sich die Kongregationen in Spiritualität und Lebensstil auseinanderentwickelt. Während z. B. in den Klöstern der Strengen Observanz mehr die „französische Schule" der Frömmigkeit herrschte und die Jesuiten wegen ihres angeblichen Laxismus geringgeschätzt wurden, bevorzugten die Klöster in Süddeutschland und Österreich für ihre Studenten gerade die Universitäten der Jesuiten, so daß eine jesuitische Note in ihre Frömmigkeit Einzug hielt. Die Unterschiede verschärften sich, als diese Klöster durch die Zeitumstände gezwungen waren, Pfarrseelsorge und Schulen zu übernehmen. Nur durch solche Beweise ihrer „Nützlichkeit" für Staat und Gesellschaft war es vielen von ihnen möglich, den Josephinismus und dann die Folgen der Französischen Revolution irgendwie zu überstehen.

Die Trappisten dagegen hatten durch den radikalen Neubeginn eine Chance, die kontemplative Ausrichtung der monastischen Berufung stärker zu betonen. Ihre Klöster waren alle sehr arm. Man lebte von Landwirtschaft und Gartenbau; meist gab es auch einige handwerkliche Betriebe für den Eigenbedarf. Es war ein sehr einfaches, völlig gemeinschaftliches Leben. Beim Chorgebet kam zum Tagesoffizium noch das Marianische und an allen freien Tagen das Totenoffizium hinzu. Privat betete man täglich den Kreuzweg und den Rosenkranz, besuchte den Friedhof und hielt stille Anbetung vor dem Allerheiligsten. Die Betrachtung wurde morgens und abends gemeinsam gehalten; für die Lesung blieb leider oft wenig Zeit, weil die Armut großen Arbeitseinsatz erforderte.

Die Spaltung des Zisterzienserordens

Nach den Wirren der Französischen Revolution und der napoleonischen Ära war es nicht mehr gelungen, eine wirklich gemeinsame Leitung des Ordens durch das Generalkapitel aller Äbte wiederherzustellen. In der zweiten Hälfte des 19. Jahrhunderts verstärkten sich die Spannungen zwischen den aus La Valsainte hervorgegangenen Trappistenkongregationen und den Kongregationen der Allgemeinen Observanz. Durch den so unterschiedlichen Hintergrund hatte man sich mehr und mehr auseinandergelebt; außerdem brachten die nationalen Gegensätze zwischen Deutschland und Frankreich wohl auch eine gefühlsmäßige Entfremdung mit sich. Schließlich trennte Papst Leo XIII. 1892 den „Orden der Reformierten Zisterzienser Unserer Lieben Frau von La Trappe" vom Zisterzienserorden ab. Die neuen Konstitutionen nahmen die ältesten Gewohnheiten von Cîteaux wieder auf: ständige

Enthaltung von Fleischspeisen, strenge Klausur, Still-schweigen, Leben von eigener Hände Arbeit – auch für die Priestermönche.

Spiritualität der Trappisten im 20. Jahrhundert

1898 gelang es, die Reste des alten Mutterklosters Cîteaux zu erwerben und neu zu besiedeln. Seitdem hielten die Trappisten dort ihr Generalkapitel: konkreter Ausdruck des Willens, zur ursprünglichen Zisterzienser-Tradition zurückzukehren. 1902 wurde der Name in „Reformierte Zisterzienser" (OCR) oder „Zisterzienser Strengerer Observanz" (OCSO) abgeändert. Man sah nun deutlich, wie zeitbedingt manche Observanzen Abt Rancés, vor allem aber die äußerst harten Gebräuche von La Valsainte gewesen waren. Man begann nun, sich in die ordenseigene Spiritualität zu vertiefen, indem man vor allem die frühen Zisterzienserväter studierte und übersetzte. Was diese über das Kloster als eine „Schule der Gottes- und Nächstenliebe", über Gebet, Meditation, Fürbitte und Stellvertretung lehrten, gewann immer größere Bedeutung für die innere Formung.

Das Konzil hat alle Orden dazu aufgerufen, sich auf die Quellen, die Intentionen der Gründer und das geistliche Erbe ihrer je eigenen Tradition zu besinnen und von daher eine zeitgemäße Erneuerung in Angriff zu nehmen. Das Generalkapitel definierte 1967 die zeitlos gültigen Werte des monastisch-kontemplativen Lebens nach der zisterziensischen Tradition und fügte ein „Statut über Einheit und Pluralismus" an, das weitreichende Bedeutung erlangte. Es hat die grundlegenden Observanzen festgelegt, läßt aber jeder Klostergemeinde die Freiheit, innerhalb ihres Rahmens Einzelheiten selbst zu bestimmen. Nicht mehr die Uniformität soll Maßstab und Kriterium für echtes Trappistenleben sein, sondern die Verwirklichung der monastischen Grundwerte – die je nach Kontinent und Lebensumständen der einzelnen Klostergemeinde durch aus unterschiedlich aussehen können. Darin liegt nicht nur das Bemühen um wirkliche Inkulturation in den jungen Kirchen der Dritten Welt, sondern auch das Verständnis, daß innerhalb der gemeinsamen Zisterzienser-Berufung doch der einzelne von Gott seinen ganz persönlichen Weg geführt wird, und daß man daher sehr genau horchen muß, „was der Geist der Gemeinde sagt". Seither kann es nicht mehr nur *ein* Bild des Trappisten oder der Trappistin geben. Sind die Trappisten noch, was sie einmal waren? Sie sind und bleiben Zisterzienser. Die Konstitutionen von 1990 weisen auf wichtige Züge ihres Wesens hin: Im Mittelpunkt der monastischen Observanzen stehen die *memoria Dei* (Gottes-Gedenken), die *lectio divina* (meditierende Lesung der hl. Schrift und der Väter) und die *intentio cordis* (Ausrichtung des Herzens auf Gott und innere Wachsamkeit). Sie werden geübt in einem einfachen, arbeitsamen Leben in brüderlicher Gemeinschaft, gestützt durch Fasten, Wachen, Einsamkeit und Schweigen. Ziel all dieser „Übungen" des Mönches ist es, wie der hl. Benedikt in seiner Regel schrieb, „durch die Mühen des Gehorsams zu dem zurückzukehren, dem er [der Mönch] im Ungehorsam fortgelaufen ist": zu Gott, seinem Schöpfer und Vater. Der Mönch hofft, daß Christus immer mehr in ihm Gestalt gewinnt, wenn er ihm nachzufolgen sucht. Das äußere Bild des Ordens dagegen wandelt sich. Der Schwerpunkt verlagert sich in außereuropäische Länder. Immer mehr Klöster müssen feststellen, daß durch Landwirtschaft und Gartenbau der Lebensunterhalt nicht mehr gesichert werden und sie nicht länger Selbstversorger bleiben können. So übernehmen sie Heimarbeit für größere Firmen; kleinindustrielle und kunsthandwerkliche Betriebe sind entstanden, eng verflochten mit der einheimischen Wirtschaftsstruktur. Die radikale Trennung von der Welt läßt sich heute schwerer aufrechterhalten; die technologische Revolution dringt auch durch die Klostermauern. Außerdem erwartet die Kirche heute gerade von den beschaulichen Klöstern, daß sie für suchende Menschen offenstehen und die kontemplative Erfahrung mit denen teilen, die sich um Gebet und vertieftes geistliches Leben bemühen. Mag sich jedoch die äußere Erscheinung wandeln, die Aufgabe bleibt dieselbe: Lobpreis Gottes, Dienst der Anbetung und Fürbitte in einem verborgenen Da-sein vor Gott, stellvertretend auch für all jene Menschen, die nicht mehr glauben und nicht mehr beten können oder wollen.

Ausblick:
Zeit der Orden – Zeit der Benediktiner?
Perspektiven für die Zukunft in Kirche und Welt

Abt Christian Schütz OSB

In der zweiten Hälfte der siebziger Jahre veröffentlichte J. B. Metz sein bekanntes Bändchen „Zeit der Orden?" Es handelt sich dabei um einen leidenschaftlichen Appell an die Adresse der Orden, sich im Interesse von Kirche und Gesellschaft auf das innovatorische und kritische Potential zu besinnen, das in ihrem Lebensgesetz der radikalen Nachfolge enthalten ist. Was ist in der Zwischenzeit aus jener vitalen Frage geworden? Blickt man auf die Statistik, so hat sich die Tendenz der sinkenden Zahlen in den vergangenen Jahren fortgesetzt. Die Orden schrumpfen weiter. Die Nachwuchszahlen sind nach wie vor fallend. Dieser Trend gilt, von einzelnen Ausnahmen abgesehen, generell auch für den Benediktinerorden in Deutschland. Darin spiegelt sich der gesellschaftliche Klimawechsel wider, der allem, was Kirche ist, mit verstärkter Skepsis bzw. Ablehnung gegenübersteht.

Das Fragezeichen am Ende der Überschrift sagt nicht, wie es gemeint ist. Es ist zu ernst, als daß man sich vorschnell für eine bestimmte Antwort entscheiden dürfte. In seiner Offenheit appelliert es an den Leser bzw. Hörer und behaftet ihn bei der Last der Verantwortung, sich selber ein Urteil zu bilden und nach einer Antwort Ausschau zu halten. Es wäre verkehrt, das als feige Flucht, Rückzug oder Verweigerung von Auskunft und Stellungnahme zu interpretieren; es geht vielmehr darum, sich in Betroffenheit, Sorge und Hoffnung der Verpflichtung des Erbes wie dem Anspruch der Gegenwart zu stellen und die bestehende Offenheit der Frage anzunehmen und auszuhalten. Wo das der Fall ist, geschieht nicht einfach nichts, sondern ereignet sich Einstellung, bei der eine Frage zum Vorschein kommen kann und gehört wird. Das ist bereits eine erste Bewegung, die von ihr angestoßen und eingeleitet wird. Die gestellte Frage soll so verstanden werden, daß wir uns von ihr bewegen lassen und nach verschiedenen Richtungen blicken, in die sie unsere Aufmerksamkeit lenkt.

Unsere Kirche – eine Kirche der Orden, der Benediktiner?

Die Mönche haben einmal das Leben und Erscheinungsbild der Kirche in unserem Land geprägt. Sollen nun mit dieser Frage mittelalterliche oder zumindest frühmittelalterliche Zustände wiederkehren? Ist so etwas heute überhaupt wünschenswert? In der Gegenwart gibt es keine Anzeichen dafür. Im Augenblick spielen die Orden in der bundesdeutschen Kirche, speziell die Benediktiner, eher eine Randrolle. Ist das gut oder schlecht? Sollte sich das ändern? Das sind Fragen, die alle Betroffenen angehen. Gewiß, es fehlt nicht an Aktionen und Aktivitäten, die von einzelnen Klöstern ausgehen; es gibt außerdem eine stattliche Reihe von Nonnen und Mönchen, deren Stimme in der Öffentlichkeit der Kirche gern gehört wird. Aber sind die Mönche z. B. als Orden gefragt, interessant, ja vielleicht sogar notwendig? Wie weit reichen konkret unsere Interessen? Beschränken sie sich vor allem auf Personal, Aufgaben, Kapazitäten und rechtliche Fragen?
Es besteht der Eindruck, daß die Kirche in unserem Land und die Orden ihr Kirchesein mehr im freundlichen Nebeneinander als im geschwisterlichen Miteinander leben. Für die Zukunft der Kirche bei uns werden „Kirchenträume" eine entscheidende Rolle spielen. Kirchenträume hängen vor allem von Kirchenerfahrungen ab. Wo holen sich heute suchende, fragende, zweifelnde und junge Zeitgenossen ihre Erfahrungen von Kirche? Wie sehen die

konkreten Erfahrungen vor Ort aus? Wo gibt es Stätten und Möglichkeiten genuiner Erfahrung von Glaube, Nachfolge, Kirche? Diese Herausforderung ist so fundamental, daß sie uns alle betrifft und allen Fragen nach Kompetenz, Programmen und Organisationen vorausliegt. Kennt im Hinblick auf diese Situation von Glaube und Kirche unsere Kirche eine echte Anfrage etwa an den Benediktinerorden und sein Charisma? Fragt sie danach? Rechnet sie damit? Schaut sie danach aus? Was bedeutet es dieser Kirche, wenn die Orden mehr und mehr aus ihrem Erscheinungsbild verschwinden? Wird sie davon auch in ihrem Wesen und in ihren Wurzeln tangiert? Die Orden gelten als Repräsentanten des charismatischen und prophetischen Elementes in der Kirche. Was wird aus einer Kirche, die nicht mehr sagen kann, daß sie reell und konkret „auf das Fundament der Apostel und der Propheten" (Eph 2,20) gebaut ist, darauf steht und besteht?

Es bedarf wohl im Interesse des gemeinsamen Glaubens einer gegenseitigen Herausforderung der Kirche unseres Landes und der Mönche. Die Quelle dieser Herausforderung liegt im Herzen des Glaubens, im trinitarischen Gott selber. Nur wenn beide, Kirche und Mönchtum, ernsthaft, selbstlos und radikal auf diese Mitte schauen, werden sie die wahre Gestalt dieser Herausforderung und ihre Konsequenzen erkennen. Die Frage, was ein künftiges Miteinander von Kirche und Mönchen bedeuten und wie es aussehen könnte, muß offen bleiben. Zuerst gilt es, das Anliegen als solches wahrzunehmen. Die gegenwärtige Not des Glaubens lehrt nicht nur beten, sondern auch miteinander suchen, fragen, leiden und reden. Dem Mönchtum ist von seinem Ursprung her die Zweckfreiheit des „vacare Deo" (frei sein für Gott) auf die Stirn geschrieben. Dieses Merkmal muß um der Identität der Benediktiner willen bleiben. Wo es überzeugend gelebt wird, wird es von selber als Quelle und Korrektiv wirksam. Kirche verliert ihr inneres Gleichgewicht und ihre Glaubwürdigkeit, wo ihr das lebendige Wissen um das Kommen der Herrschaft Gottes und die theozentrische Blickrichtung entschwinden. Nur in der Orientierung daran und im Sich-Ver-Lassen darauf vermag sie getrost Kirche zu sein. In dieser Hinsicht tut ihr der Stachel des Mönchtums not und gut zugleich. Ein geradezu urchristliches Erkennungszeichen des Mönchtums ist seine Gastfreundschaft. Ihr Maß und ihr Selbstverständnis richten sich sowohl nach den wahren Bedürfnissen der Umgebung wie nach den bestehenden Möglichkeiten. Welche Formen und Zeichen von Gastfreundschaft braucht die Kirche in unserem Land? Sind es in erster Linie Bildungsstätten, Oasen, Informationszentren? Christen wollen mit Christen Leben, Glauben, Beten, Sinn- und Gottsuchen teilen. Das aber verlangt Mönche, die dazu fähig und bereit sind, die unaufdringlich und offen durch ihr Dasein und Leben der Kirche dienen. Vielleicht könnte sich so ein Weg auftun, wie unsere Kirche ohne vordergründigen Streit um Macht, Positionen, Einflüsse und Proportionen wieder mehr auch zur Kirche der Mönche und Orden werden könnte, zum Nutzen und Segen beider und vor allem der so desorientierten Menschen.

Unsere Zeit – eine Zeit der Orden, der Benediktiner?

Die Frage, so scheint es, beantwortet sich von selber. Die Zahlen sprechen eine deutliche Sprache. Auch wenn man der Versuchung zum quantitativen Denken nicht erliegen will, wird man in seinem Urteil sehr vorsichtig sein, zumindest, was die qualitative Zusammensetzung unserer Ordensgemeinschaften betrifft. Junge Menschen vom Format eines Franziskus oder einer Mary Ward klopfen nicht unbedingt an die Pforten unserer Klöster. Das mag seine guten Gründe haben, die ohne Zweifel nicht alle die Orden selber zu verantworten haben.
Der Meißel unserer Frage aber bohrt tiefer. Es steht mit ihr nicht eine sozusagen handgreiflich feststellbare Wahlver-

wandtschaft zwischen unserer Zeit und den Orden zur Debatte. Es hört sich gewiß gut an, wenn man die förmlich auf der Straße liegenden Nöte und Probleme unserer Gesellschaft registriert und zu ihrer Behandlung bzw. Behebung die Orden freundlich einlädt. Vielleicht sagt man sogar, das wäre die Stunde für unsere Orden, ihre Erneuerung und ihr Überleben in der Zukunft. In der Tat, es gibt in der Geschichte der Orden entsprechende Beispiele und Erfahrungen, wonach Notsituationen das Startsignal zur Gründung neuer religiöser Einrichtungen gaben. Dabei darf man jedoch nicht übersehen, daß am Beginn solcher Bewegungen gewöhnlich ausgesprochen charismatische Persönlichkeiten und intensive Glaubenserfahrungen standen, deren Wirkung, Anspruch und Verpflichtungscharakter sich unmöglich nur auf das Konto einer akuten aktuellen Notlage verrechnen lassen. Eine solche Auffassung wäre entschieden zu minimalistisch und würde dem Kern des Ordenslebens nicht gerecht. In diesem vordergründigen Sinn fiele es nicht schwer, unsere Zeit potentiell in eine Zeit der Orden umzustilisieren. Zu bedenken bleibt außerdem, ob ausgerechnet durch den Einsatz der Orden die eigentliche Anfrage, die in den Nöten unserer Gesellschaft steckt, überhaupt beantwortet werden kann. Die gesamtgesellschaftliche Betroffenheit und Verantwortung lassen sich in unserem Umkreis nicht an die Orden delegieren. Selbstredend bedeutet das nicht, daß die Ordenschristen den Problemen der Zeit gegenüber exemt sind. Niemand kann sie davon dispensieren, dazu Stellung zu beziehen. Aber sicher stellt es eine Überinterpretation und Überforderung der Verhältnisse dar, aufgrund vorhandener Schwierigkeiten ein modisches „come back" der Orden konstruieren oder fordern zu wollen.

Die Zeit der Orden und der Mönche ist keine von den übrigen isolierte Zeit. Sie leben vielmehr in der Zeit mit allen Implikationen, die dieses „in" enthält. Die Ordensleute sind es nicht, die dieser Zeit ihren Stempel aufprägen. Sie sind zu einem Großteil nichts anderes als „Kinder",

„Gefangene" oder auch „Opfer" dieser Zeit. Es wäre auch verkehrt, sich insgeheim der Erwartung hinzugeben, daß auf der Uhr dieser Zeit früher oder später die Stunde der Mönche wieder schlagen werde. So schnell wird es keine Zeit der Orden mehr geben. Wenn schon, dann haben die Orden voll und ganz an jener Zeit teil, die das jeweilige Heute von Glaube und Kirche ausmacht. Es gibt kein Zeitrefugium für Orden, geschweige denn für Mönche. Auch den Ordenschristen bleibt keine andere Wahl, als die Zeit, in der sie leben, zu ihrer Zeit zu machen. Das heißt, sich in kritischer Distanz der Zeit zu stellen, sich mit ihr auseinanderzusetzen und anzufreunden, in ihr zu stehen und sich in ihr einzurichten. Den Benediktinern ist schon vom Ursprung ihrer Lebensregel her ein bestimmter Zeitsinn eigen, der sich in der Haltung der Nüchternheit, der Wachsamkeit, der Hellhörigkeit, der Beständigkeit und der Mäßigung seinen Ausdruck verschafft.

Die Frage, ob die Benediktiner an der Zeit sind und Zukunft haben, läßt sich so, wie sie gestellt ist, und aus dem Stand heraus nicht beantworten. Man behauptet nicht ohne Grund, daß sich gegenwärtig eine neue und andere Zeit Bahn bricht. Ihr Profil, ihre Konturen, ihre Gesetze und Strömungen sind uns entzogen. Wir wissen nicht, wohin der Weg führt, wie das Ergebnis aussehen wird. Mehr als Ahnungen oder Vermutungen sind uns einstweilen nicht möglich. Wer allzu forsch die tieferen Fragen und Antworten der Zeit zu kennen und propagieren zu müssen glaubt, der läuft Gefahr, schnell auszuglühen und überholt zu werden. Zeit, im Sinne des Kairos, läßt sich nicht planen oder machen; sie kommt einem entgegen, wächst einem zu, wird einem zugereicht oder geschenkt. Daran sind viele Faktoren beteiligt. Wer um diese Zusammenhänge weiß, der wird sich hüten, vorschnell eine Zeit für sich zu reklamieren und als die seine auszugeben. Es ist alles andere als einfach zu sagen, wann was an der Zeit ist oder was gerade heute an der Zeit ist. Das verlangt eine hohe Sensibilität für die Zeit und das, was sich unterschwellig in ihr abspielt. So etwas ist ohne gründliches Hören, Zu-Hören, Hin-Hören und Hinein-Hören unmöglich. Was tut sich in der Zeit? Worin liegen ihre Möglichkeiten? Was tut ihr not im Sinne des Notwendigen, des die Not Wendenden? Um hier einen Schritt nach vorne zu tun, bedarf es des Gesprächs.

Dieses Gespräch können die Orden, die Mönche oder Benediktiner schlechterdings weder allein noch mit sich oder unter sich führen. Sie brauchen Partner, die auf sie zugehen und auf die sie ihrerseits zugehen können. Wenn man die bestehenden Klöster betrachtet, dann kann dieser Partner im Grunde unsere ganze Welt sein. Das ist ein Angebot und eine Herausforderung von unwahrscheinlicher Tragweite. Natürlich darf sich ein solcher Dialog nicht bloß auf finanzielle oder materielle Hilfeleistung beschränken. Was beinhalten die Katakombenerfahrungen der unterdrückten Kirchen und Orden? Was bedeuten das Freiheitspathos und die Befreiungserfahrung der Völker des Ostens? Wie begegnen wir der Anfrage des praktischen Atheismus und Säkularismus des Westens und Ostens? Wie stellen wir uns zum Ruf der Dritten Welt nach Klöstern und geistlichen Zentren? Wie verkraften wir den anhaltenden Exodus aus Gottesdienst und Kirche in unserem Land? Was heißt christliche Verantwortung für junge Menschen, kirchenmüde oder fernstehende Christen? Gefragt sind nicht sofort wirksame praktische und pastoralstrategische Lösungen, sondern eine hintergründige Betroffenheit, Lernbereitschaft, Solidarität und Offenheit, die sich auf einen Weg zueinander und miteinander einlassen.

Was dabei geschehen und herauskommen wird, vermag niemand zu sagen. Wenn es ein Gespräch ist, das unter der Betroffenheit des Evangeliums und der Zeit geführt wird, dann werden die Mönche nicht unverändert und unbereichert daraus hervorgehen. Eine Zeit, die vieles radikal in Frage stellt, zwingt sie geradezu, sich bis zu den genuinen Quellen ihrer Gründe und ihres Geistes, dem Angel- und

Mittelpunkt ihrer Identität hindurchzufragen. Nur von dieser Warte aus können sie den Anfragen der Zeit, die immer auch irgendwie ihre eigenen sind, Rede und Antwort stehen.

Wie sollen die Mönche in die Zukunft blicken? Die Antwort könnte lauten: in engagierter Gelassenheit. Sie wissen, sie können die Zeit nicht bedrängen noch in ihrem Sinn gestalten. Es wäre falsch, wollten sie deswegen der Zeit enttäuscht oder resigniert den Rücken kehren. Ihre Haltung der Zeit und der Zukunft gegenüber hat vieles gemeinsam mit jener Einstellung, in der ein Bauer sein Feld bestellt und seine Arbeit tut. Er weiß sehr wohl, wie sehr der Erfolg seines Tuns letztlich vom Wetter abhängt. Dem Wetter aber steht er völlig hilflos und ohnmächtig gegenüber. Der Bauer hat es nicht in der Hand, ob es zur rechten Zeit Regen, Wind oder Sonnenschein geben wird. Wetterprophezeiungen sind unzuverlässig. Er kann nur im Vertrauen darauf, daß zu gegebener Zeit die Sonne scheinen bzw. daß es regnen wird, die Aussaat wagen. Bestätigen sich in der Folge seine Erwartungen, dann weiß er, daß er recht getan hat. Erfüllen sie sich aber nicht, wer möchte sich das Recht anmaßen, den Bauern deswegen zu schelten oder ihm fahrlässiges Verhalten vorzuwerfen? Dem Bauern steht es allein zu, seine Pflicht in Verantwortungsbewußtsein, Gelassenheit und Zuversicht zu tun. Er kann nur so handeln, als hinge alles von ihm ab. Was aus diesem seinem Handeln wird, das übersteigt seinen Einfluß, sein Vermögen. Sein Werk ist ganz und gar Wagnis und Vertrauen. Danach ist er zu beurteilen. Wer wie er Vertrauen wagt, der ist immer im Recht und an der Zeit, unabhängig davon, ob der Erfolg sich einstellen wird oder nicht.

Gleicht nicht die Frage nach der Zukunft der Orden und der Benediktiner weithin der Frage nach der Sinnhaftigkeit und Zweckmäßigkeit dessen, was der Bauer tut? Gefragt sind dabei nicht unsere Wunschträume, nicht einmal die vorlauten Gebote und Forderungen der Zeit, sondern jene gläubige Gelassenheit, die das Vergangene loslassen und das Kommende bereitwillig kommen lassen kann. Gerade das aber dürfte die Frage sein, die in der Frage nach der Zeit der Orden und der Mönche steckt. Sie ist es wert, daß man sich auf sie radikal und total einläßt.

Anhang

Grundbegriffe aus dem Ordensleben von A – Z

Abt / Äbtissin
(lat. abbas: Vater) Von der Gemeinschaft eines selbständigen Klosters frei gewählter (auf Lebenszeit oder für ca. 12 Jahre) geistlicher Vater / geistliche Mutter. Abt und Äbtissin erhalten eine kirchliche Weihe.

Abtei
Haus und Lebensbereich einer selbständigen Gemeinschaft von Mönchen oder Nonnen.

Askese
(griech., Übung): Einübung in ein Leben, das ausgerichtet ist auf Gott und von diesem Ziel her den bewußten und gewollten Verzicht auf bestimmte Lebensvollzüge einschließt.

Brevier
(lat.: breviarium, von brevis: kurz): Buch, in dem alle Psalmen und Gebete des Chorgebetes für die einzelnen Gebetszeiten enthalten sind.

Chor
Raum innerhalb einer Kirche, in dem das Chorgebet verrichtet wird.

Choral
Einstimmige Gesänge für die römisch-lateinische Liturgie mit eigenen Tonarten (auch Kirchentonarten genannt). Als musikalische Ausformung des biblischen Textes ist der Choral Bestandteil der liturgischen Handlung. Die ältesten

	Choral-Handschriften stammen aus dem 8 / 9. Jhdt.
Chorgebet	Zeiten des gemeinsamen Gebetes, die den Tag der Klostergemeinschaft strukturieren und damit ihr ganzes Leben prägen.
Conversatio morum	siehe Kapitel IV, 4
Gehorsam	siehe Kapitel IV, 3
Gelübde	siehe Profeß
Habit	Ordensgewand
Hore	(lat. hora: Stunde) Stundengebet der Klostergemeinschaft. Es sind die Vigilien (Vorabend) bzw. Matutin (am Morgen), Laudes (Morgenlob), Terz, Sext und Non (kleine Tageshoren), Vesper (Abendlob) und Komplet (zur Nacht).
Jungfräulichkeit / Ehelosigkeit	siehe Kapitel IV, 2
Kapitel	Raum, in dem man sich zu Beratungen (Kapitelsitzungen) und wichtigen klösterlichen Vollzügen (Abtswahl, Einkleidung usw.) versammelt.
Klausur	Geschützter Lebensbereich innerhalb eines Klosters, der den notwendigen Raum der Stille und Sammlung ermöglichen soll.
Kommunität	Ordensgemeinschaft (auch Konvent).
Kongregation	Zusammenschluß mehrerer selbständiger Klöster und Abteien mit gemeinsamen Konstitutionen.
Konstitutionen	(oder Deklarationen) Erläuterungen und Auslegungen zur Benediktusregel.

Kontemplativ	(lat.: schauend) Leben vor dem Geheimnis Gottes als Urgrund und Ziel der Welt, der sich der Beter verpflichtet und in die er sich gesandt weiß. Zeichenhaftes Dasein in hoffender Bereitschaft auf den kommenden Herrn.
Kreuzgang	Rechteckiger (offener oder überdachter), um einen Garten (Kreuzgarten) angelegter Gang, der die Gemeinschaftsräume eines Klosters miteinander verbindet und durch seine Anlage für Prozessionen wie auch für die persönliche Meditation genutzt werden kann.
Kukulle	Vielfaltiger Mantel, der zum Chorgebet getragen wird.
Lectio divina	Geistliche Schriftlesung, siehe Kapitel III, 2,5
Liturgie	(lat. Gottesdienst) Prägende Lebensmitte jeder Klostergemeinschaft, die sich in der Feier der Eucharistie und des gemeinsamen Stundengebetes entfaltet.
Magister / Magistra	(lat. LehrerIn / NovizenmeisterIn): Geistliche(r) BegleiterIn der jungen Nonnen und Mönche, die sich in ihrer Berufung prüfen und auf die Profeß vorbereiten (Postulanten, Novizen, in Frauenklöstern auch die zeitlichen Professen).
Meditation	(lat. meditatio: Betrachtung) siehe Kapitel III, 2,5
Mönch	(lat. monachus): Männliches Mitglied eines kontemplativen Ordens.

Monastisch	Bezeichnung für alles, was der Benediktusregel, den Konstitutionen und den jeweiligen Hausbräuchen eines Klosters entspricht.
Nonne / Moniale	Weibliches Mitglied eines kontemplativen Ordens.
Noviziat	(lat.): Probezeit für Novizen / Novizinnen (d.h. Neulinge), um die Berufung zur Gemeinschaft zu prüfen (ein bis zwei Jahre). Auch theoretische und praktische Einführung in das Leben.
Offizium	(lat. Pflicht, Dienst): siehe Chorgebet.
Postulant / Postulantin	AnwärterIn für das Klosterleben, der / die unverbindlich (ein halbes bis ein Jahr) bis zur eventuellen Einkleidung und Aufnahme in das Noviziat in einer Gemeinschaft mitlebt.
Primas	Repräsentant aller benediktinischen Ordensgemeinschaften auf der ganzen Welt mit Sitz in Rom.
Prior / Priorin	StellvertreterIn des Abtes bzw. der Äbtissin.
Profeß	(lat., Bekenntnis) Bindung an eine kontemplative Gemeinschaft durch die drei monastischen Gelübde der Beständigkeit (Stabilitas), des klösterlichen Lebenswandels (Conversatio morum) und des Gehorsams (Oboedientia): siehe Kapitel IV. Nach dem Noviziat legt der Novize / die Novizin zunächst die Gelübde für drei Jahre (sogenannte zeitliche Profeß) ab;

213

	anschließend bindet er / sie sich auf Lebenszeit an eine Gemeinschaft (feierliche Profeß).
Silentium	(lat., Schweigen) Festgelegte Zeiten des Stillschweigens, die dem einzelnen den „Raum" der lebendigen und persönlichen Begegnung mit Gott ermöglichen sollen.
Stabilitas	siehe Kapitel IV, 5
Statio	Teil des Kreuzganges: Ort der Sammlung und des Schweigens, an dem sich die Gemeinschaft zum Einzug in den Chor versammelt.
Zelle	(lat. cella: Raum): Gebets- und Schlafraum der Nonnen bzw. der Mönche. Die Zelle ist bevorzugter Ort mönchischen Alleinseins; der Mönch liebt sie als Stätte, in der er unter den Augen Gottes bei sich selbst zu Hause sein kann.

Mitgliederstand des Benediktinerordens

	Benediktinerinnen:	*Benediktiner:*
Europa:	9924 in	5090 in
	514 Gemeinschaften	87 Gemeinschaften
Afrika:	1497 in	618 in
	104 Gemeinschaften	18 Gemeinschaften
Asien:	1282 in	408 in
	72 Gemeinschaften	18 Gemeinschaften
Ozeanien:	529 in	42 in
	9 Gemeinschaften	2 Gemeinschaften
Nordamerika und Kanada:	4769 in	2217 in
	90 Gemeinschaften	55 Gemeinschaften
Mittel- und Südamerika:	970 in	478 in
	79 Gemeinschaften	27 Gemeinschaften

Weltweit: 18 971 Benediktinerinnen 8853 Benediktiner in
in 868 Gemeinschaften 207 Gemeinschaften*

---

* Die Zahlen sind zusammengestellt aus dem „Catalogus Monasteriorum OSB, Rom 1990.

Mitgliederstand des Benediktinerordens

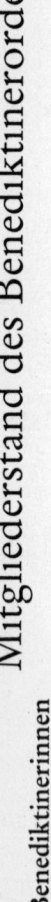

Benediktinerinnen

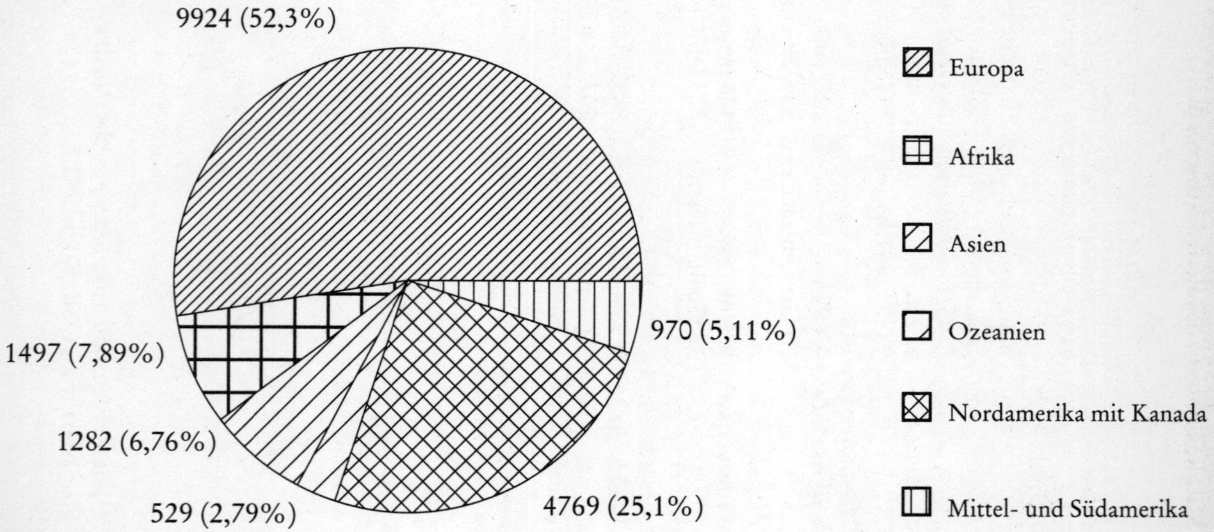

9924 (52,3%)

1497 (7,89%)

1282 (6,76%)

529 (2,79%)

970 (5,11%)

4769 (25,1%)

Europa

Afrika

Asien

Ozeanien

Nordamerika mit Kanada

Mittel- und Südamerika

Mitgliederstand des Benediktinerordens

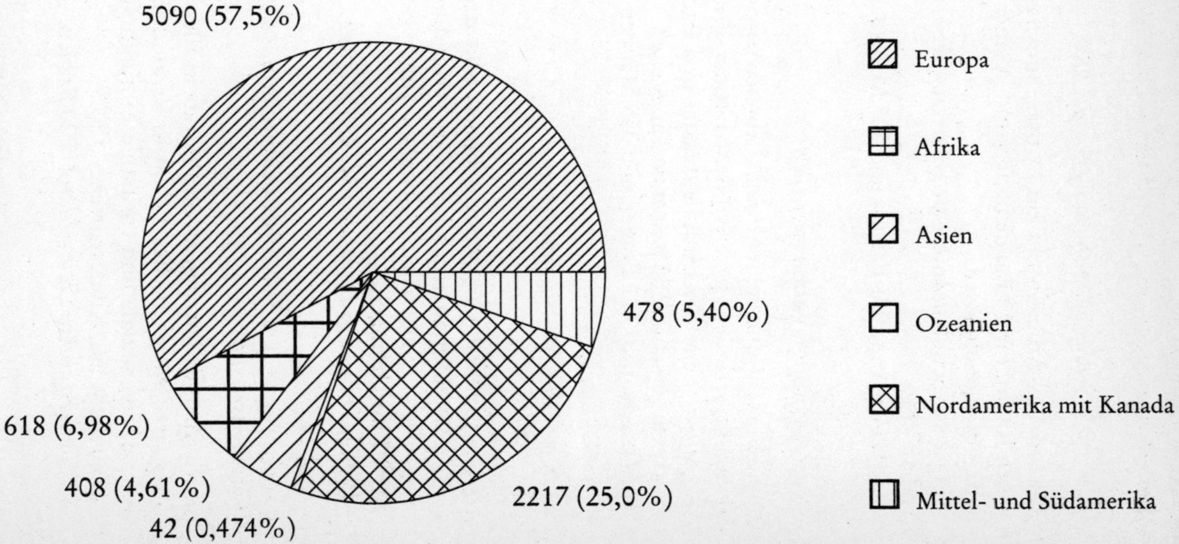

Benediktiner

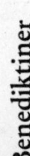

Europa

Afrika

Asien

Ozeanien

Nordamerika mit Kanada

Mittel- und Südamerika

5090 (57,5%)

478 (5,40%)

2217 (25,0%)

42 (0,474%)

408 (4,61%)

618 (6,98%)

Benediktinische Kongregationen in Deutschland

Bayerische Kongregation (neu errichtet 1858)

Elf Mönchs-Abteien und ein Priorat, zumeist im bayerischen Raum. Fünf Frauenabteien sind in einer Föderation zusammengeschlossen.
Aufgaben: Schulen, Internate, Pfarreien, Exerzitien-, Gästehäuser.
Mitgliederstand: 281 Frauen und 307 Männer.

Beuroner Kongregation (seit 1868)

Zehn Frauen- und zehn Mönchs-Abteien sowie jeweils ein Benediktinerinnen- bzw. ein Benediktiner-Priorat.
Aufgaben: Feier der Liturgie, Gäste- und Exerzitienhäuser sowie verschiedene pastorale Tätigkeiten.
Mitgliederstand: 422 Frauen und 355 Männer.

Kongregation der Missionsbenediktiner von St. Ottilien (seit 1884)

In Deutschland vier Mönchsabteien und drei Priorate.
Aufgaben: Monastisches Leben in Verbindung mit Missionsarbeit; Gästehäuser, Schulen, Internate und caritative Einrichtungen.
Mitgliederstand in Deutschland: 458 Männer.

Kongregation der Missionsbenediktinerinnen von Tutzing (seit 1885)

Mutterhaus in Tutzing, zwölf Priorate in aller Welt.
Aufgaben: Monastisches Leben in Verbindung mit Missionsarbeit; soziale und caritative Einrichtungen, Gästehäuser, Schulen, Kindergärten.
Mitgliederstand in Deutschland: 220 Frauen.

Benediktinerinnen vom hlst. Sakrament (seit 1653)

Sieben selbständige Priorate in einer Föderation (seit 1986).
Aufgaben: Verbindung eines Lebens nach der Regel des hl. Benedikt mit der Ewigen Anbetung des Altarsakramentes und dem stellvertretenden Sühne- und Bußgedanken (reparatio).
Mitgliederstand: 160 Frauen.

Benediktinerinnen von Bellemagny (seit 1851)

Haus Neustift bei Ortenburg als Mutterhaus von sechs Niederlassungen.
Aufgaben: Ewige Anbetung verbunden mit caritativen Tätigkeiten.
Mitgliederstand: 128 Frauen.

Benediktinerinnen von St. Alban (seit 1953)

Mutterhaus in Dießen am Ammersee mit kleineren Außenstationen.
Aufgaben: Verschiedene caritative und missionarische Tätigkeiten.
Mitgliederstand: 36 Frauen.

Benediktinerinnen von St. Lioba (seit 1920)

Mutterhaus in Freiburg mit Außenstationen (auch im Ausland).
Aufgaben: Verschiedene pastorale und soziale Tätigkeiten.
Mitgliederstand: 287 Frauen.

Kommunität Venio (seit 1926)

Gemeinschaft in München; der Bayerischen Föderation angeschlossen.
Aufgaben: Berufstätigkeit außerhalb der Kommunität verbunden mit liturgisch-gemeinschaftlichem Leben.
Mitgliederstand: 26 Frauen.

Kongregation von Subiaco (seit 1851)

Mönchs-Abteien Kornelimünster, Aachen (1909) und St. Michael, Siegburg (1914)
Aufgaben: Monastisches Leben und pastorale Tätigkeiten.
Mitgliederstand: 37 Männer.

Kongregation von der Verkündigung (seit 1920)

Mönchs-Abtei St. Matthias, Trier (Abtei seit 1922) und Priorat Hysuburg bei Halberstadt
Aufgaben: Monastisches Leben und pastorale Tätigkeiten.

Selbständige Frauenklöster

Mariendonk (1900); St. Gertrud, Alexanderdorf (1934); St. Scholastika, Dinklage (1950); Maria-Heimsuchung, Steinfeld (1955).
Aufgaben: Im wesentlichen ähnlich denen der Abteien der Bayerischen und der Beuroner Kongregation.
Mitgliederstand: zusammen 132 Frauen.

Säkularinstitut St. Bonifatius (seit 1949)

Missionsbenediktinisches Institut mit Sitz in Detmold.
Aufgaben: Missionsarbeit mit caritativen Aufgaben.
Mitgliederstand: 240 Frauen weltweit.

Mitgliederstand in Deutschland insgesamt: 1844 Frauen und 1185 Männer

---

Benediktiner- und Benediktinerinnen-Klöster in Deutschland

Alexanderdorf	Benediktinerinnenabtei St. Gertrud Dorfstraße 1 15806 Alexanderdorf 03 37 03 / 3 15
Andechs	Benediktinerkloster Andechs Bergstraße 2 82346 Andechs 0 81 52 / 37 60
Augsburg	Benediktinerabtei St. Stephan Stephanspl. 6 86152 Augsburg 08 21 / 3 50 85
Beuron	Benediktiner-Erzabtei St. Martin 88631 Beuron 0 74 66 / 1 70
Bonn-Endenich	Benediktinerinnen vom hlst. Sakrament Kapellenstr. 44 53115 Bonn 02 28 / 22 52 20
Braunau-Rohr	Benediktinerabtei 93352 Rohr 0 87 83 / 5 13
Damme	Benediktinermissionare Postfach 11 80 49394 Damme 0 54 91 / 30 12
Dinklage	Benediktinerinnenabtei Burg Dinklage 49413 Dinklage 0 44 43 / 12 68

Eibingen	Benediktinerinnenabtei St. Hildegard Postfach 13 20 65378 Rüdesheim 0 67 22 / 49 90
Eichstätt	Benediktinerinnenabtei St. Walburg 85072 Eichstätt 0 84 21 / 40 55
Engelthal	Benediktinerinnenabtei Kl. Engelthal 63674 Altenstadt 0 60 47 / 60 88
Ettal	Benediktinerabtei 82488 Ettal 0 88 22 / 7 40
Frauenchiemsee	Benediktinerinnenabtei Frauenwörth 83256 Frauenchiemsee 0 80 54 / 5 21
Freiburg	Mutterhaus S. Lioba (Priorat) Riedbergstr. 1 79100 Freiburg 0761 / 2 91 08
Fulda	Benediktinerinnenabtei zur Hl. Maria Postfach 1 26 36001 Fulda 06 61 / 2 20 61
Gerleve	Benediktinerabtei Gerleve 48727 Billerbeck 0 25 41 / 80 00
Grüssau-Wimpfen	Benediktinerabtei Grüssau Postfach 1 60 74200 Bad Wimpfen 0 70 63 / 97 04 0

Habsthal	Benediktinerinnen-Priorat U. L. Frau 88356 Ostrach 07585/656
Hamicolt	Benediktinerinnen vom hlst. Sakrament Maria Hamicolt 48249 Dülmen-Rorup 02548/640
Hannover	Cella S. Benedikt Voßstraße 36 30161 Hannover 0511/668086
Herstelle	Benediktinerinnenabtei vom Hl. Kreuz Postfach 5127 37683 Beverungen 05273/9040
Huysburg	Benediktinerpriorat „Maria Aufnahme" Huysburg 38838 Röderhof 039425/625
Jakobsberg	Benediktiner-Priorat, Jakobsberg 55435 Gau-Algesheim 06725/2327
Kaltenhof	Klostergut Kaltenhof 97453 Schonungen 09721/59250
Kellenried	Benediktinerinnenabtei St. Erentraud Kellenried 88276 Berg 07505/316
Kirchschletten	Abtei Maria Frieden Kirchschletten 96199 Zapfendorf 09547/335

Köln-Raderberg	Benediktinerinnen vom hlst. Sakrament Brühler Str. 74 50968 Köln 02 21 / 38 29 62
Kornelimünster	Benediktinerabtei Korneli-münster Oberforstbacher Str. 71 52076 Aachen 0 24 08 / 30 55
Maria Laach	Benediktinerabtei 56653 Maria Laach 0 26 52 / 5 90
Mariendonk	Benediktinerinnenabtei Mariendonk 47906 Kempen 0 21 52 / 41 68
Marienrode	Benediktinerinnenpriorat Marienrode Auf dem Gutshof 31139 Hildesheim 0 51 21 / 4 20 01
Meschede	Benediktinerabtei Königs-münster Postfach 15 40 59855 Meschede 0 2 91 / 2 99 50
Metten	Benediktinerabtei 94526 Metten 0 9 91 / 38 20
München	Benediktinerabtei St. Bonifaz Karlstraße 34 80333 München 0 89 / 55 17 10

Münsterschwarzach	Benediktinerabtei Münster-schwarzach 97359 Schwarzach 09324/201
Neresheim	Benediktinerabtei 73450 Neresheim 07326/8501
Neuburg	Benediktinerabtei Neuburg Stiftweg 2 69118 Heidelberg 06221/800342
Neuss	Benediktinerinnen vom hlst. Sakrament Am Kreitz 1 41472 Neuss 02101/8793
Neustift	Benediktinerinnen von der Anbetung Neustift 11 94496 Ortenburg 08542/671
Niederaltaich	Benediktinerabtei 94557 Niederaltaich 09901/2080
Nütschau	Benediktiner-Priorat St. Ansgar 23843 Travenbrück 04531/50040
Ofteringen	Benediktinerinnenkloster Marienburg 79793 Wutöschingen 07746/5253
Osnabrück	Benediktinerinnen vom hlst. Sakrament Hasetorwall 22 49076 Osnabrück 0541/63819

Ottobeuren	Benediktinerabtei
	Postfach 11 40
	87720 Ottobeuren
	0 83 32 / 79 80
Plankstetten	Benediktinerabtei Plankstetten
	92334 Berching
	0 84 62 / 13 08
St. Alban	Benediktinerinnenpriorat
	St. Alban
	St. Alban 3
	86911 Diessen
	0 88 07 / 50 01
St. Ottilien	Benediktiner-Erzabtei
	86941 St. Ottilien
	0 81 93 / 7 10
Schäftlarn	Benediktinerabtei
	82067 Ebernhausen
	0 81 78 / 7 90
Scheyern	Benediktinerabtei
	85298 Scheyern
	0 84 41 / 75 20
Schweiklberg	Benediktinerabtei
	94474 Vilshofen
	0 85 41 / 20 90
Siegburg	Benediktinerabtei
	53721 Siegburg
	0 22 41 / 3 40
Steinfeld	Benediktinerinnenabtei Mariä
	Heimsuchung
	53925 Kall
	0 24 41 / 3 40
Tettenweis	Benediktinerinnenabtei
	St. Gertrud
	94167 Tettenweis
	0 85 34 / 7 84

Tholey	Benediktinerabtei 66630 Tholey 06853/2001
Trier	Benediktinerabtei St. Matthias 54290 Trier 0651/31079
Trier-Kürenz	Benediktinerinnenabtei vom hlst. Sakrament Domänenstr. 98 54295 Trier 0651/23191
Tutzing	Missions-Benediktinerinnen 82327 Tutzing 08158/23470
Varensell	Benediktinerinnenabtei U. L. Frau 33397 Rietberg 05244/5297
Venio	(Benediktinerinnen)-Kommu- nität Venio Döllingerstr. 32 80639 München 089/177036
Vinnenberg	Benediktinerinnen vom hlst. Sakrament 48231 Warendorf 02584/1007
Weingarten	Benediktinerabtei 88250 Weingarten 0751/50960
Weltenburg	Benediktinerabtei 93309 Kelheim 09441/1662
Wessobrunn	Benediktinerinnenkloster Klostergut 2 82405 Wessobrunn 08809/223

Detmold	Säkularinstitut St. Bonifatius
	32758 Detmold
	05231/68265

Evangelische Kommunitäten

Schwanberg	Evangelische Kommunität
	Casteller Ring (Frauen)
	97348 Rödelsee
	09323/320
Belau	Evangelische Lukas-Kommuni-
	tät (Frauen)
	Im Dorf 5
	29468 Bergen-Dumme
	05845/260
Werningshausen	Priorat St. Wigberti Evangeli-
	sche Männergemeinschaft
	99634 Werningshausen
Gethsemane	Gethsemane-Bruderschaft Klo-
	ster Riechenberg
	38640 Goslar
	05321/21712
Imshausen	Evangelische Kommunität Ims-
	hausen (Frauen/Männer)
	36179 Bebra
Selbitz	Christusbruderschaft Selbitz
	(Frauen/Männer)
	Wildenberg 23
	96152 Selbitz

Benediktiner- und Benediktinerinnen-Klöster in Österreich

Admont	Benediktinerstift
	A-8911 Admont
	03613/2312

Altenburg	Benediktinerstift
	A-3591 Altenburg
	029 82 / 34 51
Bertholdstein	Benediktinerinnenabtei
	A-8350 Fehring
	031 55 / 23 05
Göttweig	Benediktinerstift
	A-3511 Göttweig
	027 32 / 8 55 81
Kremsmünster	Benediktinerstift
	A-4550 Kremsmünster
	075 83 / 27 50
Lambach	Benediktinerstift
	A-4650 Lambach
	072 45 / 23 51
Melk	Benediktinerstift
	A-3390 Melk
	027 52 / 23 12
Michaelbeuern	Benediktinerstift
	A-5152 Michaelbeuern
	062 74 / 81 16
Salzburg	Benediktinerinnenabtei
	Nonnberggasse 2
	A-5020 Salzburg
	062 22 / 84 16 07
Salzburg	Erzabtei St. Peter
	Postfach 113
	A-5010 Salzburg
	06 62 / 84 45 76
Seckau	Benediktinerabtei
	A-8732 Seckau
	035 14 / 234
Seitenstetten	Benediktinerstift
	A-3353 Seitenstetten
	074 77 / 4 23 00

St. Georgenberg-Fiecht	Benediktinerabtei
	A-6130 Schwaz
	05242/3276
St. Lambrecht	Benediktinerstift
	A-8813 St. Lambrecht
	03585/2305
St. Paul-Lavanttal	Benediktinerstift
	A-9470
	04357/2019
Steinerkirchen	Benediktinerinnen vom Unbe-fleckten Herzen Mariens
	A-4652 Steinerkirchen
	07241/2216
Wien	Benediktinerabtei
	Freyung 6
	A-1010 Wien
	0222/534980
Wien	Benediktinerinnen der Anbe-tung
	Liebhartstalstr. 52
	A-1160 Wien
	0222/462417

Benediktiner- und Benediktinerinnen-Klöster in der Schweiz

Claro	Benediktinerinnenabtei
	CH-6702 Claro
	092/661536
Disentis	Benediktinerabtei
	CH-7180 Disentis
	086/75145
Einsiedeln	Benediktinerabtei
	CH-8840 Einsiedeln
	055/534431

Engelberg	Benediktinerabtei
	CH-6390 Engelberg
	041 / 94 13 49
Fahr	Benediktinerinnenkloster
	CH-8103 Unterengstringen
	01 / 7 50 07 53
Fischingen	Benediktinerkloster
	CH-8376 Fischingen
	073 / 41 10 03
Glattburg	Benediktinerinnenabtei
	CH-9245 Glattburg
	073 / 51 53 78
Hermetschwil	Frauenkloster
	CH-5626 Hermetschwil
	057 / 33 15 27
Mariastein	Benediktinerabtei
	CH-4115 Mariastein
	061 / 7 31 10 11
Melchtal	Benediktinerinnenkloster
	CH-6067 Melchtal
	041 / 67 11 40
Müstair	Benediktinerinnenkloster
	CH-7537 Müstair
	082 / 8 52 65
Niederrickenbach	Benediktinerinnenkloster
	CH-6385 Niederrickenbach
	041 / 65 17 63
Sarnen	Benediktinerinnenabtei
	CH-6060 Sarnen
	041 / 66 11 61
Seedorf	Benediktinerinnenabtei
	CH-6462 Seedorf
	044 / 2 15 82
Trachslau	Frauenkloster in der Au
	CH-8840 Trachslau
	055 / 53 23 28

Uznach	Benediktinerabtei CH-8730 Uznach 055/711161
Wikon	Benediktinerinnenkloster CH-4806 Wikon 062/516474

Zisterzienserinnen- und Zisterzienser- sowie Trappistinnen- und Trappistenklöster in Deutschland

Birnau	Zisterzienserabtei 88690 Uhldingen 07556/6040
Gethsemani	Trappistinnenabtei 67814 Dannenfels 06357/256
Himmerod	Zisterzienserabtei 54534 Großlittgen 06574/4110
Langwaden	Zisterzienserpriorat 41516 Grevenbroich 02182/9085
Lichtenthal	Zisterzienserinnenabtei 76502 Baden-Baden 07221/72332
Maria Frieden	Trappistinnenabtei 53949 Dahlem 02447/1474
Mariawald	Trappistenabtei 52396 Heimbach 02446/533
Marienau	Kartause 88410 Bad Wurzach 07565/1201

Marienstatt	Zisterzienserabtei 57629 Marienstatt 0 26 62 / 70 81
Marienstern	Zisterzienserinnenabtei 01920 Panschwitz-Kuckau
Marienthal	Zisterzienserinnenabtei 02899 Ostritz 03 58 23 / 5 97
Oberschönenfeld	Zisterzienserinnenabtei 86459 Oberschönfeld 0 82 38 / 20 28
Rosenthal	Zisterzienserkloster 01920 Rosenthal
Seligenthal	Zisterzienserinnenabtei 84023 Landshut 08 71 / 82 10
Stiepel	Zisterzienserkloster Am Varenholt 9 44797 Bochum 02 34 / 79 15 74
Thyrnau	Zisterzienserinnenabtei 94136 Thyrnau 0 85 01 / 2 86
Waldsassen	Zisterzienserinnenabtei 95644 Waldsassen 0 96 32 / 18 31

Zisterzienserinnen- und Zisterzienser- sowie Trappisten-Klöster in Österreich

Engelszell	Trappistenabtei A-4090 Engelhartszell 0 77 17 / 80 10
Heiligenkreuz	Zisterzienser-Stift A-2532 Heiligenkreuz 0 22 58 / 2 82

Lilienfeld	Zisterzienser-Stift A-3180 Lilienfeld 02762/2420
Mariastern	Zisterzienserinnenabtei A-6914 Hohenweiler 05573/2234
Marienfeld	Zisterzienserinnenpriorat A-2041 Maria Roggendorf 02953/2330
Marienkron	Zisterzienserinnenkloster A-7123 Mönchhof 02173/80205
Neukloster	Zisterzienser-Priorat A-2700 Wr. Neustadt 02622/3102
Rein	Zisterzienser-Stift A-8103 Rein 03124/2621
Schlierbach	Zisterzienser-Stift A-4553 Schlierbach 07582/8250
Stams	Zisterzienser-Stift A-6422 Stams 05263/6242
Wettingen	Zisterzienserabtei A-6903 Bregenz 05574/31461
Wilhering	Zisterzienser-Stift A-4073 Wilhering 07226/2311
Zwettl	Zisterzienser-Stift A-3910 Zwettl 02822/2391

Zisterzienserinnen- und Zisterzienser- sowie Trappisteninnen-Klöster in der Schweiz

Collombey	Zisterzienserinnen-Kloster CH-1868 Collombey 025 / 71 23 69
Eschenbach	Zisterzienserinnenabtei CH-6274 Eschenbach 041 / 89 11 43
Frauenthal	Zisterzienserinnenabtei CH-6331 Hagendorn 042 / 36 10 55
Geronde	Zisterzienserinnen-Kloster CH-3960 Sierre 027 / 55 11 68
Hauterive	Zisterzienserabtei CH-1725 Posieux 037 / 24 17 83
Magdenau	Zisterzienserinnenabtei CH-9116 Wolfertswil 071 / 83 23 55
Maigrauge	Zisterzienserinnenabtei CH-1700 Fribourg 037 / 22 35 35
Mariazell	Zisterzienserinnenabtei CH-8715 Bollingen 055 / 28 32 32
Romont	Trappistinnenabtei CH-1680 Romont 037 / 5 22 24
Tours	Zisterzienser-Priorat CH-1562 Corcelles-Payerne 037 / 61 21 08

Literaturhinweise

Die Benediktusregel, Herausgegeben im Auftrag der Salzburger Äbtekonferenz, Beuron 1992.

Johannes Cassian, Gott suchen – Sich selbst erkennen. Einweisung in das christliche Leben, Neuausgabe Freiburg 1993.

Apophthegmata Patrum, Deutsch herausgegeben von B. Miller: „Weisung der Väter", Freiburg 1965.

Sighard Kleiner, Zuerst Gott dienen. Geistliche Gespräche über die Regel des heiligen Benedikt, herausgegeben von der Abtei Seligenthal.

Michael Schneider, Aus den Quellen der Wüste. Die Bedeutung der frühen Mönchsväter für eine Spiritualität heute, Köln [2] 1989.

Denis Huerre, Von Tag zu Tag. Kapitel-Ansprachen über die Regula Benedicti. Abtei St. Erentraud, Kellenried.

Gerhard Voss, Benedikt von Nursia. In: Ch. Möller (Hg.), Geschichte der Seelsorge in Einzelportraits, Bd. 1, Göttingen 1994.

Esther de Waal, Gottsuchen im Alltag. Der Weg des hl. Benedikt, Münsterschwarzach 1992.

Basilius Doppelfeld, Höre – nimm' an – erfülle, Münsterschwarzach 1981.

André Louf, Demut und Gehorsam, Münsterschwarzach 1979.

Anselm Grün, Chorgebet und Kontemplation, Münsterschwarzach 1988.

Ruppert / Grün, Bete und arbeite, Münsterschwarzach 1982.

Praktisches Lexikon der Spiritualität, Herausgegeben von Christian Schütz, Freiburg 1988.

Anthony de Mello, Von Gott berührt. Die Kraft des Gebetes, Freiburg 1992.

Johannes Bours / Franz Kamphaus, Leidenschaft für Gott. Freiburg [8] 1991.

Hans Urs von Balthasar, Gottbereites Leben, Einsiedeln 1992.

Ingrid Reimer, Verbindliches Leben. In Bruderschaften, Kommunitäten, Lebensgemeinschaften, Stuttgart ²1987.

Johannes Halkenhäuser, Aufsätze zum Christsein in Kommunitäten. Schwanberger Reihe, Heft 8/1982.

Gertrud Pollak, Der Aufbruch der Säkularinstitute und ihr theologischer Ort, Vallendar 1986.

Unter der Führung des Evangeliums, Handbuch der Benediktineroblaten, Beuron 1990.

Ambrosius Schneider (Hg.), Die Cistercienser: Geschichte – Geist – Kunst, Köln ³1986.

Lekai/Schneider, Geschichte und Wirken der weißen Mönche, Köln 1958.

Henri Nouwen, Ich hörte auf die Stille: Sieben Monate im Trappistenkloster, Freiburg 1978.

Die Autorinnen und Autoren dieses Buches:

P. Alberich Martin *Altermatt*, geb. 1946, ist seit 1968 Mönch der Zisterzienser-Abtei Hauterive/Schweiz. Er ist Mitglied der Ordenssynode, Präsident der Liturgischen Kommission seines Ordens und hat sich auf vielfältige Weise mit der Geschichte und Spiritualität der Zisterzienser beschäftigt. Zur Zeit ist er Spiritual der Zisterzienserinnen-Abtei Frauenthal/Schweiz.

Sr. Magdalena *Aust*, geb. 1946, studierte Anglistik und Kunsterziehung und trat 1971 in die Trappistinnen-Abtei Dahlem ein. Dort erlernte sie das Weberhandwerk bis zur Meisterprüfung. Sie ist Kloster-Bibliothekarin und beschäftigt sich seit Jahren mit der Geschichte und Spiritualität ihres Ordens.

Sr. Caecilia *Bonn*, geb. 1925, ist Oblatenrektorin und war 23 Jahre Priorin der Abtei St. Hildegard in Rüdesheim/Eibingen. Sie ist eine erfahrene und gesuchte Exerzitienbegleiterin und beschäftigt sich u. a. seit langem mit der Spiritualität Hildegards von Bingen.

Abt Burkhard *Ellegast*, Dr. phil., geb. 1931, Abt des österreichischen Benediktiner-Stiftes Melk an der Donau. Er leitete lange Jahre die Internatsschule des Klosters und war als Magister für die Novizenausbildung verantwortlich. Sein spezielles Arbeitsgebiet ist die Erforschung der Benediktus-Regel und der Haus- und Baugeschichte des Stiftes Melk.

P. Pius *Engelbert*, geb. 1936, seit 1956 Mönch der Abtei Gerleve, ist Professor für mittelalterliche und neuere Kirchengeschichte an der Päpstlichen Hochschule der Benediktiner San Anselmo in Rom. Sein Spezialgebiet ist neben der Mittelalterforschung vor allem die Geschichte des Benediktinerordens. Er ist außerdem Generalprokurator der Beuroner Benediktinerkongregation.

Christa von *Gleichenstein*, geb. 1938, war vor ihrem Eintritt in das Säkularinstitut St. Bonifatius im Jahr 1964 Sozialarbeiterin. 15 Jahre lang war sie in der Jugendarbeit in Paris tätig, sieben Jahre in der Mission in Rwanda / Afrika. Heute engagiert sie sich vor allem in der geistlichen Weiterbildung der jungen Mitglieder sowie in der Jugendbildungsstätte Kupferberg.

Johannes *Halkenhäuser*, Dr. theol., geb. 1929, ist evangelischer Pfarrer in Würzburg und war 1967–1992 Spiritual der evangelischen Communität Casteller Ring (CCR). Ökumene, Ordenstheologie und -geschichte sind seine speziellen Arbeitsgebiete.

Äbtissin Máire *Hickey*, geb. 1938 in Irland, trat 1974 in den Benediktinerorden ein und ist seit 1983 Äbtissin der Abtei St. Scholastica in Dinklage.

P. Benedikt *Müntnich*, geb. 1952, trat 1974 in die Abtei Maria Laach ein. Als Novizenmeister ist er verantwortlich für die Ausbildung und Begleitung der jungen Mönche. Auch außerhalb seines eigenen Klosters ist er ein gesuchter Exerzitienmeister und Seelsorger.

Sr. Philippa *Rath*, geb. 1955, studierte Theologie, Geschichte und Politische Wissenschaften und war Redakteurin und Lektorin. Seit 1990 ist sie Benediktinerin der Abtei St. Hildegard, Eibingen.

Abt Christian *Schütz*, geb. 1938, ist Abt der Benediktinerabtei Schweiklberg und war vorher Professor für Dogmatik in Passau und Regensburg. Er hat zahlreiche Bücher zu theologischen und spirituellen Themen verfaßt.

P. Gerhard *Voss*, Dr. theol., geb. 1935, ist seit 1958 Benediktiner. Er ist Rektor des Ökumenischen Instituts der Abtei Niederaltaich, Schriftleiter der ökumenischen Zeitschrift „Una Sancta" und Vorsitzender der Arbeitsgemeinschaft christlicher Kirchen in Bayern. In einer Vielzahl von Veröffentlichungen hat P. Gerhard sich vor allem mit Themen benediktinischer Spiritualität und mit Fragen der Ökumene befaßt.

Sr. Electa *Waibel*, geb. 1932, trat 1954 in die Kongregation der Benediktinerinnen von der hl. Lioba ein, war 15 Jahre im pastoralen Dienst tätig und ist heute Subpriorin und Novizenmeisterin.